KB039755

현명한
이타주의자

현명한
이타주의자

손해 보는 것 같지만
결국 앞서가는 사람들

슈테판 클라인 지음 | 장혜경 옮김

Der Sinn des Gebens

P page2

머리말

좋은 친구가 그러하듯 수십 년이 지나도 곁을 지키며 감동을 주는 글이 있다. 비록 그 뜻은 제대로 이해하지 못한다 해도 말이다. 나한테는 다음의 시 구절이 바로 그런 소중한 글이다.

　내 방 벽에는 일본제 목제품이 걸려 있다.
　황금색 칠을 한 악마의 가면.
　그 불거져 나온 이마의 핏줄을 보고 있노라면
　악하기가 얼마나 힘든 것인가를
　느낄 수 있을 것만 같다.

베르톨트 브레히트의 「악한 자의 가면」이라는 시다. 나는 이 짧은 시를 열일곱 살 때 처음 읽었다. 사춘기 아이들이 대개 그렇듯 나 역시 세상에 무척 화가 나 있었고 뭔가 더 나은 것을 향한 동경에 가슴 부풀었던 때다. 시의 표면적인 의미는 당연히 파악했다. 화를 내려면 얼마나 많은 힘이 드는지 충분히 느끼고 있던 참이었기 때문이다. 불쾌감 그 자체보다 더 나쁜 건 분노로 인해 내가 다른 사람들과 자꾸 멀어진다는 사실이다. 분노는 감옥이다. 표적 하나를 맞힐 때마다 나와 함께 할 수 있는 사람이 또 하나 줄어든다.

'악하다'는 말은 감정뿐 아니라 도덕적 판단도 포함한다. 브레히트 역시 그랬던 것 같다. 「악한 자의 가면」은 1942년 9월에 발표된 작품이다. 나치의 침략 원정이 최고점에 달했고 히틀러의 군대가 노스곶에서 북아프리카까지, 크림 반도에서 대서양까지 장악했던 시기였다. 하지만 이런 독서 방식은 분노에 찬 젊은이의 혼란을 가중시켰다. 다른 사람을 착취하고 다치게 하고 심지어 죽여서까지 자기 이익을 구하는 사람들이 자기 행동 때문에 힘들어할 수 있는 것일까? 히믈러와 히틀러조차도 결국에는 연민의 대상이란 말인가?

아주 많은 세월이 흐르고 난 후에야 나는 뒤집어 생각할 수도 있다는 것을 깨달았다. 악행을 저지르지 않는 공정하고 관대한 사람은 벌을 받을까 봐 두려워서 그렇게 행동할 수도 있지만 교육에 물이 들었기 때문이기도 하다. 타인을 인간적으로 대접하면 자신의 행복이 커지기에 자신에게도 훨씬 득이 된다. 그러므로 타인의 행복이 먼저냐, 나의 행복이 먼저냐의 태곳적 질문에는 저절로 해답이 나온다. 하나가 없는 다른 것은 존재하지 않기에 둘 다를 유념해야 한다.

이 책은 이런 고민의 결과물이다. 이 책은 예의 바르게 행동하라는 일체의 훈계를 반박하고자 한다. 쓰디쓴 도덕적 의무를 위해 달콤한 이기적 성향을 물리쳐야 한다고 가르치는 수백 년간의 철학 이론 역시 예외가 아니다. 자신의 행복과 남의 행복이 그렇게 긴밀하게 연결되어 있다면 이것이야말로 왜 그렇게 많은 사람들이 개인의 행복을 추구하면서도 행복을 찾지 못하는지에 대한 해답이다. 어쩌면 그들의 노력은 애당초 목표가 틀렸는지도 모른다.

지금으로부터 2500년도 더 전에 철학자 아리스토텔레스는 행복한 삶에는 타인의 행복도 포함된다고 추정했다. 그렇지만 그는 자신의 가설을 입증할 수 없었다. 도덕적 행위는 포기를 대가로 한다는 관념이 득세한 데에는 그런 이유도 한몫했다. 현대의 경험주의 연구는 아리스토텔레스의 손을 들어준다. 타인을 위해 노력하는 사람이 자신의 행복만 생각하는 사람보다 더 만족하고 더 성공하며, 심지어 더 건강한 경우도 많다는 것이다. 언젠가 슈바이처는 이런 고백을 한 적이 있다. "내가 한 가지는 알고 있습니다. 여러분 가운데 진정으로 행복한 삶을 살게 될 사람은 다른 이들에게 봉사할 방법을 찾아내는 사람뿐이라는 것입니다." 이런 의미에서 이 책은 나의 전작 『행복의 공식, 최대한 쉽게 설명해 드립니다』의 연장선상에 있다.

이타주의자들이 실제로 더 잘 살까? 보통 사람들은 그렇지 않을 것이라 생각한다. 퍼주는 사람은 남는 것이 적을 테니까. 언뜻 보기엔 시간과 힘, 돈을 자신의 목표를 위해 투자하는 사람이 더 이익일 것 같다. 자연만 보아도 다들 제 잇속 차리기에 바쁘다. 사람도 동물도 부족한 자원을 얻기 위해 사력을 다해 투쟁한다. 가진 자는 득세하고 못 가진 자는 망한다.

이 책으로 나는 이런 보통 사람들의 생각이 틀렸다는 것을 입증하고자 하며, 그 이유를 밝히고자 한다. 공생은 정글보다 훨씬 더 복잡한 규칙에 따라 유지된다. 나는 정글이 아닌 인간이 공생하는 사회에서 인생의 성공과 실패를 가르는 몇 가지 법칙을 설명할 것이다. 핵심은 이기주의자가 단기적으로 볼 때는 훨씬 잘사는 것 같지만, 장기적으로 보면 타인의 행복을 위해 노력하는 이타주의자가 훨씬 앞서간다는 것이다.

이 세상에 이기주의자가 우글거린다는 사실도 그리 나빠 보이지만은 않는다. 분명 인간은 오직 헌신적이도록 프로그래밍 된 존재는 아닐 테니 말이다. 아마도 자기 이익부터 챙기고 보자는 기질이 더 강할지 모른다. 그 때문에 더 나은 인간이 되자는 소박한 경고와 결의는 별 쓸모가 없다. 일정 정도의 이기주의가 인간 본성의 일부인지 아닌지는 우리의 흥미를 끌지 못한다. 우리에게 중요한 건 우리가 이기주의를 넘어선 또 다른 충동을 느끼는가 하는 것이다.

인간처럼 행동의 동기가 모순되는 생명체는 없다. 인간은 본능을 거스르는 행동까지도 할 수 있을 만큼 막대한 자유를 누린다. 우리가 가진 재능을 발휘할 수 있는 폭은 엄청나다. 인간은 진화를 거치며 달리기 선수가 되었기 때문에 건강한 사람이라면 적당한 훈련만 받으면 마라톤도 거뜬히 뛸 수 있다. 그런데도 주변엔 다리근육이 쇠약해질 정도로 차를 타지 않으면 한 발자국도 움직이지 않는 사람이 많다. 마찬가지로 우리의 이타주의 기질 역시 열심히 갈고닦을 수도, 쇠약해지게 내버려둘 수도 있다.

물론 자연은 우리가 생존에 유리한 행동을 하도록 정교한 수단을 강구했다. 기분을 좋게 만들어 우리를 유혹하는 것이다. 섹스는 흥분과 쾌감을 선사한다. 그것이 번식에 기여하기 때문이다. 음식을 먹으면서 느끼는 쾌감 역시 배고플 때를 대비한 지방 축적에 아주 효과적이다. 우리의 공정성과 헌신에도 비슷한 자연의 보상이 돌아온다. 남을 돕고 관용을 베풀면 기분이 좋아지는 것이다. 실제로 두뇌 연구 결과 이타적 행동은 초콜릿을 먹거나 섹스를 할 때 활성화되는 바로 그 회로들을 활성화시킨다고 한다.

최근 산업 국가들에서 중증 우울증이 무시무시한 속도로 번져가고 있다. 불과 10년 만에 젊은이들이 우울증에 걸릴 위험이 세 배나 높아졌다. 앞으로 10년이 더 지나면 우울증은 여성들에게 가장 치명적인 질병이 될 것이며, 남성의 경우는 심장 순환계 장애에 이어 두 번째로 위험한 질병으로 부상할 것이라는 세계보건기구의 발표도 있었다. 많은 전문가들은 이 충격적인 예측이 가족, 친구, 동료와의 유대 관계가 해체되고 무엇보다도 개인을 중시하는 우리 사회의 분위기 때문이라고 설명한다. 분명한 건 타인을 위한 노력이 병적인 슬픔을 예방할 수 있다는 것이다.

그렇다면 우리는 무엇 때문에 최선을 다해 남을 돕지 못하는 걸까?

첫째는 웃음거리가 될지 모른다는 두려움이다. 우리 사회에서 자비심은 특이한 평가를 받는다. 공식적으로는 누구나 헌신적인 사람을 칭찬하지만 뒤에서는 비아냥거린다. 냉철하고 투지가 강한 사람은 감탄의 대상이 되지만 희생과 공감은 허약함의 증거로 취급된다. 남을 위해 자신의 이익을 버리는 사람을 보면 다들 이성을 의심한다. 순진하기는! 하고 혀를 끌끌 찬다. 하지만 헌신적인 사람을 가장 많이 비웃는 사람조차도(아니, 그런 사람일수록 더더욱) 마음 깊은 곳은 선을 향한 동경으로 가득하다. 비아냥거림은 결국 실망을 막기 위한 보루인 것이다.

둘째는 이용당할지 모른다는 두려움 때문이다. 이것은 조롱에 대한 두려움보다 더 깊이 뿌리박힌 두려움이다. 인간이 각자의 이익을 추구하는 한 각 개인은 타인의 선의를 이용하여 이익을 구하고자 한다. 이것이 이상주의자들이 주도했던 모든 혁명의 비극이었다.

그러므로 이 책은 주고받기에 대해, 신뢰와 배신에 대해, 인정과 무정에 대해, 사랑과 증오에 대해 이야기하고자 한다. 인간이 선한가, 악한가를 살피겠다는 것이 아니다. 우리가 어떻게 행동해야 옳은가도 이 책이 다루고자 하는 문제가 아니다. 그런 문제라면 이미 넘칠 정도로 많은 설득력 있는 도덕철학 책들이 나와 있으니 말이다. 물론 우리가 그 내용대로 좀처럼 따르지 않는다는 사실은 문제가 된다.

이 책은 어떤 상황에서 인간들이 공정하고 헌신적인지(언제 무정하고 이기적인지)를 살펴보고자 한다. 이를 위해선 두 가지를 구분해야 한다.

첫째, 희생이란 대체 어떻게 가능한가? 둘째, 타인을 위해 봉사하도록 우리의 마음을 움직이는 것은 무엇인가? 왜 남들보다 봉사정신이 투철한 사람들이 있는 걸까?

먼저 가장 이해하기 쉽지만 그렇다고 해서 가장 간단하지는 않은 협력의 형태를 살펴볼 것이다. 다름 아닌 '나와 너'이다. 남과 나누려는 성향도 살펴볼 테지만, 남을 기만하려는 성향도 검토의 대상이다. 상호 협력이 득이 되지만 적어도 단기적으로는 남을 속이는 쪽이 더 많은 이익을 안겨줄 것이기 때문이다.

하지만 장기적으로 보면 자비심이 많은 사람이, 타인의 선의를 믿고 그들을 용서하는 사람이 더 잘 된다. 그렇다면 언제 믿고 언제 의심해야 할지를 어떻게 결정한단 말인가? 이성 혼자로는 힘에 부친다. 이때 이성을 도와주러 달려오는 구원 투수가 있다. 전략적 사고와는 전혀 다르게 작동하는 감정이입의 두뇌 시스템이다. 기뻐하거나 고통스러워하는 타인을 볼 때 우리는 그들의 감정을 우리의 두뇌에 반사시킨다. '너'와 '나'의 경계가 허물어지면서 두 개의 두뇌가 같은 박자로 움직인다. 신뢰와 상호 이해가 탄생할 때에도 비슷한 시스템이 작동한다.

감정이입의 두뇌 시스템에는 정말로 여러 개의 얼굴이 있다. 흔히 알고 있는 것과 달리 공감 그 자체는 우리에게 자비심이나 희생정신을 선사하지 않는다. 타인을 위해 희생을 하기 위해서는 타인의 마음을 움직인 것이 무엇인지 우리가 실감할 수 있어야 한다. 최근의 두뇌 연구는 우정과 사랑의 탄생 과정까지 밝혀냈다.

그다음 살펴볼 주제는 공동체다. 그래서 먼 과거로 시간 여행을 떠날 것이다. 우리 조상은 남과 나누는 법을 어떻게 배웠을까? 이 문제는 여전히 진화론의 가장 큰 수수께끼 중 하나다. 인간이 가장 잔혹한 생명체라는 비난도 적지 않다.

하지만 실제로 인간은 유일하게 자선을 행하는 생명체다. 인간은 타인과 식량을 나눌 줄 안다. 꼬마들도 가지고 놀던 장난감을 친구에게 주라면 서슴없이 건넨다. 많은 정황상 우리의 조상은 가장 똑똑한 원숭이가 되기 전에 먼저 가장 친절한 원숭이가 되었을 것 같다. 우리의 지능은 우리의 나눔 정신 덕분인 것이다.

그렇지만 인간도 무작정 주지는 않는다. 공정함은 우리의 가장 강력한 욕망 중 하나이며, 생존의 필수 요건이다. 공정함이 사라진 공동체는 조만간 멸망한다.

공정함은 이타심을 선사하지만, 한편으로 공정함을 향한 갈망이 복수심과 질투심을 낳기도 한다. 모든 집단은 다른 집단과 경쟁이 심할수록 똘똘 뭉치게 되는 법이다. 그러므로 '타인'을 향한 증오와 배타심은 이타심의 어두운 그림자이다. 인간의 헌신은 인간이 가진 가장 고귀한 성향에서 출발한 것이기도 하지만 또 어떻게 보면 가장 추악한 성향에서 나온 것이기도 하다.

우리는 이타주의의 나쁜 측면을 억누르고 선한 측면을 한껏 펼칠 수 있을까? 인류의 미래는 그것에 달렸다. 기업, 국민, 국가가 만인의 희생으로 자신의 이익만을 추구한다면 지구에서 인류가 살아남기란 거의 불가능할 것이다.

인류의 역사는 이타주의 혁명으로 시작되었다. 우리 조상들은 이웃을 위해 봉사하기 시작했다. 기후 변화로 식량이 부족해진 세상에서 협력만이 살길이었기 때문이다. 오늘날 우리도 비슷한 상황에 처해 있다. 우리는 더 큰 규모의 협력을 배워야 한다. 2차 이타주의 혁명이 일어나야 할 시점이다.

낙관적일 이유는 충분하다. 세상은 인터넷 망과 교통수단과 글로벌 무역을 통해 날로 서로 가까워지고, 문화는 숨막힐 만큼 빠른 속도로 성장하고 있다. 이 책에서 나는 이런 네트워크가 어떻게 우리 행동의 동기마저 바꿀 것인지를 보여주고자 한다. 이기주의는 위험해지는 반면 헌신에 드는 비용은 그만큼 줄어들고 있다.

미래는 이타주의자의 것이다. 그렇게 주장해도 될 만한 기질을 안고 우리는 태어났다. 하지만 이익 추구에 너무 익숙해진 나머지 타인의 행복에서 자신의 행복을 찾으려는 충동과 마주치면 낯을 가린다. 이 책은 우리 함께 우리 존재의 친절한 측면을 탐색해보자는 초대장에 다름 아니다.

차례

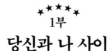

1부
당신과 나 사이

1부
당신과 나 사이

Der Sinn des Gebens

1장

우리는 모두 이타주의자

맨체스터에서 발간된 한 신문이
나에 대해 상당히 우호적인 논평을 실었습니다.
내가 '권력이 옳다', 그래서 나폴레옹이 옳다,
손님을 속이는 장사꾼들도 다 옳다는 것을 입증하였다고 말입니다.
- 찰스 다윈 -

☺☺☺

웨슬리 오트리는 어린 두 딸을 데리고 전철을 기다리고 있었다. 옆에 서 있던 젊은 남자가 갑자기 몸을 떨기 시작하더니 경련을 일으키며 쓰러졌다. 그리고 풍뎅이처럼 팔과 다리를 쳐들고 딜딜 떨기 시작했다. 족히 100명의 사람들이 승강장에 있었지만 다들 못 본 척했다. 서둘러 도와주러 달려온 사람은 여성 두 명뿐이었다. 물론 웨슬리가 그들보다 빨랐다. 그는 볼펜을 꺼내 남자의 입에 물렸다. 혹시라도 간질 발작 중에 혀를 깨물지 몰라서였다. 발작은 금방 끝났다. 젊은 남자는 일어났고 오트리는 그가 전철을 탈 수 있겠다고 생각했다.

　신호음과 헤드라이트 불빛이 열차의 도착을 알렸다. 바로 그 순간 간질 환자가 다시 비틀거렸다. 승강장 끝에서 흔들거리던 그가 철로로 떨어졌다. 오트리는 도와주러 달려왔던 여자들 중 한 명에게 아이들을 맡기고 철로로 뛰어 내려갔다. 열차는 이미 들어오고 있었고 고민할 시간이 없었다. 그는 남자를 부여잡고 그를 승강장으로 끌어올리려고 해보았다. 하지만 남자가 너무 무거웠다. 그러자 오트리는 그를 선로 사이에 뉘고 그 위로 자신의 몸을 던졌다. 간질 환자가 버둥거렸지만 오트리는 있는 힘을 다해 그를 눌렀다. 차가운 것이 이마에 닿는 순간 오트리는 자신의 머리로 남자의 이마를 눌렀다. 선로와 열차 사이는 정확히 손가락 두 개가 들어갈 만큼의 공간밖에 없었다.

　다섯 량의 객차가 그의 몸 위를 굴러갔다. 그리고 열차가 멈춰 섰다. 오트리는 딸들의 비명소리를 들었다. 구조대가 두 남자를 철로에서 꺼냈을 때 오트리의 모자에선 열차 윤활유가 뚝뚝 떨어졌다. 간질 환자한테선 몇 군데 눌린 자국 말고는 전혀 이상이 발견되지 않았고 오트리는 진료 자체를 거부했다. 생명을 걸었지만 자신이 특별한 일을 했다고 생각하지도 않았다. "도움이 필요한 사람을 본 것뿐입니다. 그래서 해야 할 일은 했고요."

오트리를 과묵하고도 겸손한 정의의 투사로, 서부영화에 등장하는 영웅의 모습으로 상상한다면 큰 착각이다. 순교자의 표정으로 초연하게 남을 위해 희생하는 창백한 남자의 이미지에도 걸맞지 않는다. 웨슬리 오트리는 운동선수 같은 체구를 가졌다. 길을 가다 운동복을 입고 야구 모자를 쓴 오트리를 마주치면 그를 래퍼로 착각할 수도 있다. 덥수룩한 수염에 섞인 몇 가닥의 흰 털만이 그의 나이가 51살이라는 사실을 넌지시 암시할 뿐이다.

2007년 1월 2일 그날, 맨해튼 137번가 전철역에서 보여준 영웅적 행동 덕분에 그는 온 나라를 떠들썩하게 만든 영웅이 되었다. 토크쇼에 출연했고 백악관에 초청받았다. 언론과 정치인들은 그를 바람직한 삶의 모델로 찬양했고, 137번가 전철역의 승객들은 진짜 사람이 맞는지 확인하고 싶은 듯 그의 몸을 만졌다.

하지만 그 누구도 오트리의 영웅적인 행위가 얼마나 당황스러운 일이었는지는 깨닫지 못하는 것 같았다. 대체 그 무엇이 겨우 네 살과 여섯 살인 어린 딸의 아버지를, 그것도 딸들이 있는 자리에서 타인의 생명을 구하기 위해 자신의 목숨을 걸게 만들었단 말인가? 어떻게 한 인간이 몇 초도 안 되는 그 짧은 순간에 남을 위해 온전히 자신을 헌신하자고 결심할 수 있었을까?

의외로 이타적인 사람들

수백만 TV 시청자들은 오트리에게 감동했지만, 학자들에게는 그의 행동이 그야말로 도전이었다. 전통적인 이론으로 보면 137번가 역에서 벌어진 그 일은 일어날 수 없는 일이었다. 지난 몇십 년간 행동연구 분야에선 인간은 자기밖에 모르는 존재라는 자기 인식이 확고하게 자리를 잡았다. 생물학자는 인간을 최대 번식을 추구하는 존재로, 진화심리학자는 신분 획득을 노리는 존재로 보았다. 사회과학 중에서도 가장 영향력이 센 경제학에선 인간의 행동은 대부분 안락과 부를 추구한다고 주장했다. 이렇듯 모든 학문은 모든 인간에게 가장 가까운 사람은 자기 자신이며, 이타주의란 망상에 불과하다는 가정에 바탕을 두고 있다.

그런 가정에서 출발하면 어떤 난관에 봉착할지 학자들은 너무나 잘 알았다. 어쨌든 인간을 포함한 생명체는 사이좋게 살고 함께 일한다. 청소 물고기는 언제라도 입을 다물어 자신을 삼켜버릴 수 있는 육식 물고기의 입안으로 유유히 헤엄쳐 들어가 그곳에 붙어 있는 기생생물을 잡아먹는다. 열대 농어와 알라공치도 그런 관계다.

개미, 벌, 말벌, 흰개미는 개체수가 수백만에 이르는 대집단이 놀라울 정도로 성공할 수 있다는 사실을 입증한다.

한 마리씩 따로 떼어 놓고 보면 힘없는 존재지만 이들의 공동체는 막강한 힘을 갖는다. 열대 지방의 동물 생물량 (바이오매스)의 절반이 흰개미로 추정된다고 한다. 이 사회적 곤충을 모두 합친 무게가 열대 아프리카, 남아시아, 중앙아메리카, 남아메리카에 사는 다른 모든 동물의 무게와 맞먹는다는 소리다. 인간 종조차 그 정도의 차원에는 못 미친다. 70억 명이 채 안 되는 인간의 무게는 나머지 척추동물 모두를 합친 무게에 불과하다. 그런데도 호모 사피엔스는 지구를 지배하여 전 세계를 아우르는 조직들을 결성했다. 협동이라는 능력이 없었다면 그런 성공은 상상도 할 수 없었을 것이다. 각자가 자기 이익만 쫓는다면 이 모두는 이해할 수 없는 일들이다. 따라서 행동연구가들은 지난 수십 년 동안 모든 행동이 개인에게 이익이 되어야 한다면 공동체가 어떻게 가능할 수 있는지의 문제와 씨름했다.

또 어느 시대나 사심 없이 타인을 위해 희생하고, 심지어 오트리처럼 생명의 위험까지 무릅쓰는 사람들이 존재한다는 사실은 어떻게 설명할 수 있는가? 물론 영웅은 드물다. 그렇다고 영웅을 단순한 예외로 치부해버려도 될까?

제2차 세계대전 중에도 수만 명이 생명의 위험을 무릅쓰고 유대인들을 지켜냈다. 또한 압도적으로 많은 숫자의 사람들이 타인을 위해 고통을 감내할 각오가 되어 있다. 얼굴도 모르는 백혈병 환자를 돕기 위해 골수를 기증하겠다고 등록한 독일인의 숫자가 3백만 명을 넘었다. 미국에선 아무런 보상 없이 자기 신장을 기증하겠다는 사람들로 신장 기증 웹 사이트가 호황을 누리고 있다.

이기적인 인간의 이미지에 맞지 않는 수많은 일상의 상황은 소소할수록 우리 생활에 더 큰 영향을 미친다. 왜 우리는 두 번 다시 가지 않을 음식점에서도 팁을 주는 걸까? 차도에서 남의 집 아이가 뛰어들면 왜 뒤쫓아 달려갈까? 왜 오갈 데 없는 일가친척을 몇 년 씩이나 거두어주고, 지진 참사 희생자들에게 돈을 기부하며, 짬을 내서 봉사활동을 하는 걸까?

인터넷에선 전혀 새로운 형태의 협력과 봉사가 꽃을 피우고 있다. 전 세계의 전문가들이 자신의 노동력을 기증하는 형태로 말이다. 덕분에 1억 개의 위키피디아 항목과 마이크로소프트 같은 대기업과 경쟁하는 무료 오픈 소스 프로그램이 거의 하룻밤 사이에 탄생했다.

대부분의 풀리지 않는 과학의 수수께끼는 학자들이 해답을 찾지 못하면 우리도 쉽사리 고민을 멈출 수 있다. 하지만 이유를 설명하기 힘든데도 어디서나 목격되는 이타적 행동은 우리의 자화상을 뒤흔드는 질문들을 제기한다. 인간은 얼마나 이기적으로, 얼마나 이타적으로 행동할 수 있을까?

어떤 상황에서 자신의 이익을 양보할까? 어떻게 하면 봉사와 희생을 장려할 수 있을까?

우리는 우리 시대가 너무 이기적이라고 한탄한다. 하지만 인간의 친절은 공기와 같다. 우리는 늘 공기에 둘러싸여 있어서 그것이 존재한다는 사실을 쉽게 잊어버린다. 공기가 사라져야 비로소 공기가 없다는 것을 깨닫는다. 그래서 레스토랑에서 친절한 서비스를 받고도 팁 한 푼 안 주고 떠나는 사람을 볼 때 모두가 그를 예의 없다고 비난하는 것이다.

테레사 수녀의 고민

이기주의와 이타주의가 대체 무엇인지부터 알아보자. 일상생활에서 우리는 이 단어에 도덕적인 의미를 부과하며, 행동의 동기를 캐묻는다. 자기 이익만 생각하는 사람을 보면 '이기주의자'라고 욕하고, 타인을 위해서는 최선을 하다면서도 자신을 위해서는 아무 것도 원치 않는 사람은 '이타주의자'라고 부른다. 만일 그렇다면 거지에게 속옷까지 다 벗어주고도 기분이 좋은 사람은 이타주의자가 아니다. 벌거 벗은 채 서 있어도 그는 거지를 위해서가 아니라 자신의 기분을 위해 옷을 벗었으니 말이다.

이 정의에 따르면 인간을 순수 이기주의자로 보는 사람들의 견해가 옳다. 결국 모든 자선행위는 자기만족을 위해, 뽐내려고, 혹은 다른 좋은 감정을 얻기 위해서이기 때문이다. 대부분 주변 사람들의 칭찬과 인정도 뒤따를 것이다. 자선행위를 하는 사람들 스스로도 자선행위를 통해 인생의 의미를 찾았다고 말하지 않던가? 그렇다면 오히려 사심 없이 봉사하는 사람들이 더 교묘한 방법으로 더 이기적인 사람일지 모른다.

하지만 그건 너무 피상적인 생각이다. 첫째, 그런 주장은 왜 타인을 위해 무언가를 하면 기분이 좋아지는지, 그 이유를 말해주지 못한다. 둘째, 누군가 남을 위해 일한 후 기분이 좋다고 해서 그것이 곧 오로지 기분이 좋아지기 위해 이타적인 행동을 한다는 의미는 아니다. 우리는 타인이 어떤 행동을 하는 진짜 동기를 알지 못한다. 그건 꼭 타인이 정직하기 않기 때문이 아니다. 자신이 왜 어떤 일을 하는지도 정확히 알지 못할 때가 많다.

물론 이타주의자가 오로지 자기만족 때문에 타인을 위해 봉사한다는 주장을 반박하기는 쉽지 않다. 이타주의를 비아냥거리는 사람들은 테레사 수녀조차 사심 없이 행동한 것이 아니라고 주장한다. 인도의 캘커타 거리에서 죽어가는 사람들을 불러 모아 먹을 것을 나누어 주고 나병환자들의 상처를 손수 닦아주고 자발적으로 빈민촌에서 살았던 그녀의 봉사활동 역시 다 자기가 좋아서 한 짓이라는 것이다.

다행히 우리는 테레사 수녀의 심리 상태에 대해 아주 많은 것을 알고 있다. 그녀는 수 십 년 동안 자기 속내를 숨김없이 털어놓았고 더구나 최근에 그녀의 일기장과 편지들까지 공개되었기 때문이다. 이 자료들을 보면 노벨 평화상을 수상한 그녀가 얼마나 고통스러워하며 자신과 자신의 삶을 캐물었는지 알 수 있다. 오랜 세월 그녀는 신에게 버림받았다고 느꼈고, 신이 존재하는지 의심했다. 자신의 감정에 대해서는 더더욱 불신했다. "나의 속은 얼음처럼 차갑다." 따라서 일기장이나 편지조차도 테레사 수녀의 마음을 움직인 것이 정확이 무엇이었는지 알려주지 못한다. 분명 그녀 자신도 알지 못했을 것이다.

하지만 칭찬이나 좋은 기분을 바랄 수 없었던 경우들도 있다. 과연 웨슬리 오트리가 영웅으로 칭송받기 위해 간질 환자를 위해 몸을 던졌을까? 사건의 속도만 보아도 불가능하다. 철로로 뛰어들기로 결심한 채 1초도 안 되는 짧은 시간 동안 그에게 이 행동이 성공하면 어떤 기분이 들지 머릿속으로 그려볼 여유가 있었을 리 만무하다. 설사 그런 생각을 할 시간적 여유가 있었다 해도 목숨이 위태로운 판에 대통령과 악수를 할 수 있는 미래가 행동의 동기였을 가능성은 거의 없다.

명예심, 의무감, 양심의 가책이 행동의 동기였을 가능성도 낮다. 그런 복잡한 고민을 하기엔 너무 짧은 시간이었다. 따라서 오트리는 우리가 흔히 일상에서 사용하는 용어의 뜻을 적용해도 완벽한 이타적 행동을 한 사람이다.

그렇다면 심사숙고한 후에 위험을 감수한 사람들, 예를 들어 박해받는 유대인을 구하기로 결심한 사람들은 덜 위대한가? 오히려 더 위대한 건 아닐까?

이기주의와 이타주의의 기준

그러므로 불확실한 행동의 동기를 '이기주의'와 '이타주의'의 판단 기준으로 삼는 건 별 의미가 없다. 그보다는 각 행동이 어떤 결과를 초래했는지를 관찰하는 편이 더 옳다. 모든 행동에는 비용이 들고, 반대로 수익이 나기도 한다. 누가 비용을 지불하고 누가 수익을 취하는지의 문제에서 한 인간이 이기적으로 행동했는지 이타적으로 행동했는지가 곧바로 드러난다.

이기주의자는 타인이 지불한 수익을 취한다. 도둑은 극단적인 이기주의자이다. 반대로 이타주의자는 타인에게 수익이 돌아가는 일에 자신이 비용을 지불한다. 보상을 바라지 않는 선물이 대표적인 예다.

행동 연구에도 사용되는 이런 정의는 간단하면서도 유용하다. 불명확할 때가 많은 행동 동기와 달리 비용과 수익은 눈으로 관찰할 수 있기 때문이다. 물론 이타주의자가 반드시 행동의 대가를 지불해야 할 필요는 없다. 타인을 위해 위험을 감수하기만 해도 충분하다. 웨슬리 오트리는 굴러오는 지하철 객차 밑으로 기어들어갔다 무사히 빠져나왔다. 하지만 그의 행동이 다른 결과로 이어졌을 수도 있었기에 오트리는 이타적으로 행동한 것이다.

이타주의는 어려운 사람을 위해 자신을 희생해야 한다는 의미가 아니다. 학술적 정의에 따르면 타인을 위해 아주 사소한 이익을 포기하기만 해도 이미 이타적인 행동이다. 수혜자가 특정 인물일 필요도 없다. 우리는 한 집단의 이익을 위해, 혹은 정의 같은 추상적 원칙을 위해서도 불이익을 감수한다. 당사자가 그 집단의 구성원이라서 공동의 수익이 자신에게 돌아온다 해도(예를 들어 자발적으로 쓰레기 재활용에 참여하는 등) 그의 비용(시간 비용)이 돌아올 수익(덜 더럽혀질 환경)을 초과한다면 이타적으로 행동하는 것이다.

가게에서 계산을 잘못해 더 받은 거스름돈을 돌려주건, 이웃을 대신해 택배를 받아주건, 학교 운영위원회의 운영위원으로 참석하건, 그런 행동을 하는 당사자들은 남들에게 수익이 돌아갈 일의 비용을 지불하는 것이다. 그렇게 본다면 우리의 일상엔 작건 크건 엄청나게 많은 이타적 행동들이 숨어 있다. 다 알다시피 보이스카우트 대원들은 '하루에 착한 일 한 번'을 해야 한다. 실제로 대부분의 사람들은 매일 몇 번씩 선행을 결심한다.

인류의 수익계산법

앞에서 든 사례들이 너무 진부하다고 비웃는 사람들은 그것이 얼마나 설명하기 힘든 행동인지를 간과하고 있다. 이타적 행동을 믿지 않는 회의론자조차 그건 인정한다. 그리고 그 이유를 비용과 수익을 명확하게 정의할 수 없다는 데서 찾는다. 알다시피 인간은 곡예를 즐긴다. 학교 운영위원이 된 학부모는 겉보기에는 학교의 발전을 생각하는 것 같지만 사실은 자기 자식에게 득이 될 수 있다는 마음이 더 컸을 수 있다.

그렇다면 대체 그 비용과 수익이란 것이 무엇인가? 가장 흔히 사용되는 말의 의미가 통하지 않을 때가 많은 이유는 간단하다. 우리는 '기브'와 '테이크'라는 말을 들으면 소유물이나 시간을 떠올린다. 그리고 그 둘을 환산한다. 특정한 재화를 마련하기 위해 얼마나 많은 시간이 들까? 사람들은 대부분 도움을 부탁받으면 그런 식으로 계산한다. 경제 이론에 바탕을 둔 정치학과 정통 경제학은 더더욱 비용과 수익의 순수 물질적 해석에 기초를 둔다.

하지만 이런 기초에서 이타주의의 수수께끼를 풀려고 하면 어쩔 수 없이 모순에 빠지게 된다. 모든 인간이 최대한 적은 노력으로 부자가 되기를 원한다면 피임약이 개발되자마자 단 한 명의 아기도 세상에 태어나지 않았어야 한다. 하지만 아기의 울음소리는 부모에게 돈으로 환산할 수 없는 수익을 선사한다. 그래서 부모는 엄청나게 많은 노동 시간과 엄청난 돈을 쏟아부을 준비가 되어 있다. 인간이 이타심 때문에 가정을 꾸린다고 주장할 사람은 없을 것이다.

좀 더 현명하게 비용과 수익의 기준을 발견한 사람들은 진화생물학자들이었다. 그들의 견해에 따르면 모든 유기체처럼 인간 역시 자신의 유전자를 널리 퍼뜨리도록 프로그래밍되어 있다는 것이다. 그렇게 본다면 장기적인 시각에서 이 목적에 기여하는 모든 것은 이익이 된다.

반대로 후손의 탄생 확률을 줄이는 것은 개인에게 비용을 발생시킨다. 따라서 이기주의자는 타인의 번식 기회를 줄여서 자신의 번식 기회를 높인다. 우리가 생각하는 이기주의자들과 정반대로 말이다.

진화론의 수익 계산법은 물질만 생각하는 경제학의 계산법보다 훨씬 신빙성이 높다. 예를 들어 많은 남자들이 섹스에 열띤 관심을 보이는 것도 이해가 된다. 사람들이 높은 지위에 오르기 위해 노력하는 것도 지위가 높으면 번식에 유리하다는 점을 생각한다면 그리 놀랄 일이 아니다. 빛이 나방을 끌어당기듯 신분의 상징은 매력적인 섹스 파트너들을 유혹한다. 물론 포르셰를 타고 다니는 남자가 그렇지 않은 남성들보다 자식이 더 많은 건 아니다. 진화론적 프로그래밍은 과거의 유물이다. 신분이 실제로 자식의 숫자를 늘리던 시절의 유산이다. 그런데도 그 유산은 아직도 우리의 행동을 결정한다.

이처럼 번식 이론은 언뜻 보기에 이해가 안 되는 행동들도 설명을 해준다. 나아가 미래를 내다볼 수도 있게 한다. 타고난 특정 행동이 후손의 수를 늘린다면 그 행동은 저절로 다음 세대까지 널리 퍼질 것이다. 해당 유전자를 가진 부모가 다시금 그 유전자를 지닌 평균 이상의 많은 자녀를 낳을 것이니까 말이다.

그 장점이란 것이 세대를 거쳐 축적된 것이기에 처음에는 아주 적었을 수도 있다. 다른 것에 비해 득이 되는 유전자를 약간 더 가진 사람은 콜럼버스 시대에 이제 막 생긴 은

행에 1페니히를 저금한 투자자와 같다. 화폐 가치 하락을 계산에 넣는다 해도 그의 후손들은 (물론 화폐개혁이 없었더라면) 지금 1억 유로 이상을 통장에 가지고 있을 것이다. 진화에선 유전자의 장점이 아주 긴 기간을 거쳐야 이자를 돌려주니까 말이다.

남을 도우면 내가 망할 거야

이로써 진화론은 이타주의를 일체 거부하는 회의론자들에게 최강의 논리를 제공한다. 이타심이 생물학적 이익에 반하여 행동한다는 의미라면, 그런 핸디캡이 어떻게 장기적으로 지속될 수 있단 말인가? 이타주의자는 적은 번식 기회라는 비용을 감수한다. 그리고 수익은 더 많은 아이를 낳아 기르는 이기적인 타인에게 돌아간다. 찰스 다윈 역시 이런 문제점을 인식했다. 그는 자원을 쟁취하기 위한 냉혹한 경쟁의 세상에는 자비심이 들어설 자리가 많지 않다고 보았다. 그리고 이 쓰디쓴 깨달음을 전사부족의 예를 들어 설명했다. "동료는 배신하느니 차라리 제 목숨을 버릴 각오가 되어 있는 전사는 그 고귀한 천성을 물려받을 후손을 남기지 못한다. 전쟁터에서 항상 자원하여 앞장을 서는 용감한 전사는 평균적으로 다른 사람들보다 많이 죽는다." 이렇게 몇 세대가 지나면 이타주의자는 멸종할 것이다.

그렇게 본다면 희생 유전자는 절대 살아남을 수가 없다. 군인의 자기희생처럼 극적인 사례에만 해당하는 사항이 아니다. 진화에선 미미한 불이익도 중요한 역할을 하기 때문이다. 요양원에서 노인을 돌보는 젊은 남자는 신붓감을 구할 시간이 줄어든다. 익명으로 기부하거나 잘못 계산한 거스름돈을 되돌려주는 사람은 자식에게 쓸 돈이 줄어든다. 웨슬리 오트리는 심지어 남의 생명을 구하느라 자기 딸들을 내팽개쳤다. 하지만 이로써 회의론자들은 궁지에 몰렸다. 행동의 생물학적 이득만 따진다면 노인의 간병과 기부는 물론이고 오트리 같은 사람도 존재해서는 안 될 테니 말이다. 그렇다면 이론에 맞지 않는 현실이 잘못된 것이란 말인가?

세상엔 여전히 다윈을 들먹이며 만인은 언제나 자신의 복리만 생각한다는 주장이 널러 펴져 있다. 인정머리 없거나 심지어 비도덕적인 행동을 정당화하고자 하는 사람들은 하나같이 다윈의 이론에 밑줄을 긋는다. 그런 식의 논리는 진화론 자체만큼이나 역사가 깊다. 영국의 정치적 자유주의를 확신했던 다윈의 동시대인 철학자 허버트 스펜서는 '적자생존'이라는 용어를 만들어낸 주인공이다.

그는 수십 만 부가 팔린 책에서 역사상 처음으로 진화론에서 공생의 규칙을 끌어내려 노력했다. 약자를 돌보는 행위는 불합리할 뿐 아니라 악이라고, "자연은 약자를 제거하기 위해, 세상에서 약자를 없애 더 우수한 인간에게 공간을 확보해주기 위해 온갖 노력을 다 하고 있다"고 말이다. 그의 사상은 히틀러의 『나의 투쟁』에서도 재등장한다.

경제계 역시 스펜서의 영향이 큰 분야다. 20세기 초, 스탠더드오일컴퍼니를 세워 전 북아메리카 대륙을 손아귀에 넣고, 모든 수단을 동원하여 독점을 변호함으로써 역사상 최고의 부자가 된 존 록펠러는 이른바 자연의 이기주의를 행동의 근거로 동원했다. 대기업의 성장에서 적자생존(자연법칙과 신의 법칙의 효과)이 잘 드러난다고 말이다. 1987년 영화 「월 스트리트」에서 투기꾼 고든 게코 역할을 맡아 지난 몇십 년의 시대정신을 '탐욕은 선하고, 탐욕은 옳다'라는 전설적인 구호로 요약했던 마이클 더글라스 역시 생물학에게 도움을 청했다. "탐욕은 진화의 핵심사상이다."라고 말이다.

다윈의 딜레마

그런 단순한 다윈주의적 시각을 반박하기 위해 가장 자주 거론되는 반론이 바로 교육의 힘이다. 인간은 교육을 통해 천성을 거역하고 정의와 희생정신을 발휘한다는 주장이다. 그렇게 본다면 도덕은 오로지 문화의 업적이다. 대부분의 사회학자들이, 그리고 의외로 많은 진화생물학자들이 애용하는 논리이다.

하지만 이런 주장은 큰 도움이 되지 않는다. 인간이 왜 심각한 상황에서 한때 배운 규범을 따르는지, 그 이유를 설명하지 못하기 때문이다. 이기주의자는 이익만 보장된다면 좋았던 어린 시절 따위는 순식간에 잊어버릴 수 있다.

그렇다면 어린 시절 신비로운 메커니즘을 통해 도덕의 척도가 우리 가슴에 낙인처럼 박힌 게 아니겠냐고 추측할 수도 있다. 하지만 그런 추측 역시 문제를 해결하지는 못한다. 도덕을 문화의 산물로 이해하는 것은 수수께끼를 과거로 떠넘기는 것에 다름 아니다.

무언가가 우리 조상을 부추겨 아이들에게 생물학적 이해관계에 반하여 일정 정도의 희생정신을 가르치도록 만들었다는 뜻이 될 테니 말이다. 그 말이 사실이라면 인간에게 불이익이 되는 희생적 행동이 여러 세대를 거치면서 보존되었어야 한다. 어쨌든 이 문화 논리도 다윈의 우울한 논리를 무너뜨릴 수는 없다. 희생정신이 투철한 전사는 그 희생정신이 타고난 것이든 나중에 배운 것이든 똑같이 번식 기회가 적었을 테니까 말이다.

찰스 다윈은 이 딜레마에서 빠져나갈 방도를 찾지 못했다. 1902년 러시아의 작가이자 학자, 아나키스트였던 표트르 크로포트킨이 동물은 물론 인간에게서도 상호 도움은 집단의 생물학적 적응도를 높인다는 설득력 있는 증거를 제시했다. 하지만 남을 잘 돕는 사람은 공동체 내에서 이기주의자보다 열악한 처지라는 다윈의 주장은 그 역시 반박할 수 없었다. 더구나 극좌파로 변신한 차르 왕국 출신의 이 귀족은 정통 학계에서 아웃사이더였기에 그의 저서들은 곧 잊히고 말았다.

이에 서유럽과 미국의 다윈 후계자들이 믿을만한 해결책을 내놓았다. 이타주의는 설명이 가능하지만 오직 친척들 사이에서만 설명이 가능하다고 말이다. 즉 아버지가 자기 딸을 위해 무언가를 포기한다면 이것은 그의 유전자 유지에 도움이 된다. 천성적으로 가정적인 아버지는 자신의 그런 유전자를 다시 자손들에게 물려줄 것이다. 친척 간의 희생을 장려하는 유전자는 직계 자손에게로만 전파되는 것이 아니다. 조카를 돕는 이모나 고모도 생물학적으로 득이 있다. 유전 법칙에 따르면 어쨌든 조카의 유전자 중 4분의 1은 자기 것이다. 그러므로 조카 두 명을 동시에 돌보면 자기 자식 한 명을 보살피는 것과 마찬가지로 자기 유전자의 전파에 득이 된다는 계산이 나온다.

이런 계산의 원조인 영국 유전학자 존 홀데인은 남자 형제가 차가운 강물에 빠졌다면 구하러 물에 뛰어들겠느냐는 물음에 "안 뛰어든다"고 답했지만 "형제 두 명이나 조카 여덟 명의 목숨을 구할 수 있다면 제 생명을 바칠 겁니다."라고 말했다. 그럴 경우 통계적으로 그의 모든 유전자가 생존하게 될 것이 확실하기 때문이다.

이 이론의 추종자들을 스스로를 '사회생물학자'라고 불렀다. 그들은 개미 왕국의 이타심을 설명하는 데 성공했다. 이 사회적 곤충은 혈연관계가 가까운 상대일수록 희생하겠다는 각오도 크다. 심지어 공통 유전자 수를 알면 한 마리 개미가(벌이나 말벌이) 한 동료를 위해 얼마나 많은 일을 해줄지도 계산이 가능하다. 그리고 그 결과는 홀데인이 앞의 질문에 번개처럼 후딱 계산한 결과와 다르지 않다. 이런 성공에 한껏 부푼 사회생물학자들은 홀데인이 장난삼아 한 짓을 진지하게 시도하기 시작했다. 즉 자신들의 이론을 인간에게 적용하기 시작한 것이다.

하지만 그로 인해 그들은 진짜 중요한 문제를 비켜가고 말았다. 인간의 집단은 모두가 혈연관계인 개미 집단이 아니라는 사실 말이다. 우리의 공생을 이해하려면 왜 우리가 가족 외의 사람들과 자원을 나누어 쓰고 그들을 위해 희생하는지 그 이유를 설명해야 한다. 그렇지만 사회생물학자들

은 자신의 이론으로 풀 수 있는 문제, 즉 가족 내의 이타주
의 문제만 붙들고 늘어졌다.

인도로 떠난 생물학자

　사회생물학자들은 가족 외부의 희생은 있을 수 없다고
주장했다. 인간이 타인을 위해 무언가를 한다면 그건 거래
일뿐이라고. 공정하고 착한 인상을 주는 일도 속을 들여다
보면 자신의 이익을 조금 더 교활하게 추구하려는 위장이라
고 말이다. 그루초 막스(미국의 희극 배우이자 영화배우 - 옮긴이)도
이런 말을 했었다. "성공의 비결은 정직과 사교성이다. 정
직하고 사교적인 척 할 수 있으면 성공한 거다."

　1976년에 나온 『이기적 유전자』로 리처드 도킨스는 사
회생물학자 중 가장 유명인사가 되었다. 수려한 글솜씨로
책은 베스트셀러가 되었을 뿐 아니라 한 세대의 행동 연구
와 생물학에 큰 영향을 미쳤다. 그의 책은 지금까지도 '진화
심리학'이라는 꼬리표를 달고 전문 서적 코너는 물론 대중
처세서 코너에도 당당히 한 자리를 차지하고 있다. (미국 텍사
스의 석유 기업 엔론의 최고경영자로 세계 역사상 최대 규모의 회계 부정을 저
지른 제프리 스킬링도 이 책의 팬이다. 그는 『이기적 유전자』를 애독서이자 영

감의 주요 원천이라고 불렀다.)

    훗날 격렬한 종교 비판가로도 나섰던 도킨스는 동료들의 건조한 공식을 힘 있는 한 마디로 이렇게 요약했다. "우리는 생존 기계다. 즉, 우리는 유전자로 알려진 이기적인 분자들을 보존하기 위해 맹목적으로 프로그래밍된 로봇이다." 우리의 유전자가 "잘 나가는 갱단처럼 격렬한 생존 투쟁의 세상에서 살아남았기" 때문에 갱단에게 그러하듯 우리 인간에게도 관용을 기대할 수 없다. "유전자의 이기주의는 보통 개인의 이기적 행동을 유발할 것이기" 때문이다.

    그렇지만 사회생물학의 정신적 아버지라는 존 홀데인의 인생사만 들여다보아도 이런 식의 무시무시한 예언들이 의심스러워지기 시작한다. 동생을 위해 차가운 강물에 뛰어들지는 않겠다고 했지만 실제 존 홀데인은 주변 사람들의 안위를 걱정했던 인물이다. 열렬한 마르크스주의자였던 그는 당을 위해 공산당 기관지 「데일리 워커(Daily Worker)」의 책임 편집자로 일했다. 그 이력이 학자로서의 경력에 도움이 될 리 없는 데도 그는 당대 가장 유명한 생물학자가 되었고 결국 왕립 학술원의 회원이 되었다. 스페인 내전 당시에는 공화군을 지원했고, 자신의 학문과 더 나은 세상을 꿈꾸는 자신의 사상을 대중들에게 알리기 위해 여러 권의 책을 집필했다. 심지어 어린이책을 펴내기도 했다. 훗날에는 스탈

린의 테러에 경악하여 공산당을 떠났고, 1950년에는 독립은 했지만 지독한 가난에 시달리는 인도의 재건을 돕기 위해 영국마저 버렸다. 인도에 간 그는 채식주의자가 되었다. 그의 희생정신은 자신의 시신을 지방 의과대학에 기증하라는 유서에서도 엿보인다. "나는 더 이상 이 몸을 필요치 않으니 다른 사람이 유익하게 써주기를 바란다. 내 유산을 사용해도 좋은 첫 번째 항목은 시신 냉동 보관료다."

'다정함'이라는 사회적 본능

'잡아먹느냐, 잡아먹히느냐'의 원칙, 만인의 만인에 대한 가차 없는 투쟁은 이미 오래전부터 일상어가 되어 버렸다. 하지만 일반인은 물론 학자들 사이에서 '다윈주의'라는 이름으로 떠도는 내용들은 알고 보면 이 영국인 생물학자의 이론을 심각하게 왜곡한 것들이다. 다윈이 살아 있을 때부터 진화론은 온갖 정치적 해석으로 인해 비웃음거리가 되었고 다윈은 그로 인해 크게 상심했다. 이 장의 첫 부분에 실은 인용문은 1860년 친한 지질학자 찰스 라이엘에게 보낸 편지의 한 구절이다. 다윈은 그 편지에서 얼마 전에 출간한 『종의 기원』에 대한 「맨체스터 가디언」지의 해석을 마음껏

비아냥거렸다. 그런 그릇된 관심이나마 그가 세상을 떠난 후에는 아예 사라지고 말았다.

이기주의의 전도사로 소개되기 일쑤지만 사실 다윈은 마음이 정말로 여린 사람이었다. 비글호를 타고 탐사 여행을 하던 중 브라질의 한 해변 도시를 산책하던 그의 귀에 고통스러운 신음이 들려왔다. 아마도 담 너머 어딘가에서 노예가 학대를 받는 모양이었다. 하지만 다윈이 할 수 있는 일은 없었다. 항의조차 할 수 없었다. 그날의 기억은 아주 많은 세월이 흐른 후에도 그를 괴롭혔다. 먼 곳에서 고함만 들려도 그는 그 기억을 떠올렸다. 훗날 그는 여행기에서 "나는 노예제도가 있는 나라는 두 번 다시 가고 싶지 않다."라고 썼다.

1842년 고국으로 돌아온 그는 죽을 때까지 영국 남부의 다운 마을에 살았고 그곳에 가난한 농촌 일꾼들을 돌보는 공제조합(Friendly Society)을 만들었다. 아들의 말을 들어보면 다윈은 동물이 고통받는 광경도 차마 보지 못했다. "하루는 산책을 가셨던 아버지가 얼굴이 해쓱해져서 지친 표정으로 돌아오셨다. 말이 학대당하는 광경을 보셨던 것이다." 또 어떤 농부가 양 몇 마리를 굶기고 있다는 소식을 듣고는 증거자료를 모아 치안 판사에서 보냈고, 그 일로 마을 사람들의 미움을 사기도 했다.

다윈은 그런 이타심을 자신의 학문 이론과 어떻게 함께 지낼 수 있었을까? 고귀한 전사의 멸종이라는 자신의 이론을 맹신하기에는 그는 완벽하리만치 철저한 학자였고 인생 경험도 정말 풍부했다. 비글호를 타고 항해할 당시에도 그는 순수 이기적인 인간 본성과는 맞지 않는 사건들을 많이 기록했다.

티에라 델 푸에고 섬에서 21세의 다윈은 지금껏 한 번도 만난 적이 없었던 정말로 낯선 사람들을 만나게 되었다. 당시 그는 '한 야만인의 첫인상'을 이렇게 기록했다. "그는 벌거벗은 푸에고 섬의 원주민이었다. 긴 머리카락이 이리저리 흩날렸고 얼굴엔 흙칠을 했다. 그가 바위에 서서 뭐라고 소리를 지르며 몸짓을 했는데, 집에서 키우는 가축의 소리보다 더 이해하기 힘든 소리였다." 푸에고 섬 원주민들은 부족한 자원 탓에 굶주렸고 그러다 보니 다툼이 잦았다. (다윈은 그들의 식량사정에 조금이나마 보탬이 될까하여 과수원을 조성했다.)

하지만 짐승 같은 첫인상의 원주민들에게도 정의감이 있었다. 1834년 2월 작은 카누 한 척이 비글호가 있는 곳으로 다가왔다. "나는 한 남자에게 큰 못을 주었다. 정말 값진 선물이었지만 대가를 원한다는 몸짓은 전혀 하지 않았다. 그런데도 그는 당장 물고기 두 마리를 집어 창끝에 끼워서는 나에게로 내밀었다." 원주민끼리도 마찬가지였다. "어떤 카누에게 주려는 물건이 다른 카누 옆에 떨어지자 주워서 원래 주인에게 돌려주었다."

그 원주민들의 행동은 만인의 만인에 대한 투쟁과는 전혀 관계가 없었다. 그들이 다른 문화권에서 정의감을 배웠을 가능성도 거의 없었다. 푸에고 섬 주민들은 바깥세상과 완전히 격리되어 살았다. 그럼 그들의 도덕은 어디서 온 것일까?

다윈은 이 질문을 반평생 동안이나 고민했다. 비글호 항해를 마친 지 40년이 지난 후에야 다시 그 문제를 거론했으니 말이다. 만년에 출간한 『인간의 유래』에서 그는 이 문제에 여러 장을 할애했다. 그리고 진화의 과정에서 정신력과 선호도가 신체 구조와 마찬가지로 진화한다는 대담한 주장을 펼쳤다. 많은 동물은 '사회적 본능'을 타고 나기 때문에 집단을 찾고 집단 구성원에게 호감을 느낀다. 특히 정신력이 고도로 발달한 인간 같은 생명체의 경우 이런 본능은 '불가피하게도' 타고난 정의감과 도덕심으로 발전한다. 바로 그 때문에 세대를 거듭해도 이타적 행동은 사라지지 않는다. 타고난 협력의 성향이 인간들에게 이따금 이타적 되도록 강요하는 것이다.

이런 주장이 어떤 정신 혁명을 몰고 올지 다윈은 예상하지 못했다. 또 이런 사회적 본능이 정확히 무엇으로 이루어지는지, 그것이 어떻게 공정과 선을 야기할 수 있는지에 대해서도 구체적인 이론을 펼치지 않았다. 그는 원시인들이 도덕심을 키운 것은 칭찬을 갈망했기 때문이라고 추측했다. 하지만 추가 설명을 남기지 않았기에 그의 후계자들은 인간이 자연적으로 타인을 돌본다는 다윈의 이론을 스승의 착각으로 치부해버렸다.

하지만 다윈은 이런 깨달음으로 자신의 시대를 100년 이상 앞서갔다. 이제야 우리는 이타적 충동이 우리의 생각과 행위에 얼마나 지대한 영향을 미치는지, 그것이 어떻게 탄생하며 장기적으로 얼마나 우리에게 유익한지 서서히 깨닫기 시작하고 있다. 그 새로운 인간의 자화상에 따르면 호모 사피엔스는 지금까지보다 훨씬 친절하다. 그리고 이런 깨달음이 인간 공생의 게임 규칙을 바꾸게 될 것이다.

2장

돕고 사는 삶이 어려운 이유

내 너희에게 충고하건대, 하나가 되지 말고 여럿이 되어라.
집주인이면서 집 없는 사람이 되어라.
농부이면서 땅이 씨앗을 삼키기 전에 씨앗을 쪼는 참새가 되어라.
감사한 마음으로 주는 기부자이면서
상대를 존중하며 당당하게 받는 수혜자가 되어라.
- 칼릴 지브란 -

☺☺☺

협력하면 모두에게 득이 되는데도 왜 우리는 협력하지 못하는 걸까? 프랑스 계몽주의 철학자 장-자크 루소는 짤막한 이야기 한 편을 통해 협력의 어려움을 정리했다. 옛날 사냥꾼 몇 사람이 힘을 합해 사슴을 잡겠다고 길을 떠났다. 그런데 갑자기 토끼 한 마리가 나타났다. 토끼는 혼자서도 잡을 수 있을 만큼 작은 사냥감이다. 그렇지만 만일 토끼를 잡겠다고 총을 쏘면 더 큰 사냥감인 사슴이 놀라 도망을 가고 말 것이다.

그들이 총을 쏠까? 루소의 사냥꾼 이야기가 너무 옛날

이야기라고 생각된다면 우리 시대의 지극히 평범한 부부의 예를 한 번 들어보자. 맞벌이는 하는 한 남자와 한 여자가 같이 살고 있다. 이름이 아담과 이브라고 가정해보자. 밥하는 건 둘 다 재미있어하는데 문제는 장보기다. 물론 두 사람이 함께 장을 보면 문제될 것이 없다. 하지만 아담으로선 아내가 혼자 슈퍼에 들러 장을 봐오면 훨씬 편할 것이다. 그래서 그는 약속한 장소에 가지 않는다. 이브 역시 신선한 과일과 고기를 먹고 싶은 아담의 마음이 게으름을 이겼을 것이라 확신하고 약속을 지키지 않는다. 그 결과 아무도 장을 봐오지 않았고, 하는 수 없이 저녁을 냉동 피자로 때우는 수밖에 없다.

쓰레기 갖다 버리는 일에서 아이 양육에 이르기까지 모든 파트너 관계에는 그런 갈등이 숨어 있다. 싸움과 짜증 없이 그런 문제를 척척 해결하려면 완전히 희생정신에 충만한 두 사람이 만나야 한다. 그렇지 않은 사람들은 늘 의무를 방기하고픈 유혹과 싸워야 한다. 루소의 사냥꾼들도 동료들이 토끼를 잡고 싶은 강한 유혹을 느낀다는 사실을 알고 있다. 그리고 다른 사냥꾼이 토끼를 잡는 바람에 나머지 사냥꾼들이 아무 소득 없이 집으로 돌아가기 전에 자신이 먼저 토끼를 향해 총을 쏘는 것이 합리적인 행동이라는 것도 잘 알고 있다. 물론 그렇게 되면 더 좋은 사냥감을 놓치게 되겠지만.

루소는 이 이야기를 통해 공동 행동을 가로막는 또 하나의 장애물을 알려준다. 찰스 다윈의 이론에 등장하는 고귀한 전사는 어쩔 수 없이 진화에서 불이익을 감수해야 하지만, 사냥꾼들은 공동 작업을 하면 후손을 볼 가능성이 높아진다. 그런데도 그들 사이에선 이기주의가 승리한다. 물론 결과는 모두의 패배이다. 가장 빠른 속도로 총을 쏘아 토끼를 잡은 사냥꾼조차도 상대적으로 빈약한 사냥감으로 만족할 수밖에 없기 때문이다.

하지만 우리 아담과 이브의 경우는 아무 비용도 들이지 않은 의무를 방기한 쪽도 행복을 누릴 수 있다. 아담이 절대로 슈퍼마켓에 가지 않을 것이지만 냉동 피자를 먹는 것보다는 혼자 장을 보는 편이 낫다고 생각하는 이브가 이를 뿌득뿌득 갈면서 장을 보러 갈 것이기 때문이다. 그러므로 아담은 충분히 단호하기만 하면 원치 않는 집안일을 완전히 방기하고도 음식을 얻어먹을 수 있다. 냉장고가 텅 비면 결국은 이브 자신에게도 해가 되기 때문이다. 반대의 경우도 가능하다. 이브가 절대로 장을 보지 않을 것이라는 확신을 남편에게 심어줄 수 있다면 남편이 장을 볼 것이다. 그야말로 신경전의 소재다.

물론 두 사람은 서로를 성격에 문제가 있다는 둥 인간성이 나쁘다는 둥 맹비난할 것이다.

(사실 두 사람 다 할 말이 있다. 남편은 아내보다 직장 스트레스가 더 심하지 않은가? 아내는 벌써 세 번이나 혼자서 장을 보지 않았던가?)

하지만 실제로는 서로에게 상담 치료를 받아보라고 권할 이유가 없다. 깨닫지 못하지만 두 사람은 냉혹한 논리를 따를 뿐이다. 최고의 결과를 얻고 싶은 자는 최악의 결과에 이르도록 내버려 두어야 한다. 그런 위험을 겁내는 사람은 착취를 당하더라도 감수해야 한다.

인생을 게임이라고 생각한다면

소설, 희곡, 시, 법전, 심리학 논문에 이르기까지, 인간이 함께 살면서 겪는 문제를 다룬 책들을 각 한 권씩만 쌓아도 아마 그 탑은 우주 공간까지 치솟아 오를 것이다. 어쩌면 제일 꼭대기의 책은 달에 닿을지도 모른다. 그만큼 협동과 사랑에 대한 우리의 희망과, 배신에 대한 우리의 두려움이 크다는 소리다. 또 그럴수록 더더욱 존 폰 노이만의 업적은 위대하다. 믿기 힘들겠지만 이 헝가리 수학자는 인간은 물론이고 동물들까지 모든 갈등의 기본 동기를 정리할 수 있는 하나의 공식을 발견했다. 온 세계 문학의 소재를 관통하는 공통분모를 구한 셈이다.

1928년 폰 노이만이 인간관계에 대해 연구하기 전에는 다툼의 주요 원인이 열정의 힘 때문이라고 생각했다. 모든 문제를 해결할 수 있는 최고의 방법이 합리적인 합의라는 건 삼척동자도 다 아는 사실이니까. 하지만 폰 노이만은 그런 합리적 해결책으로 가는 길이 자주 막힌다는 사실을 깨달았다. 그런데 그 이유는 폭풍 같은 감정으로 마음의 평정을 지키지 못하기 때문만이 아니었다. 분노와 탐욕, 공격욕, 질투심이 합의를 어렵게 만들지 몰라도, 사실 이런 감정들은 문제의 진짜 원인을 보지 못하게 우리의 시선을 왜곡한다. 성적 유혹이나 부부싸움 같이 겉보기엔 감정적인 것 같은 사건들에도 전략적 계산이 숨어 있다는 것이 폰 노이만의 주장이었다. 당시로서는 선구적인 깨달음이었다. 그것을 기반으로 하여 폰 노이만의 제자들이 완벽한 이기주의자들까지 공생으로 이끄는 길을 발견했으니 말이다.

1903년에 태어난 존 폰 노이만은 그의 세대가 낳은 가장 명석한 두뇌였다(스스로도 자신을 가장 명석한 인간이라고 생각했다). 학교에 들어가기 전부터 집에 찾아온 손님들에게 고대 그리스어로 농담을 하거나 전화번호부를 몽땅 외워 즐겁게 해주었다. 스물세 살이 되던 해 베를린 대학에서 학생들을 가르쳤고, 수리논리학의 몇몇 주요 문제를 해결했을 뿐 아니라, 이제 막 물이 오른 양자물리학에 수학적 기초를 제공하기도 했다. 불과 2년 후 그는 논문을 발표했고 그 논문에 천진하게도 '사회게임의 이론'이라는 제목을 달았다.

실제로 폰 노이만은 인생을 게임으로 해석했다. 그 게임에서 버티고 싶으면 최고의 수를 찾아내야 한다. 장기나 포커처럼 상대의 생각을 한 수 앞서갈 필요가 있다. 결정을 내릴 때 상대의 가능한 다음 수를 계산하는 사람만이 최적의 선택을 할 수 있기 때문이다.

게임 이론에서 말하는 최적이란 자신을 위한 최고를 끌어내는 것을 말한다. 앞에서 예로 든 사슴 사냥에선 모든 사냥꾼들이 다른 사람의 배신을 계산에 넣어야 하므로 자신이 가장 먼저 토끼를 쏘는 것만이 해결책이다. 이성은 협력에 반대하고, 함께 사슴 고기를 먹을 것이라는 생각은 환상이다. 우리의 이브와 아담은 둘이 같이 장을 보면 문제를 가장 잘 해결할 수 있는데도 냉장고를 가득 채울 희망을 품을 수 없다. 어쨌든 두 사람이 논리학적으로 행동하는 동안에는 그렇다. 장을 볼 의사가 있다고 밝히는 순간 상대가 약속을 지키지 않을 것이라는 사실을 계산에 넣어야 한다.

"인간이 이기적이고 배신을 잘한다는 한탄은 자기장이 전기 와류장에서만 증가할 수 있다고 한탄하는 것과 똑같이 한심한 짓이다. 둘 다 자연법칙이다." 폰 노이만은 이렇게 말하곤 했다.

게임 이론은 인간의 공생이 일으킬 수 있는 모든 문제에 적용 가능하기에 주목을 받았다. 게임 이론을 이용하면 출퇴근 시간의 교통정체도 아담과 이브의 결혼생활에서 발생하는 마찰과 마찬가지로 정확하게 분석할 수 있다. 출퇴근하는 직장인이 자가용을 몰지 않고 모조리 한 대의 버스를 이용한다면 훨씬 더 빨리 집에 도착할 것이다. 하지만 나쁜 해결책을 피할 방도는 없다. 개인이 모조리 대중교통을 이용한다면 버스도 막힌 도로 위에 서 있을 것이므로 오히려 출퇴근 시간이 더 길어질 것이다. 또 모두가 버스로 갈아탄다 해도 텅 빈 도로를 보고 다시 자가용을 끌고 나오려는 사람들이 생길 것이다. 공이 접시의 제일 움푹한 지점으로 굴러가듯 인간의 공생 역시 어쩔 수 없이 균형의 상태로 움직인다. 물론 그 균형의 상태가 공포의 균형으로 밝혀지는 경우가 너무나 잦지만 말이다. 이것이 게임 이론의 논리다.

사회학자는 게임 이론을 이용하여 공동체가 어떻게 유지되고 와해되는지, 왜 공익은 그렇게 홀대받기 쉬운지를 설명한다. 경제학자들은 게임 이론을 통해 왜 직원들은 더 많은 월급을 받지 못하며 회사들은 더 높은 가격을 받을 수 없는지를 밝힌다. 생물학자는 자연의 투쟁과 공생을 조사한다. 이렇게 게임 이론은 생명체의 관계를 다루는 모든 학문을 두루 이해하는 데 제격이다.

존 폰 노이만은 정치에도 (끔찍한) 족적을 남겼다. 1930년 미국으로 이민 간 그는 로스앨러모스의 사막에서 원자폭탄 제조에 주도적으로 참여했고, 패배한 것이나 다름없는 일본에 그 원자폭탄을 투하하기로 계획했다. 지금도 미국 의회 도서관에 가면 그가 손수 원자폭탄 투하 목표 지점을 쓴 쪽지가 보관되어 있다. 교토, 히로시마, 요코하마, 고쿠라. 짙은 안개 덕분에 고쿠라는 구사일생으로 목숨을 건졌다. 대신 나가사키에 두 번째 원자폭탄이 떨어졌다.

폰 노이만은 전쟁이 끝난 후에도 군대, 정보기관, 워싱턴 정부와 자문 계약을 맺었다. 그의 권고는 몇십 년 동안이나 미국 군사 전략을 좌우했다. 열강들이 서로를 대륙 간 미사일로 위협하고, 일체의 화해가 배제되었던 시대, 폰 노이만은 자신의 게임 이론을 곧이곧대로 받아들였다. 이익을 위해서라면 언제라도 버릴 수 있는 준법정신과 연민은 환상에 불과하므로 그는 1950년 워싱턴 정부에 선제공격을 강요했다. 어차피 핵전쟁은 피할 수 없는 것이므로 먼저 시작하는 편이 우세하고 말이다. 「라이프」와의 인터뷰에서 그는 이런 말을 했다고 한다. "당신이 왜 내일 그들을 폭격해야 하냐고 묻는다면 나는 왜 오늘이 아니냐고 물을 것입니다. 당신이 왜 오늘 다섯 시가 아니냐고 말하면 나는 왜 한 시가 아니냐고 물을 겁니다."

차라리 아무것도 하지 마라

분명 제2차 세계대전 직후 미국의 전략가들은 소련을 폭격하는 편이 유리하다고 주장했을 것이다. 그렇다면 왜 미국은 폭격을 하지 않았고 왜 세계는 핵전쟁을 모면했을까? 독일에서 결혼을 한 부부의 40퍼센트만 이혼 법정으로 달려가는 이유 역시 궁금하다. 폰 노이만의 게임이론에 따르면 (그는 죽을 때까지 두 번째 아내 클라리에게 충실했다.) 남녀의 공생은 원칙적으로 실패할 수밖에 없다.

그 대답은 부다페스트 출신의 수학자가 중요한 진실을 깨달았지만 그 진리가 완전하지는 않았다는 것이다. 그 사실을 제일 먼저 파악한 사람들 중에는 천재 수학자 존 내시도 포함된다. 할리우드 영화 「뷰티풀 마인드」의 실제 주인공으로도 알려진 사람이다. 그는 폰 노이만의 동료로 프린스턴 대학에서 연구했고, 훗날 정신분열증을 앓았지만 머리에서 떠들어대던 목소리들을 떨쳐내고 마침내 1994년 노벨상을 받았다. 내시는 모든 전략적 문제는 어떤 경기자도 따르지 않으면 모두 불이익을 당하게 되는 해결책이 최소 한 가지는 있다는 사실을 발견했다. 물론 대부분 이런 해결책은 최적이 아니다. 예를 들어 차를 끌고 나와서 막힌 도로에 서 있는 출퇴근 직장인들 역시 그런 내시 균형에 붙들려 있다. 시험 삼아 버스를 탄 모든 사람이 더 오랜 출근시간을 감내해야 하니까 말이다.

이브가 텅 빈 냉장고보다는 장보기가 더 견딜만하다고 생각한다면 공정함을 잊고 길을 나서는 방법밖에 없다. 궁여지책인 냉동 피자는 그녀에게 불이익이 될 것이고, 반대로 남편에겐 슈퍼마켓 행이 불이익이 될 것이다. 그러므로 이브에겐 남편을 위해 무언가를 할 철저히 이기적인 동기가 있는 것이다.

그렇지만 둘이 스테이크가 먹고 싶다면 어떻게 될까? 그럴 땐 신경전을 부추기는, 일상에서 가장 자주 볼 수 있는 또 다른 해결책이 있다. 이 경우는 온갖 작전을 동원하더라도 상대방을 정육점으로 떠미는 노력이 득이 되기 때문이다. 물론 최악의 경우 자기가 집을 나서는 옵션도 있다.

영화 「이유 없는 반항」의 핵심 장면보다 이런 전략을 실감 나게 보여준 사례는 거의 없다. 제임스 딘과 다른 젊은이가 훔친 자동차를 타고 절벽으로 돌진한다. 아름다운 주디의 마음을 차지하기 위해서다. 담력 시험에서 먼저 겁을 먹고 뛰어내리는 쪽이 진다. (하지만 상황은 예상 밖으로 돌아갔다. 제임스 딘은 제때에 달리는 자동차에서 뛰어내렸지만 상대는 재킷 소매가 차문에 걸리는 바람에 그만 추락하고 말았던 것이다.)

전체적으로 볼 때 아담과 이브는 세 가지 내시 균형을

갈등의 해결책으로 선택할 수 있다. 첫째, 항상 이브가 가고 아담은 거부한다. 둘째, 항상 아담이 가고 이브는 거부한다. 셋째, 둘이 서로 안 가겠다고 협박하지만 최악의 경우엔 간다. 마지막 선택을 두고 '혼합 전략'이라 부른다. 이 전략은 두 사람이 가끔씩 협박을 실천에 옮길 때에만 효과가 있다. 안 그러면 협박이 무의미하다는 것을 상대가 금방 알아차릴 것이다. 약간의 수학만 동원해도 두 사람이 얼마나 자주 고집을 부려야 하는지 계산이 가능하다. 고집의 빈도는 개인의 선호도에 달려 있다. 슈퍼마켓 행을 참을 수 없을수록, 빈 냉장고를 잘 견딜수록 고집의 빈도도 높아진다. 혼합 전략을 구사해보면 두 사람은 상대를 얼마나 믿을 수 없는지, 즉 자신이 가게에 가는 게 더 낫다는 것을 금방 깨닫게 될 것이다. 그러므로 잘 계산한 거부는 놀랍게도 부부관계를 안정시킬 수 있다. 이브가 가끔씩 빈 냉장고를 그냥 내버려둔다는 사실을 알게 되면 아담은 예방 차원에서 지금보다 자주 장을 보러 갈 것이다. 하지만 그 대가로 계속 다툼이 벌어질 것이다. 그 때문에 혼합 전략은 너무 많은 것을 게임에 걸지 않는 다툼의 지점에서만 적합하다. 그 전략이 제임스 딘의 상대에게 그렇게 치명적이었듯 아담과 이브도 아기를 어린이집에서 데려오는 사람을 정할 때 이런 방법을 쓰겠다는 생각은 절대 할 수 없을 테니 말이다.

이기주의자도 협력하게 하는 방법

우리의 주인공들이 냉장고가 꽉 차면 좋겠지만 안 그래도 관계없다고 생각한다면 사태는 더 복잡해진다. 그럴 경우엔 한 가지 내시 균형만 존재한다. 즉 아무도 가게에 가지 않는 것이다. 파트너가 무슨 짓을 하건 전혀 상관없이 거부를 하는 편이 낫기 때문이다.

하지만 그런 상황에서도 분명 함께할 길이 있다. 그렇지 않다면 우리의 인생은 불합리한 상황들로 가득할 것이다. 제과점의 유일한 손님은 직접적인 이익만 생각한다면 손에 든 빵을 훔쳐 달아나면 그뿐이다. 제과점 주인은 돈을 받지 않았다는 사실을 입증할 길이 없다. 하지만 손님이 그런 마음을 먹으면 주인은 손님의 마음을 읽고서 전혀 서비스를 제공하지 않을 것이다. 즉 한쪽은 상품을, 다른 쪽은 돈을 받지 못하는 것이 이 경우의 내시 균형이다.

하지만 이런 상황은 비현실적이다. 제과점 주인은 고객을 붙잡고 싶어 하고, 고객은 다음번에도 빵을 사고 싶어 할 테니까. 아담과 이브가 함께 사는 한 장보기 문제는 해결의 희망은 있다. 둘이 서로 칭찬하거나 벌을 주는 것이다. 아담이 오늘 장을 보면 내일은 이브가 간다. 그렇게 되면 한쪽이 너무 과도한 부담을 안지 않고도 두 사람이 맛있는 식사를 할 수 있다. 하지만 아담이 거부할 경우 이브는 앞으로 남편을 위해 장을 보지 않을 것이다.

이처럼 완벽한 이기주의자들조차 보복을 할 수 있는 상황에서는 협력할 수 있다. 이 사실은 미국 정치학자 로버트 액설로드가 1980년대 초에 실시한 체계적인 연구에서도 잘 드러난다. 물론 그는 특히나 더 인정머리가 없는 실제 동시대인들을 대상으로 한 것이 아니라 컴퓨터 시뮬레이션을 이용했다. 가상의 이기주의자들을 짝을 지어 게임을 시킨 것이다. 여러 명이 두 사람씩 짝을 지어 장기를 두는 것과 같은 방법이다. 그런데 여기서 액설로드가 택한 경기 규칙은 앞에서 설명한 장보기 갈등의 규칙과 동일했다. 이런 시나리오는 역사적인 이유에서 '죄수의 딜레마'라고도 부른다. 라운드마다 프로그램들은 협력이냐 대립이냐를 결정해야 한다. 둘이 협력하면 각자 3점씩 딴다. 둘이 대립하면 각기 1점밖에 못 딴다. 상대방이 충직하게 협력을 선택하지만 자신은 배신을 택한 사람이 제일 높은 점수를 받았다. 착한 쪽은 0점인 반면 약삭빠른 쪽은 5점을 땄다. 대회는 리그전으로 한 팀이 두세 차례 경기를 한 후 짝을 바꾸었고, 마지막에 최고점을 딴 프로그램이 이겼다.

이 경기에서 이길 최고의 전략은 무엇일까? 항상 협력만 택하는 건 금지다. 진실한 사람은 가차 없이 이용당하기 때문이다. 그러니 수미일관 배신을 택하는 쪽이 더 전망이 밝아 보인다. 하지만 배신자가 많은 점수를 얻는 건 상대가 그의 속셈을 꿰뚫어서 자기도 배신을 선택하기 전까지만이다. 그러므로 가장 좋은 결과는 협력을 원하는 상대와는 협력하지만 약삭빠른 인간에게는 이용당하지 않는 프로그램에게 돌아간다.

액설로드는 전문가들에게 전망이 밝은 전략을 부탁했다. 그리고 대규모 시합을 열었다. 63개의 프로그램이 참여했고 대부분이 극도로 교활한 프로그램이었다. 하지만 놀랍게도 이들은 '팃포탯(Tit for tat), 즉 네가 나한테 하는 대로 나도 너한테 한다'라는 간단한 이름의 방법에 패하고 말았다. 이 전략은 한마디로 요약하면 협력으로 시작하지만 그다음부터는 상대의 결정을 따라하기만 하는 방법이다. 상대 역시 협력을 택하면 '팃포탯'은 자신의 선택을 유지하고 두 사람은 협력의 대가를 받게 된다. 하지만 상대가 배신을 택할 경우 '팃포탯' 역시 당장 대결 국면으로 돌입한다.

그럼에도 이 전략의 요점은 부드러움에 있다. 이 전략은 완벽한 이기주의자들이 우글거리는 세상에서 잘 먹히면서도 이타심을 떠올리는 몇 가지 특징을 보인다. 즉 관용적이고 낙관적이다. 어쩌면 이런 관용의 성공이야말로 액설로드 시뮬레이션의 가장 놀라운 결과일지 모른다. '팃포탯'은 상대의 수만 따라하므로 절대 상대보다 더 좋은 점수를 얻을 수 없다. 그러니 왕도는 상대보다 더 많이 원치 않는 것에, 상대보다 더 교활해지려고 하지 않는 것에 있는 것 같다.

악의가 입증될 때까지 상대의 선의를 믿는다는 점은 낙관적이다. 이 역시 이기주의자에게서는 거의 기대할 수 없는 마음이다. '팃포탯'은 절대 대결로 시작하지 않는다. 파트너가 악의를 보일 때에만 그에 맞는 대응을 한다. 하지만 상대가 협력의 장으로 돌아오자마자 동조하여 관용적인 태도를 보이고 상대의 실수를 즉각 용서한다.

그리하여 액설로드는 똑똑한 이기주의자는 관용적이고 마음씨가 착하며 아량이 넓다는 결론에 도달했다. 이런 그의 결론은 엄청난 반향을 몰고 왔으며, 도덕이 원래 어디서 생겼냐는 태곳적 질문에 대답을 준 것 같아 보였다. 각 개인의 순수한 이기심이 미풍양속을 만들어낸 것 같으니 말이다. 이기주의자를 자기 이익만 추구하지 않고 남에게도 도움이 되도록 인도하는 길이 열린 것 같아 보였다. 그리고 그 사실은 액설로드의 동시대인들에게 위로가 되었다. 우리 인간이 실제로 이기적인 존재라면 그것도 그리 나쁘지만은 않다고 말이다.

선의는 왜 오래 가지 않을까

하지만 추가 실험을 통해 '눈에는 눈, 이에는 이' 원칙은 절대 불패가 아니라는 사실이 밝혀졌다. 상대가 한 번 배신할 때는 참았다가 두 번 배신하면 그 땐 역습을 가하는 전략이 더 성적이 좋았기 때문이다.

인생은 오해로 가득하다. 엄격한 '팃포탯'은 선의의 수를 잘못하여 악의의 수로 해석하자마자 곧바로 역습을 가한다. 이에 파트너가 같은 전략을 구사하면 자기편에서도 협력의 자세를 버리게 되고, 둘은 장기간 파괴적 갈등에 휩싸인다.

셰익스피어의 희곡에 나오는 오셀로도 사랑하는 데스데모나가 바람을 피웠다고 오해하여 격한 질투심에 그녀를 목 졸라 죽이고 후회에 사로잡혀 자살을 감행한다. 참을성이 많은 '팃포탯'은 그런 실수의 빈도를 줄인다. 상대에게 이용당하는 횟수가 많아지기는 하지만 실수의 빈도가 줄어든다는 수익에 비하면 그 정도는 괜찮은 비용이다.

액설로드의 첫 시합에는 그런 식의 친절한 프로그램이 참여하지 않았다. 그런 프로그램이 성공적일 수 있으리라고 아무도 상상하지 못했기 때문이었다. 다시 한번 전문가의 직관도 틀릴 때가 많다는 사실을 알 수 있는 대목이다.

그들 역시 우리와 마찬가지로 확실한 이익의 전망에 흔들렸고 '얻을 수 있는 것, 즉각 얻을 수 있는 것을 취하라'는 신조를 따랐다. 하지만 빠른 이익을 향한 너무나 인간적인 욕망은 장기적인 성공을 가로막는다. 그 진리를 액설로드의 실험이 확실히 입증했다.

아량과 선의의 성공이 회자되어 모두가 전도유망한 전략을 따른다면 어떤 일이 일어날까? '팃포탯'은 절대 불공정하게 시작하지 않을 것이므로 아무도 속이지 않을 것이다. 하지만 아쉽게도 이 상태는 오래갈 수 없다. 베르톨트 브레히트가 『코카서스의 백묵원』에서 냉소적으로 표현했듯 '거의 정의라 할 것의 짧은 황금기'가 닥쳐온다. 문제는 모두가 공정하고 정직하게 행동하면 악의의 행동을 제제할 이유가 없어진다는 데 있다. 따라서 이 사회는 노력 없이 거저 먹으려는 사기꾼들을 알아보고 그들을 징벌할 능력도 잃는다. 그 능력이 더 이상 득이 되지 않는 것이다.

진화에선 득이 되지 않는 것은 조만간 사라진다. 하지만 그런 순진하고 마음씨 착한 인간들이 우글거리는 세상에선 사기꾼들이 사기를 치기란 누워서 떡 먹기다.

온화한 성품은 착취당하고, 인정사정없는 성품은 널리 퍼져나갈 것이다. 언젠가 다시 누군가 '팃포탯'을 이용하여 악한들을 무찌를 때까지. 이제 다시 순환이 시작된다.

어쩌면 이런 사이클이야 말로 공동체가 서로를 선의로 대하는 시기와 불신하는 시기를 자주 오락가락하는 이유일지 모른다.

선과 악을 포착하는 안테나

우리는 관용과 탐욕, 협동심과 이기심의 섬세한 균형 속에서 살고 있다. 그리고 이 균형은 쉬지 않고 변한다. 그러므로 어느 날 사랑만이 가득한 세상이 오리라는 희망은 인간의 본성에 빛은 없다는 너무나 염세적인 절망과 마찬가지로 틀린 것이다. 착한 사람들이 넘치면 나쁜 사람들이 기회를 얻는다. 반대로 극악무도함 역시 친절함으로 무찌를 수 있다.

우리에겐 주변 사람의 선의도, 악의도 포착할 수 있는 정교한 안테나가 있다. 우리의 이성은 쉬지 않고 타인의 신빙성을 캐묻도록 프로그래밍 되어 있다. 미국 캘리포니아주 샌타바버라 대학의 심리학자 리다 코스미디스와 베를린 자유대학의 게르트 기거렌처가 이 문제와 관련하여 인상적인 실험을 실시했다. 여러분도 당장 따라해 볼 수 있다. 탁자에 카드 네 장이 있다고 상상해본다. 각 카드마다 한 면엔 숫자가 다른 한 면엔 알파벳 철자가 쓰여 있다. 여러분이 본 글자는 D, 7, 3, F이다.

이제 다음의 문장이 맞는지 알아보자. '한 카드의 한 면에 D라고 쓰여 있다면 다른 면에는 3이라고 쓰여 있다.' 최대한 적은 숫자의 카드를 돌려보아야 한다. 여러분은 어떤 카드를 집겠는가?

코스미디스와 기거렌처가 설문조사를 실시했더니 미국 엘리트 대학이라는 스탠퍼드 대학의 전교생 중에서 정답을 맞힌 비율이 4분의 1에 불과했다. 정답은 D와 7이다(7의 뒷면에 D가 쓰여 있으면 규칙 위반일 테니까). 하지만 잠깐 동안 연금보험공단 연금 담당자의 입장이 되어본다면 같은 문제도 아주 간단해진다. 네 명의 피보험자에 관해 각기 다음의 정보를 알고 있다고 가정해보자. '8년 근무했다', '연금을 받고 있다', '연금을 못 받았다', '12년 근무했다' 연금 신청의 규칙은 '연금을 신청하려면 최소 10년은 근무를 해야 한다'다. 이제 모든 사람이 연금 담당자가 첫 번째 경우와 두 번째 경우만 눈여겨 살필 것이라는 것을 알고 있다. 8년을 근무한 신청자와 연금을 받고 있는 신청자는 아마도 규칙을 어기고 연금을 부당수령 했을 것이기 때문이다. 우리의 이성은 같은 문제도 약간만 다르게 포장하면 어렵다고 느끼는 정도가 달라진다.

속임수를 포착하는 우리의 안테나: 위의 카드 네 장은 각기 한 면엔 숫자, 다른 면엔 철자
가 적혀 있다. 최대한 적은 숫자의 카드를 돌려보고서 다음 문장이 맞는지 알아내야 한
다. "한 카드의 한 면에 D라고 쓰여 있다면 다른 면에는 3이라고 쓰여 있다." 여러분은 어
떤 카드를 집겠는가?

대부분의 사람들은 속임수를 눈치채지 마자 금방 문제를 풀 수 있을 것이다. 예를 들어,
아래 사례에서는 연금을 신청하려면 최소 10년은 근무를 했어야 한다. 여러분이 연금
담당자라면 어떤 글자가 적힌 서류철을 열겠는가? 아마도 여러분의 뇌는 논리보다는 이
용당하지 않겠다는 목표에 맞추어 프로그래밍되어 있을 것이다.

이로부터 코스미디스와 기거렌처는 인간의 뇌가 추상적-논리적 사고에 특히 적합한 구조는 아니지만 속임수를 감지하는 데에는 뛰어난 능력을 발휘한다는 결론을 내렸다. 그리고 작은 실험 하나를 통해 그들의 주장을 뒷받침했다. 두 심리학자가 피 실험자들에게 연금수령자의 입장에서 생각해보라고 부탁했더니 앞의 경우처럼 오래 고민하지 않고도 앞의 경우와 전혀 다른 대답을 내놓았다. 거의 모든 피 실험자가 '연금을 못 받았다'와 '12년 근무했다'의 경우를 좀 더 자세히 살펴보라고 권유한 것이다. 마치 보험 부정 사건을 발각하라는 부탁을 받은 사람들처럼 말이다. 이 두 경우가 규칙이 잘 지켜지는지를 확인하는 데에는 전혀 중요하지 않다는 사실에는 거의 아무도 관심을 보이지 않는 듯했다. 연금을 받지 못하는 남자와 12년을 근무한 여성이 연금을 타지 못하는 이유가 연금을 신청하지 않았다는 아주 간단한 이유일 지도 모른다는 논리적 사고도 야비한 짓을 찾을 때는 별 소용이 없는 것 같다.

계산하는 이타주의자

게임 이론에 따르면 우리는 차가운 계산꾼이다. 어쨌든

최대의 이익을 얻고 싶을 때는 그런 차가운 계산꾼이 되어야 한다. 그래서 핵 선제공격을 권했던 존 폰 노이만은 자기 생각을 논리적으로 계속 좇다 보면 과연 어디에 도달하게 될지 도저히 상상할 수 없었을 것이다. 하필이면 그의 이론이 그에게는 황당하게 느껴졌을 통찰의 기초를 제공했으니 말이다. 그 통찰이란 많은 상황에서 온화함과 아량이 유일하게 합리적인 방법이라는 것이다.

미국의 영향력 있는 진화생물학자 로버트 트리버스는 이 전략에 '호혜적 이타주의(reciprocal altruism)'라는 이름을 붙였다. 이 이론은 부정확함에도 널리 통용되고 있다. 경기자가 사심 없이 행동하는 것이 아니라 상대가 훗날 자신의 자선에 대해 보상을 해줄 것이라는 기대를 안고 행동하기 때문이다. 주는 사람은 감사의 마음에서 그렇게 하고, 받는 사람은 타인의 기여에 보답하는 사례를 한다.

앞의 속임수 실험에서도 우리가 얼마나 반사적으로 속임수에 조심하는지 알 수 있다. 인간은 이런 전략을 의식적으로 실행할 뿐 아니라 아예 내면화했다. 예상치 못한 소음에 자동적으로 움찔하는 것처럼 우리는 누군가 우리의 신뢰를 악용할 수도 있다는 아주 미미한 조짐에도 귀를 곤추세운다.

배신 가능성이 높을수록 관계의 안전성은 떨어진다. 호

혜적 이타주의는 근본적으로 거래를 노린다. '오늘 내가 너에게 선행을 베풀면 내일 너한테 득을 볼 것이다.' 따라서 호혜적 이타주의는 자신의 베풂이 보상으로 되돌아올 가능성이 클 때에만 유익하다.

휴가지에서 만난 사람에게 많은 것을 기대할 사람은 없다. 며칠 있으면 두 번 다시 볼 일 없는 사람을 위해 고통스러운 포기를 감내할 이유가 없기 때문이다. 이렇듯 상호 주고받기의 논리는 불안한 측면도 있다. 파트너를 시쳇말로 '한 시절 동반자'라고 생각한다면 일시적이나마 불이익을 감수하고 싶은 마음이 생기지 않을 것이다. 조만간 그 또는 그녀가 나를 떠날 수 있다고 상상만 해도 파트너에게 과도하게 많은 것을 쏟아붓지 못할 테니 말이다. 그리고 당연히 그로 인해 관계는 불만스러워질 것이고 더 흔들리게 될 것이다.

"사랑에 대한 불신이 사랑을 불가능하게 만든다." 미국 진화생물학자이자 정신과 의사인 랜돌프 네스는 이렇게 말했다. 그러니 어쩌면 사람들이 너무 고리타분하다고 생각하는 혼인서약이 현실에서는 오히려 극도로 합리적인 행동일 수 있다. 부부가 증인들 앞에서 죽는 순간까지 미래를 함께할 것이라고 서약하면서 서로를 위해 많은 것을 주고, 그럼으로써 안정된 관계를 쌓아갈 기초를 다지는 것이다.

직장이라도 해서 크게 다를 것이 없다. 다음 인사 이동 때 잘릴 것 같은 예감이 드는 직원이 야근을 마다하지 않는다면 그건 비합리적 행동이다. 하지만 반대로 열심히 일하지 않는다면 그건 더더욱 자신을 필요 없는 존재로 만드는 일이다. 회사 입장에서는 정리해고 제도가 단기적으로는 이익일 수 있지만 장기적으로는 양측 모두에게 해가 될 가능성이 높다.

빈부의 격차가 큰 사회도 위험하기는 마찬가지다. 큰 격차는 모두의 협동심과 자비심과 아량을 앗아간다. 호혜적 이타주의 원칙에 따르면 교환할 것이 많을수록 협동심이 커지기 때문이다. 한쪽은 부족한 게 없고 다른 쪽도 다 누리며 사는 데 상대방에게 무엇을 주려 하겠는가?

3장

신뢰의 숨겨진 힘

남을 믿지 못하면 신뢰를 얻지 못한다.
-노자

☺☺☺

처음엔 여자들이 빈 바구니를 들고 집으로 돌아왔다. 하지만 그때까지만 해도 이제 곧 모두가 알아차릴 변화의 낌새를 아직 아무도 눈치채지 못했다. 빈 바구니를 가뭄 탓으로 돌렸다. 동아프리카의 이크족에겐 가혹한 시절이었다. 비가 내리지 않아 농사지을 물만 부족한 게 아니었다. 우간다 정부가 비옥한 키데포 계곡을 주변 산들까지 포함하여 국립공원으로 선포하는 바람에 사냥할 곳도 사라졌다.

위법이었지만 남자들은 사냥을 떠났다. 누(wildbeest)는 말할 것도 없고 작은 영양 한 마리라도 잡으려면 며칠 동안 걸어야 했다. 야생동물들도 굶주렸기 때문이다. 어쨌든 어렵사리 사냥을 하면 모두 똑같이 나누었다. 그것이 이크족의 풍습이었다. 하지만 사냥 도중 몇몇이 숲으로 사라지는 일이 자주 일어났다. 큰 소리로 외쳐 불러도 대답이 없었다. 사냥꾼들이 마을로 돌아와 보면 그 배신자들은 아무 일 없었다는 듯 무사히 집에 돌아와 있었다. 사라진 이유를 아무리 캐물어도 대답을 하지 않았다.

사냥 중에 사라지는 남자들이 많아지자 이크족은 그 이유를 깨닫기 시작했다. 사라진 남자들이 몰래 사냥을 한 후 집으로 가져와 자기 식구끼리만 먹었던 것이다. 여자들도 마찬가지였다. 바구니가 비었던 건 열매와 나무뿌리가 없어서가 아니라 다른 사람들과 나누기가 싫었기 때문이다.

이것이 당시 이크족과 같이 살았던 영국의 인류학자 콜리 턴불의 보고내용이다. 그는 이 부족이 1965년 이후 겪었던 위기의 유일한 증인이다. 무장한 가축 도둑이 배회하고 부족 간 알력이 심했던 우간다와 케냐의 국경 산악지대를 용감하게 뚫고 들어갈 이방인이 또 있을 리 만무했으니까. 턴불은 이름 없는 아마추어 인류학자가 아니었다. 옥스퍼드 대학에서 이름을 날렸고, 훗날에는 콩고 피그미족과 함께 살았던 경험을 기록한 유명한 연구서를 펴냈으며 뉴욕 자연사박물관의 아프리카관 책임자였다. 거의 알려진 바 없던 이크족을 발견하여 이 동아프리카 사냥꾼 부족을 그가 잘 알고 있던 피그미족과 비교할 수 있었던 기회는 뜻밖에 찾아온 행운이었다.

턴불은 케냐의 항구도시 몸바사에서 가진 돈을 다 털어 빨간 랜드로버를 구입한 후 신나게 몰고 달렸다. 그 순간까지도 그는 여행길에 와해 중인 한 부족 집단을 만나게 될 줄 전혀 예상치 못했다.

이크족과 같이 산지 얼마 안 있어 턴불은 숲으로 함께 사냥을 떠나는 남자들의 수가 점점 줄어든다는 사실을 알아차렸다. 그리고 얼마 안 있어 공동 사냥 풍습은 완전히 사라졌다. 사냥을 하고 싶은 사람은 다른 부족 사람들에게 들킬까 봐 동이 트기 전 혼자서 몰래 마을을 빠져나갔다. 날이 갈수록 불신이 팽배했다. 가뭄이 길어질수록 대지는 메말라 갔고 사람들을 가로막은 보이지 않는 울타리는 높아만 갔다. 사람들은 서로의 집을 찾지 않았고 부채감을 느끼기 싫어 타인의 선의를 거부했다.

사람들이 나쁘게 변해서가 아니었다. 이크족은 예로부터 평화를 사랑하는 사람들이었고 최악의 기아가 닥쳐도 여전히 평화를 사랑했다. 서로를 미워하는 기색도 없었다. 그저 서로에 대한 관심을 잃었다. 대화가 사라진 마을엔 적막이 감돌았다. 오해가 생기지 않을 정도만 이야기를 나눴다.

할 일이 없을 땐 마을에서 제일 높은 곳에 있는 전망대에 올라 이미 그곳에 와 있는 사람들 옆에 앉아 먼 곳을 쳐다보며 각자의 생각에 잠겼다.

신뢰를 잃은 종족

턴불은 이런 자신의 경험을 토대로 센세이셔널한 결론을 끌어냈다. 이크족이 서로에게 인간의 진짜 얼굴을 보여주었노라고 말이다. 이 부족의 운명은 공감과 선의가 인간의 본성이 아니라는 사실을 입증했노라고, 오히려 견딜 수 있을 때까지만, 혹은 편할 때까지만 쓰고 다니는 가면이야말로 인간의 본성이라고.

입증방법은 물론 관찰 내용도 순수하지 않다는 다른 학자들의 비난이 쏟아졌지만 턴불은 1971년 보고서를 출판했고 곧 엄청난 반향에 입이 찢어졌다. 『산 사람들(Mountain people)』이라는 제목으로 출판된 책은 세계적인 성공을 거두었고 최고의 문학상을 수상했다.

유명한 영국의 연극 연출가 피트 브룩은 이 책을 바탕으로 연극 「이크」를 제작하여 파리, 런던, 빈, 뉴욕에서 공연했다. 매력과 충격을 동시에 느낀 관객들과 독자들은 이크족의 모습에서 자기 주변 사람들을 재발견했노라 평했다. 턴불 역시 같은 생각이었다. "이크족은 개인주의라는 면에서 우리를 불과 몇 걸음 앞서 있다."

턴불의 보고서가 정말로 우리의 본성을 다루었을까? 아니, 그는 변화에 대해 이야기했다. 한 공동체가 서로에 대한 신뢰를 잃음으로써 어떻게 점차 해체되었는지를 기록했다. 시절이 하수상해지자 몇몇 사람들이 자기부터 챙기자는 마음을 먹게 되었다. 그리고 시간이 갈수록 점점 더 사람들이 그들에게 동조했다. 사냥터에서 이미 사냥감을 먹어치운 남자들, 집으로 오는 도중에 배 터지게 열매를 먹은 여자들. 그들 모두는 타인과 나누는 것이 가치 있는 일이라는 믿음을 저버렸다. 그 순간만 생각한다면 지극히 합리적인 행동이었다.

이크족은 앞장에서 설명한 게임이론의 권유 그대로 행동했다. 호혜적 이타주의의 요지는 한 마디로 적게 받을 땐 적게 주라는 것이니까 말이다. 문제는 그 행동에 타인들도 응답을 한다는 데 있다. 그 결과 하강곡선이 시작된다. 이것이 이크족에게 일어난 비극의 본질이었다. 서로 힘을 합쳐야 할 난국에 서로를 궁지로 내몰았고, 그로 인해 그들의 불행은 가속화되었다.

호모 에코노미쿠스

우리에겐 이크족이 낯설지만 경제학자들은 그렇지 않을 것 같다. 의도하지는 않았겠지만 턴불은 자기 책의 주인공들을 경제학 교과서에 우글거리는 유령들의 모습으로 그려냈다. 호모 에코노미쿠스에 대해선 이미 많은 비판이 쏟아졌다. 대가가 있으면 무슨 일이든 하고 대가가 없으면 절대 아무것도 하지 않는 인간, 매순간 엄격히 논리적으로 행동하는 인간, 꿈에서라도 만나고 싶지 않은 인간이다. 런던 경제 전문 기자 킴 하퍼드의 표현을 빌리면 "1유로를 받고 자기 할머니를 목 졸라 죽일"(물론 할머니에게 들이는 시간이 1유로의 가치를 초과한다는 전제에서만) 인간들이다. 턴불의 이크족은 이런 비호감형들과 아주 가깝다. 실제 그의 책에는 이크족이 노인과 병자들을 돌보지 않고, 자식들이 늙은 아버지의 음식을 뺏어먹는 장면이 들어 있다.

물론 경제학자들도 호모 에코노미쿠스가 인간의 진짜 본성이라고 믿는 건 아니다. 호모 에코노미쿠스는 단순화시킨 가정일 뿐이라고, 특정 분석에 필요한 왜곡된 이미지에 불과하다고 설명한다. 하지만 그렇다고 해서 상황이 나아지는 건 아니다. 지금까지도 경제학에는 호모 에코노미쿠스라는 허수아비와 대적할 만한 적당한 인간의 이미지가 없다.

그러므로 사물을 바라보는 경제학자와 경영자들의 관점은 인간이란 정말 이크족처럼 행동한다는 가정에 암묵적으로 기반을 두고 있는 것이다.

그리고 그사이 이 시나리오는 현실이 되었다. 2008년 9월 뉴욕 은행 리먼 브라더스가 파산했고 다른 은행들도 지급 불능이 될지 모르는 불안한 상황에서 갑자기 모든 은행들이 대출을 중단하여 세계 경제를 벼랑 끝으로 내몰았다. 산업국가들의 정부가 수조 달러를 시장에 쏟아붓지 않는다면 불과 며칠 안에 은행들의 도산이 줄줄이 이어질 게 뻔했다. 호혜적 이타주의의 원칙에 따라 행동하는 은행들 스스로가 자신을 구할 능력을 잃어버린 것이다. 게임 이론에 충실한 사람은 모두가 자신의 최대 이익만 추구하면 자신도 타인과 함께 망할 것이라는 사실을 정확히 알면서도 자신의 최대 이익만 추구할 수밖에 없다.

(훗날 밝혀진 위기의 원인은 은행들이 수조 달러대의 수상한 채권을 구입하여 고객의 신용을 대량으로 남용했던 데 있었다. 풍부한 상여금에 현혹당하여 많은 투자 은행가들이 실제로 호모 에코노미쿠스처럼 행동했던 것이다.)

선의의 사람들이 이용당하는 걸 막기 위해서는 호혜적 이타주의가 필요하다. 다만 이런 식의 선의 교환은 위기에 매우 취약하다. 이크족 역시 이런 방식으로 기아에 대처했다. 턴불의 책에 나오는 가족 간에 음식을 뺏는 끔찍한 장면은 생존의 갈림길에 선 인간의 비참한 상황 탓이었을 것이다. 먹을 것을 두고 싸워야 하는 사람은 다른 것에 관해선 전부 잊어버린다. 어쨌든 이크족은 혼자 힘으로는 도저히 그 절망적 상황에서 빠져나올 수 없었다. 그들의 생존을 보장할 수 있는 건 외부의 구호뿐이었다. 다행히 구호 활동은 성공했고, 지금은 다시 여러 마을에서 이크족의 언어(Icetot)를 들을 수 있게 되었다.

연대의 힘

이제 호혜적 이타주의는 한계에 부딪힌다. 이 원칙으로는 절대 인간의 협력과 상호 배려를 설명할 수 없다. 실제로 인간이 항상 자기 이익만 챙겼다면 우리의 조상은 힘든 시절을 이겨내지 못했을 것이다. 가족의 타인과는 오로지 선의의 거래에만 의존하는 사회는 위기를 극복하는 데 한계가 있다. 그러므로 호혜적 이타주의와 가족 부양 이외에 또 다른 지침이 인간의 공생을 결정하는 것이 아닌가 하는 의문이 든다.

전통적 게임 이론의 바깥 범주에 있는 그 지침은 바로 신뢰다. 신뢰를 통해 인간은 '네가 나한테 하는 대로 나도 너한테 한다'는 순수 이성의 규칙을 뛰어넘는다. 타인에게 무언가를 줄 때는 그가 훗날 감사의 마음을 표할 것이라 희망을 품지만 상대에게 빚을 갚으라고 강요할 수도 없고, 대가를 주지 않는다고 벌을 내릴 수도 없다. 믿는 자는 자신을 내던진다.

우리의 하루하루는 신뢰의 나날이다. 이베이에서 중고 컴퓨터를 구입하려는 대학생은 상대가 쓸 만한 컴퓨터를 부쳐주기를 고대하며 자기 처지로는 상당한 액수의 돈을 송금한다. 회사는 직원이 더 열심히 일해주기를 바라는 마음에서 교육비를 지급한다. 그런데 그 직원이 경쟁사로 가버린다면 전 회사의 사장은 낭패를 보게 된다. 개인 판매자는 상품을 보증할 필요가 없기 때문에 컴퓨터가 2주 만에 고장이 나도 대학생은 돈을 다시 돌려받지 못한다. 그럼에도 독일에서만 이베이를 통해 한 달 사이에 1억 개 이상의 물품이 판매된다.

심지어 죄수의 딜레마에서도 사람들은 서로를 믿는다. 앞 장에선 아담과 이브의 장보기 전쟁을 통해 이 전략적 게임을 살펴보았다. 여기서는 이 실험에 이름을 선사한 오리지널 버전을 살펴보기로 하자. 두 친구가 경찰서에 잡혀 있다. 은행을 털었는데 경찰은 그들의 강도 행각은 입증하지 못하고 무기 소지만 입증할 수 있는 상황이다.

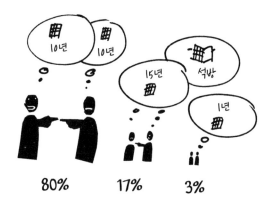

죄수의 딜레마: 위쪽 그림: 두 친구가 한 사람씩 차례로 심문을 당한다. 은행을 털었지만 경찰은 그들의 무기소지밖에는 입증할 수가 없다. 두 사람이 각자의 죄를 자백하면 각기 10년형을 받게 된다. 첫 째 친구는 입을 다물었는데 둘째가 친구를 배신하면 첫 째는 15년 형을 받고 둘째는 공범증인으로 석방된다. 둘 다 입을 꾹 다물면 1년만 감옥살이를 하면 된다. 피 실험자들에게 이런 상황이라면 어떤 결정을 내리겠느냐고 물었더니 80%가 상호 배신을 택했다. 이기주의자에게는 유일하게 논리적인 해결책이지만, 두 사람에게는 최악의 선택이다.

아래쪽 그림: 피 실험자들에게 감옥행 대신 돈을 주겠다고 했더니 (석방 1년당 10 유로) 상호 배신의 비율이 거의 절반으로 줄어들었다. 어쨌든 37%는 연대감을 보였다. 이 실험은 이타적 행동에 대한 우리의 선택이 얼마나 상황에 좌우되는지를 잘 보여준다. 순수 생각 게임에서는 피 실험자들이 순수 이성에 따라 판단을 내리지만, 돈이 거론되자 신뢰가 유익했다는 자신의 경험을 판단 근거로 삼았다.

심문 중 경찰이 각자에게 제안을 한다. 상대를 배신하면 공범 증인으로 석방되지만 대신 상대는 15년 형을 받게 된다. 두 사람 다 서로를 배신할 경우 둘 다 10년 형만 살고 남은 기간은 공동 범행을 인정한 대가로 사면된다. 둘 다 침묵할 경우 불법무기소지를 제외한 증거가 불충분하므로 각기 1년씩을 살게 된다.

여러분이라면 어떤 선택을 하겠는가? 당신이 두 번째로 심문을 받는다고 상상해보자. 경찰이 당신에게 상대가 어떤 선택을 했는지 말해준다. 상대가 당신을 배신을 했다면 당신도 그렇게 할 것이고, 어쨌든 5년은 사면받는다. 상대가 착하게도 침묵을 지켰다면 당신은 형을 완전히 면제받을 수 있다. 그냥 사실대로 털어놓기만 하면 된다.

반대로 당신이 첫 번째로 심문받는다고 상상해보자. 상대는 당연히 의리를 지키지 않을 것이고, 앞으로 두 사람이 다시 만나게 될 가능성은 전혀 없다. 따라서 감옥에서 최소한의 시간을 보내고 싶다면 단 한 가지 합리적 결정밖에 없다. 사실대로 말을 하는 것이다. 피실험자에게 지금 당신이 구속되어 있다고 상상하고 최대한 적은 시간을 감옥에서 보내려면 어떻게 해야 할지 고민하라고 하면, 그들은 그에 맞는 결정을 내린다. 즉 80퍼센트 이상이 배신을 선택한다. 다들 게임의 논리를 너무나 잘 이해한다.

하지만 감옥에 살지 않아도 되는 기간을 햇수로 환산하여 1년에 10유로를 지급한다면 어떤 결정을 내릴까? 이젠 정말로 모든 참가자들이 파트너를 배신할까?

결과는 정반대다. 의리파의 비율이 치솟는다. 정확히 말해 처음으로 심문을 받은 피실험자의 58퍼센트가 연대하기로(침묵하기로) 결정한다. 두 번째로 심문을 당한 피실험자는 다시금 첫 번째 피실험자가 어떤 결정을 내렸는지를 알고 있다. 상대가 의리를 지켰을 경우 두 번째 피실험인의 62퍼센트가 자발적으로 돈을 포기함으로써 그 의리에 보답했다. 상대를 배신하면 150유로를 받을 수 있었을 텐데도 말이다. 그렇게 게임 이론의 이성 규칙으로는 절대 설명할 수 없는 새로운 균형이 잡힌다.

실험 참가자들에게 비논리적 행동의 이유를 물었더니 그냥 그게 더 마음에 들었다고 대답했다. 상대를 속이는 것보다는 상대와 협력하는 편이 (비록 신뢰가 위험부담을 안고 있고 돈도 들지만) 더 만족스러웠다고 말이다. 개인적인 호의는 전혀 영향을 미치지 못했다. 참가자들은 서로 모르는 사람들이었고 컴퓨터로 대화만 나누었을 뿐 한 번도 만난 적이 없었다. 그러니 연대를 유익하게 보이도록 만든 무언가가 분명 있었을 것이다.

이익이 추상적인 점수였을 경우 참가자들은 순수 이성

에 따라 결정했다. 그러나 확실한 보상이 예상될 경우엔 감정이 우세했다.

행복의 과학

남을 신뢰하는 사람들의 머릿속에선 무슨 일이 일어날까? 20년 전부터 우리는 핵스핀단층촬영장치 덕분에 느끼고 생각할 때의 뇌를 눈으로 볼 수 있게 되었다. 일반 병원에서 흔히 사용하는 컴퓨터단층촬영과 비슷하게 관 모양의 통 속에 피실험자의 머리를 집어넣는다. 피실험자가 정해진 과제를 수행하는 동안 기계는 피실험자의 어떤 뇌 부위의 혈액 순환이 왕성한지, 즉 어떤 부위가 특히 활성화되었는지를 측정한다.

이 방법으로 미국 인류학자 제임스 릴링은 36명의 여성에게 죄수의 딜레마를 실험하고 그들의 뇌를 관찰했다. 두 피실험자가 항상 서로를 신뢰하여 연대감을 보일 때는 좋은 감정을 담당하는 뇌 부위가 활성화되었다. 협력하면 행복하다. 직접 말은 안 했지만 피실험자들은 실제로 그렇게 느꼈다. 그 부위를 담당하는 뇌 시스템은 진화의 역사에서 가장 오래된 편에 속한다. 중뇌에서 시작되어 넓게 가지를 뻗은 회색세포들로, 무엇보다 전도유망한 상황으로 우리를 유혹한다. 제과점 쇼윈도에서 맛나게 생긴 케이크가 나를 보고 웃고 있건, 사장님이 예상치 못한 연봉 인상 소식을 알려주시건, 매력적인 잠재적 섹스 파트너가 옆을 지나가건 항상 그 보상시스템이 작동을 시작한다. 그것은 일단 우리의 관심을 유망한 사물이나 사람에게도 끌어당긴 후 우리가 기쁨과 쾌락을 느끼도록 만든다. 그런 다음 우리가 경험을 통해 교훈을 얻도록 돕는다. 예상치 못한 쾌적한 경험은 기억을 수용 상태로 바꾼다. 무엇이, 누가 우리에게 좋은지를 기억했다가 다음 기회에 같은 상황을 다시 만들어야 하기 때문이다.

그렇기 때문에 신뢰는 기분을 좋게 해준다. 타인이 우리를 위해 기대 이상의 것을 해주었기 때문이다. 신뢰를 느끼면 보상 시스템은 마음씨 착한 사람들과 관련된 모든 기록을 환기시킨다. 공정한 행동을 한 사람은 우리 기억에 깊은 흔적을 남긴다. 영화에선 악한이 제일 흥미로운 인물로 등장하지만, 그런 유형이 우리의 특별한 관심을 끄는 건 극히 짧은 시간에 불과한 듯하다. 실험 결과에서도 알 수 있듯 우리는 우리를 속인 사람보다는 우리에게 좋은 경험을 선사한 사람을 더 잘 기억한다.

죄수의 딜레마 실험에 참가했던 피실험자들이 왜 돈이

거론되고 나서야 서로를 신뢰했는지 그 이유도 뇌 연구로 설명할 수 있다. 보상 시스템은 논리가 아니라 정서적으로 각인된 과거의 경험을 따르기 때문에 이득이 예상되면 더 강력하게 우리의 행동을 결정한다. 그렇지 않은 경우엔 차가운 이성이 우위를 점한다.

그러므로 우리의 선호는 경제학 이론의 예상보다 더 유동적이다. 경제학 이론에 따르면 호모 에코노미쿠스는 모든 결정을 내리기 전 각 선택이 어떤 이득을 가져올지 정확히 고민한 후 그 중 수익이 가장 높은 쪽을 선택한다. 하지만 실제 인간은 그렇게 철저하지 못하다. 그 정도로 철저할 수가 없기 때문이다. 인생은 예상치 못한 일들로 가득하며, 또 대부분의 경우 얼른 고민을 끝내야 한다. 때문에 우리는 논리보다 경험을 더 선호하며, 가장 합리적인 것이 아니라 할지라도 과거에 잘 받아들였던 방법 쪽으로 기운다. 신뢰는 지극히 단순하게도 이런 실용적 태도의 산물인 것이다.

인류학자 릴링이 게임 상대가 실은 컴퓨터였다는 말을 하자 피실험 여성들의 신뢰는 뚝 떨어졌다. 컴퓨터의 특성이 사람의 그것과 다르지 않도록 프로그래밍 되어 있었는데도 말이다. 하지만 누가 그들의 불신에 돌을 던지겠는가? 감사할 줄 아는 기계를 본 사람은 없다. 약간 변형한 또 한번의 실험은 피실험자들에게 중요한 것이 돈이 아니라는 사실을 입증했다. 컴퓨터라는 사실을 알고 난 후에는 조금 전 죄수의 딜레마와 같은 금액을 벌어도 피실험자들의 보상 시스템이 훨씬 약하게 반응했던 것이다.

이 모든 결과는 호모 에코노미쿠스를 조롱한다. 경제학자들의 기존 관념대로라면 우리는 분명한 이익에만 관심을 보일 뿐 그것이 어떻게 탄생하는지에는 전혀 관심이 없다. 하지만 실제로는 1유로라고 해서 절대 다 같은 1유로가 아니다. 돈으로 무엇을 살 수 있는 지보다는 그 돈과 관련된 스토리가 더 중요하다. 게임이라면 사족을 못 쓰는 청소년들을 대상으로 실험해보아도 역시 인간은 다른 인간을 이기는 것에서 충족감을 느끼지 않는다. 우리가 경쟁을 추구하는 건 경쟁 그 자체를 위해서가 아니라 협력을 위해서다. 타인과 함께한 성공이 혼자 혹은 타인을 배신한 성공보다 훨씬 많은 행복을 선사한다.

마음은 같이 움직인다

인간은 원칙적으로 남을 신뢰할 마음의 준비가 되어 있다. 하지만 조건 없이 아무나 신뢰하지는 않는다. 특히 몇 유로의 보상으로 끝나는 게임 이론보다 더한 위험을 감수해야 할 경우엔 더더욱 그렇다.

우리가 왜 어떤 사람에게는 우리 아기를 맡기면서 다른 사람하고는 커피 한 잔 이상의 거래는 하지 않는지, 이미 수많은 이론이 그 이유를 설명하려 노력했다. 신뢰의 기초와 관련하여 가장 삼천포로 빠진 의견 중 하나가 조지 W. 부시의 주장이었다. 미국 대통령 시절 처음으로 러시아 대통령을 만난 자리에서 부시는 블라디미르 푸틴의 눈동자를 깊이 들여다보면서 그의 영혼을 탐색했다고 했다. 그랬더니 푸틴(비밀정보기관 KGB에서 경력을 쌓았던 남자)을 걱정 없이 믿어도 되겠다는 확신이 들었단다. 그들이 미국 텍사스에 있는 부시의 목장에서 두 번째로 만났을 때 부시는 양국에서 각기 5000발 씩의 핵탄두를 폐기하기로 한 협정을 굳이 서면으로 남길 필요는 없을 것 같다고 제안했다. 하지만 푸틴은 협정서와 확인 작업이 필요하다고 주장했고, 그의 말이 옳았다. 그 직후 부시가 이라크 전쟁을 일으켰고, 다음번 두 정상이 만났을 때 부시는 미국의 바그다드 공격에 반대한 푸틴에게서 더 이상 진정한 우정을 확신하지 못했다.

두 사람의 신뢰가 어떻게 탄생하는지, 반박할 수 없는 논리를 얻기 위해 케빈 매케이브는 '신뢰 게임'을 고안했다. 그는 현실과 동떨어진 경제학 이론에 불만을 품고 실험을 통해 인간이 정말 어떻게 행동하는지 알아내고자 하는 일군의 경제학자 중 한 사람이다. 신뢰 게임은 간단하다. 실험 리더가 첫 경기자(주는 쪽)에게 일정 액수의 돈을 주면 그는 그중 얼마를 두 번째 경기자에게 줄지 마음대로 결정할 수 있다. 그러면 실험 리더는 두 번째 경기자(받는 쪽)에게 받은 금액의 두 배를 다시 지급한다. 받는 쪽은 다시 자신의 수익 중 얼마만큼을 첫 번째 경기자에게 되돌려줄지 알아서 결정한다. 그러니까 첫 번째 경기자가 두 번째 경기자에게 대출을 주되 상환을 요구하지 않는 셈이다. 앞의 이베이 실례를 적용하면 돈을 주는 쪽은 이베이를 통해 중고 컴퓨터를 주문한 대학생에 해당하고, 받는 쪽은 판매자의 역할이다.

근본적으로 신뢰 게임은 작동 원리가 죄수의 딜레마와 동일하다. 경기자들이 협력하면 둘 다 이익이다. 두 번째가 첫 번째를 배신하면 자신은 더 큰 수익을 거두지만 상대는 그만큼 손실을 입는다. 둘이 서로를 배신하면 둘 다 얻는 것이 없다. 하지만 죄수의 딜레마에선 선택의 가능성이 딱 두 가지뿐이다. 침묵 아니면 배신. 신뢰 게임에선 얼마만큼 위험을 감수할지, 얼마만큼 파트너를 위할 것인지 훨씬 더 세분된 결정을 내릴 수 있다.

게임 이론의 논리를 따른다면 이 경우에도 정답은 완벽한 배신밖에 없다. 주는 쪽은 받는 쪽으로부터 돈을 되돌려받지 못할 위험을 감수해야 하기에 1센트도 주지 말아야 한다. 하지만 인간은 이성의 충고에 귀를 기울이지 않는다. 매케이브가 주는 쪽의 역할을 맡은 피실험자들에게 각기 10달러씩을 주자 이들은 평균 5달러 16센트를 잘 모르는 게임 상대에게 주었다. 심지어 10달러를 전부 준 사람도 적지 않았다. 물론 이들 대부분은 실망했다. 죄수의 딜레마에서는 신뢰를 선사한 상대를 배신한 사람이 거의 없었지만 신뢰 게임에선 인색한 사람들이 많았다. 심사숙고한 두 번째 경기자가 상대에게 감사의 마음을 전하지 않은 건 아니었지만 금액이 적었다. 되돌려준 금액은 평균 4달러 66센트였다. 반드시 돌려주어야 할 금액보다는 많았지만 받은 금액보다는 적었다.

하지만 함께 한 실험의 횟수가 늘어날수록 받은 쪽이 돌려주는 금액이 늘어났다. 횟수가 늘어날수록 고민도 늘어나기 때문이었다. 한편으로는 최대한 많은 금액을 가지고 싶지만 다른 한편으로는 상대의 기분을 고려해 넉넉히 돌려줘야 한다. 그래야 상대가 다음번에 최대한 많은 금액을 줄 것이다. 그러므로 상대가 납득할 수 있는 최소의 금액이 얼마인지, 상대가 최대의 금액을 나에게 주도록 유인하는 데 필요한 금액이 얼마인지를 알아내야 하는 것이다.

상대가 화를 내는 건 싫다. 받는 쪽은 주는 쪽이 갑자기 액수를 줄이면 평소와 달리 많은 금액을 돌려준다. 갑자기 액수를 줄였다는 건 불만스럽다는 뜻이니까 말이다. 대부분은 그런 달래기 작전이 통한다. 주는 쪽은 다시 받는 쪽을 신뢰하고 액수를 높인다. 이렇게 파트너들은 아주 교묘한 '팃포탯' 방법으로 게임을 했다. 덕분에 게임 내내 어느 정도 안정적인 교환을 유지할 수 있었다. 한 번의 게임으로 끝났을 때보다 회가 거듭될수록 더 많은 액수의 돈이 오갔다. 그리고 그것이 양쪽에게 득이 되었다.

경기자들은 서로를 계속 시험대에 올린다. 그로 인해 두 사람의 관계는 체스를 할 때와 비슷한 불확실성을 유지한다. 이 순간 그들의 머릿속에서 어떤 일이 일어나고 있을지 알기 위해 미국 휴스턴의 젊은 행동연구가 브룩스 킹-캐사스는 새로운 실험을 실시했다. 그는 두 경기자를 인터넷에 접속하게 하여 게임을 시켰다. 그리고 텍사스에 있는 한 사람은 킹-케사스가 직접 핵스핀단층촬영으로 그의 뇌 활동을 측정했다. 다른 사람은 로스앤젤레스의 파사데나에서 역시나 촬영 기계 안에 누워 있었다.

두 사람은 서로에 대해 아는 것이 전혀 없었다. 단 하나, 서로가 얼마나 많은 돈을 부쳤는지만 알고 있다. 해당 금액이 단층촬영 기계 속 모니터에 떴다. 그런데도 연구자들이 모니터로 본 두 사람의 뇌는 같은 박자로 움직였다. 2400킬로미터 이상 떨어진 거리에서 게임을 하는 두 경기자의 뇌가 상대의 결정뿐 아니라 상대의 의도까지 파악하고 있었던 것이다. 심지어 몇 차례 게임이 거듭되자 피실험자들은 다음번엔 상대가 자신을 얼마나 신뢰할지 예상할 수 있을 정도로 상대에 대해 훤히 알게 되었다.

실제로 두 사람의 뇌 활동은 상대의 생각을 읽는 것 같은 모습을 보였다. 주는 쪽이 자신의 결정을 전달할 때 상대에게 주는 돈의 액수가 많을수록 대뇌 깊숙한 곳에 자리한 대상회(Gyrus Cinguli)의 특정 부위가 더 강하게 활성화되었다. 처음엔 받는 쪽이 주는 쪽의 결정에 반응하기까지 몇 초가 걸렸다. 그럴 때 그의 머리에선 꼬리핵(nucleus caudatus)이라는 이름의 대뇌 다른 부위가 활동에 돌입했다. 이 부위는 보상시스템의 일부다. 그것의 신호가 강할수록 받는 쪽은 더 많은 돈을 되돌려주었다. 먼저 주는 쪽의 머리가 결정을 내렸고 10초 후 받는 쪽이 결정을 내렸다.

그렇지만 몇 차례 게임이 반복되자 순서가 뒤바뀌었다. 이제는 주는 쪽이 얼마를 부쳤는지 알기 4초 전에 이미 받는 쪽의 머리에 결정 신호가 도착했다. 4초 전인데도 받는 쪽의 꼬리핵이 상대가 이번에는 돈을 많이 보낼지의 여부를 미리 알려준 것이다. 그리고 그의 예언은 거의 맞았다. 받는 쪽에게 예상한 금액의 액수를 불러달라고 부탁한 다른 실험에서도, 그가 말한 액수가 끝자리까지 정확하게 맞는 경우가 많았고, 게임 횟수가 늘어날수록 정확도가 높아졌다. 그러므로 한 사람을 신뢰한다는 것은 우선은 그를 정확하게 안다는 의미다. 경기자들은 자신의 전략을 이런 대부분의 무의식적인 정보들에 기대어 세운다. 상대가 기대대로 행동하면 다음번에는 지난번과 같은 금액을 지급한다. 기대를 초과하면 지난번보다 많은 금액을 보낸다. 반대로 실망하면 액수를 줄인다. 그렇게 신뢰의 순환 고리가 탄생하고 회를 거듭할수록 파트너들을 서로에게 더 많은 아량을 베풀 수 있는 것이다.

신뢰의 효능

상대가 반복해서 호의를 보이면 점차 경계심이 풀린다. 그리고 결국 관계는 게임 이론의 시각에선 완전히 놀라운 전혀 새로운 단계로 진입한다. 즉 파트너들이 서로를 맹목적으로 신뢰하게 되는 것이다. 하지만 누구나 그런 무조건적 신뢰에 이를 수 있는 건 아니다. 케빈 맥케이브가 22쌍을 상대로 여러 차례 신뢰 게임을 실시했더니 그중에서 절반만 이런 느긋한 상태에 도달했다. 서로의 사진을 보여주어 일정 정도 개인적인 관계를 조성해 주었는데도 말이다.

높은 단계의 신뢰에 도달한 11쌍은 처음엔 매우 주의 깊게 행동했다. 예상 액수를 실제 액수와 비교하는 뇌의 보상 시스템이 평균 이상으로 활성화되었다. 이들은 게임 초반에 상대의 신뢰도를 테스트했고 상대의 입장에서 생각하려 노력했던 것 같다. 이들 역시 상대에게 한 푼도 주지 않고 싶은 유혹을 느꼈을 테니 말이다. 하지만 마지막에 가서는 두 사람 다 계좌에 많은 돈이 넘쳐났다.

   몇 회의 게임을 마친 후 서로에 대해 충분히 알게 된 경기자들은 주의력이 떨어진다. 보상 시스템의 활동이 줄어드는 것이다. 그 밖에도 신뢰는 시간과 에너지를 절약시킨다. 실험에서도 알 수 있듯 상대를 신뢰하는 경기자들은 불신하는 이들보다 빨리 결정을 내렸고, 뇌도 긴장할 필요가 없었다. 감시도 유익하지만 신뢰는 더 좋은 것이다.

   긴장을 푼 경기자들에게선 보다 긴밀한 인간관계를 조절하는 대뇌 중앙의 숨은 부위가 강하게 활동했다. 예를 들어 사람들이 자식이나 애인을 쳐다볼 때 신호를 보내는 부위다. 그리고 이번에도 두 경기자의 뇌는 같은 박자로 활동했다. 하지만 조금 전 서로를 알아가는 단계에선 상대방의 다음 수를 읽으려 애쓰는 시스템이 동시에 활동했던 반면, 지금은 호감과 정서적 친밀함을 담당하는 부위가 같이 활동했다. 상대의 사리사욕을 캐는 질문은 중지된 듯 했다.

서로를 신뢰한 이들 경기자들에게 나중에 실제로 물어 보았더니 특정 시점부터 우정 비슷한 감정을 서로에게 느꼈다고 말했다. 그들이 파트너에 대해 아는 것이라고는 사진으로 본 얼굴과 얼마만큼의 돈을 언제 지불했는가의 여부뿐이었는데도 말이다. 그런 감정은 게임의 두 번째 단계에서 특히 활성화되었다. 그 부위에서는 사람을 충직하게 만드는 신경 호르몬인 옥시토신과 바소프레신이 분비된다. 우리가 호감을 품은 타인을 배려할 때면 항상 분비되는 전달물질이다. 이 물질들이 없다면 우리는 낭만적인 관계를 맺지도, 자기 자식을 사랑하지도 않을 것이다. 타인에 대한 신뢰는 우리의 생존에 필수불가결한 이런 기초적 뇌기능의 산물이다.

그러므로 원활한 교환 관계는 이성뿐만이 아니라 감정의 공이기도 하다. 스위스 취리히의 신경경제학자 미하엘 코스펠트가 남자들의 코에 옥시토신을 스프레이로 뿌려 해당 뇌 부위를 활성화시켰다. 그러자 이들이 갑자기 인간의 착한 마음씨를 믿는 것 같았고 신뢰 게임에서 눈에 띄게 많은 돈을 지불했다.

이상하게 들릴지 몰라도 5장에서 추가로 설명할 이런 지식을 이미 판매에 활용하는 기업들이 있다. '베로 랩스(Vero Labs)'라는 독특한 이름의 미국 기업은 인터넷으로 '액상 믿음'이라는 이름의 제품을 선전하고 있다. 디오더런트와 비숫한 정도의 작은 크기지만 훨씬 더 액체로, 옥시토신이 들어 있으며 아침에 샤워하고 난 후에 뿌리면 된다.

"신뢰는 힘이다." 이 웹 사이트는 중국 철학자 노자의 말씀을 인용한다. 이 말씀은 '액상 믿음' 덕분에 직장이나 자동차가 별 볼 일 없어도 여성의 신뢰를 얻게 된 남성 싱글들에게만 도움이 되는 게 아니다(당신을 신뢰하는 여성을 매혹시켜 보세요!). 경영자들에게도 큰 도움이 된다(회의장에 액상 믿음을 뿌려보세요!). 심지어 명함이나 사업상 편지에 이 액체를 뿌리기만 해도 효과가 아주 크다고 한다.

하지만 '별로 믿음을 주지 못하는' 이 웹 사이트는 향수 방울 속에 든 호르몬의 양이 훨씬 더 적다는 말은 하지 않는다. 설사 적정량을 들이마신다 해도 선전만큼 대단한 효과를 거두지는 못한다는 사실도 함구한다. 나아가 사람들의 신뢰를 얻는 가장 효과적인 방법은 예나 지금이나 믿을만하게 보이는 것이라는 만고의 진리도 당연히 침묵한다.

믿지 못하면 망한다

맥케이브의 실험에 참가한 피실험자의 절반은 상대의 마음을 얻는 데 실패했다. 이들 커플은 실험이 끝날 때까지 서로를 견제했고 시간이 갈수록 보상 시스템이 더 활성화되었다. 마치 두 사람이 절망적인 심정에서 서로를 평가하려고 안간힘을 쓰는 것처럼 말이다. 실제로 실험이 끝난 후 직접 물어보니 그들은 끝날 때까지 상대방을 이기적인 존재로, 적으로 간주했다. 그러니 거듭 신뢰가 깨졌고, 양쪽 계좌에 입금된 금액도 풍족하지 않았다.

신뢰를 쌓으려면 타인이 자신에게 보내는 신호를 올바로 해석할 줄 알아야 한다. 불안한 눈빛, 의심스러운 말투가 그런 신호일 수 있고, 또 실험에서처럼 입금 금액이 그런 신호일 수도 있다. 오가는 돈이 인색하면 상대가 믿을 수 없는 사람이거나 관계가 위기에 빠진 것이다. 그러므로 그런 신호를 보지 못하면 신뢰의 수익도 절대 오르지 않는다. 주변 사람들의 감정에 신경을 쓰지 않는 호모 에코노미쿠스는 장사를 잘 못한다.

나아가 타인의 신뢰도를 검증할 수 있으려면 자신이 먼저 믿을 수 있어야 한다. 이는 행동연구가 킹-캐사스의 흥미로운 다른 실험이 입증한 사실이다. 그는 신뢰의 탑을 쌓을 능력이 없는, 상대가 자신의 선의를 의심하기 시작해도 전혀 눈치채지 못하는 남녀를 선별했다. 가장 흔한 인격 장애 중 하나인 경계성 장애를 앓고 있는 사람들에게서 흔히 그런 능력의 결핍 현상을 목격할 수 있다. 이들은 감정 기복이 심하기 때문에 안정된 인간관계를 만들기가 힘들다. 이 사실은 킹-캐사스가 해당 환자들을 대상으로 실시한 신뢰 게임에서도 입증되었다. 돈을 받는 쪽이 경계성 장애를 앓는 환자인 경우 돈을 보내는 쪽은 상대의 정신 질환에 대해 알지 못하는 상태에서도 게임의 횟수가 늘어날수록 보내는 돈의 액수를 줄인다. 이유는 경계성 장애 환자들이 화났다는 상대의 신호를 포착하지 못해 상대의 마음을 달래려는 노력을 소홀히 하기 때문이다. 건강한 피실험자는 상대가 돈을 줄이면서 협력 관계에서 발을 빼면 보내는 돈의 액수를 일시적으로 늘린다. 하지만 경계성 환자들은 오히려 더 금액을 줄임으로써 상황을 악화시켰다. 당연히 협력 관계는 점점 더 악화된다.

경계성 장애 환자는 스스로 상대를 믿지 않기 때문에 상대의 불신을 불러일으킨다. 킹-캐사스가 피실험자들의 뇌 활동을 측정하여 확인한 결과다. 건강한 사람들은 의외로 낮은 금액이 송금될 경우 대뇌의 섬피질이라는 부위가 반응한다. 이 부위는 보통 신체의 통증을 알리는 역할을 한다. 또 타인에게 부당한 대접을 받았다고 느낄 때도 신호를 보낸다. 우리의 뇌는 정신적 통증을 신체 통증처럼 처리한다. 따라서 건강한 사람들은 이런 불쾌감이 들면 상대와의 관계가 삐거덕거린다는 사실을 감지한다. 상대가 관계의 규칙을 위반한 것이고, 이 신뢰의 붕괴가 아픔을 야기하는 것이다.

하지만 경계성 장애 환자는 상대가 갑자기 인색하게 굴어도 뇌의 섬피질이 활성화되지 않는다. 상대의 친절을 전혀 기대하지 않기 때문에 신호가 발생하지 않는 것이다. 이어진 설문조사에서도 확인되었듯 타인에 대한 그들의 신뢰도는 매우 낮다. 그러니 상대가 그들을 신뢰할 리 있겠는가? 그렇지만 이 모든 과정이 무의식적으로 진행되기에 불신하는 자는 이유도 모른 채 빈약한 수익으로 만족할 수밖에 없는 것이다.

신뢰와 부의 관계

신뢰는 유익하다. 실제로 이와 관련된 놀라운 증거들이 쏟아지고 있다. 예를 들어 미국 교육학자 로저 고더드는 친구를 신뢰하는 대학생의 시험 성적이 더 좋다고 주장한다. 이들이 친구들과의 협력을 통해 더 많은 정보를 확보하고 또 더 많은 것을 배우기 때문이다. 남을 못 믿는 학생들은 믿을 곳이라고는 자신밖에 없다.

한 나라가 잘살고 못사는 것도 일부는 국민들이 서로를 얼마나 믿느냐에 달려 있다고 한다. 이 가설을 검증하기 위해 37개국 국민에게 "대부분의 사람을 신뢰할 수 있는가?"라고 물었다. 노르웨이 국민은 61퍼센트가 그렇다고 대답했지만 페루 국민은 5.5퍼센트에 불과했다. 독일은 35퍼센트가 채 안 되어 중간 정도의 순위였다.

설문에 답한 사람들의 자국 국민에 대한 평가는 대부분 아주 정확했다. 노르웨이 사람들은 독일 사람들과 달리 횡령이나 무임승차를 하는 사람 혹은 길에서 주운 지갑을 주인에게 돌려주지 않는 사람을 인정하지 못하겠다고 대답했다. 미국의 경제학자 스티븐 낵과 필립 키퍼는 이런 생각이 단순히 말로만 끝나는 게 아니라고 주장한다. 부정에 눈을 감는 사람들은 스스로도 부정한 행동을 하기 때문이다. 이는 돈이 많이 든 지갑을 거리에 놓아두고 지나는 사람들의 반응을 관찰한 결과 입증된 사실이다.

사회를 부유하게 만드는 것은 인정사정없는 치부가 아니라 신뢰다. 보통 국민들이 서로의 선의를 신뢰하는 국가의 국민경제가 그렇지 않은 국가보다 더 빨리 성장한다. 수치로도 계산이 가능하다. 사람을 믿을 수 있다는 말에 국민 100명당 일곱 명만 더 동의해도 그 국가의 연간 경제성장률은 1퍼센트가 올라간다. 어쨌든 1970년에서 1992년까지는 통했던 공식이다. 공장 굴뚝에서 연기가 치솟고 경제가 호황일 때 국민들이 서로에게 더 친절하기 때문이 아니다. 거꾸로 서로를 믿으면 서로가 장사를 하기가 더 쉽기 때문이다. 그래서 투자가 더 늘고 결국엔 모두가 더 부자가 되는 것이다.

이렇듯 국민경제 데이터들조차 경제학자들의 기존 사고를 무너뜨린다. 인간은 매 순간 최고의 이득만 추구하는 존재가 아니다. 관계를 위해서는 때로 손해도 감수해야 성공할 수 있다.

동시에 신뢰의 능력은 이타주의와 이기주의를 반대말로 정의하는 오류를 반박한다. 실제 둘은 서로의 충분조건이자 필요조건이다. 믿는다는 건 보상을 바라지 않고도 욕심 없이 행동한다는 뜻이다. 그렇지만 그런 희생정신은 장기적으로 보아 득이 될 때에만 가능하다. 이것이 겉보기에는 모순으로 보이는 신뢰의 원칙이다. 가장 효과적인 자기 이익 추구 방법은 자신의 이익을 잠시 미루고 타인에게 봉사하는 것이다.

4장

너와 나의 경계를 허무는 방법

알아차리지도 못하는 사이
그곳에 사는 사람들의 몇 가지 습관을 배울 정도로
그는 주변 환경이 너무나 친숙했다.
-조르주 심농, 『메그레 반장과 하녀』

☺☺☺

비토리오 갈레세는 교도소 의사로 일하면서 일생일대의 대발견을 했다. 원래 그는 대학에서 연구하고 싶어 했지만 고향 파르마의 대학에 자리를 구하지 못하자 돈을 벌기 위해 교도소 의사가 되었다. 야간과 주말에만 근무를 했는데 주로 중범죄자가 환자였다. 낮에는 무보수로 실험실에서 연구했다. 물론 그는 환자들의 과거를 알고 있었다. 그 도시에 사는 사람이라면 모를 수가 없었다. 주변 지역에서 대형 범죄를 일으키고 붙잡힌 남자들은 모조리 파르마 교도소에 수감되었기 때문이다. 하지만 갈레세는 그들을 혐오하지 않았다. 전문 킬러일지라도, 피해자의 시신을 염산으로 녹여버린 연쇄살인범일지라도 치료를 할 때는 그들의 아픔에 공감했다. 간수들이 그에게 왜 그런 나쁜 놈들을 위해 그렇게 애쓰느냐고 물었다. 그 자신도 자신의 감정을 설명할 수 없었다. 그가 그 당시 자기 마음에서 무슨 일이 일어났던지 스스로 설명할 수 있기까지는 몇 년의 세월이 걸렸다.

"언론을 통해서만 그 범인들을 알았더라면 나 또한 그들에게 전율했을 겁니다. 하지만 여기 내 앞에 서 있는 건 그런 사건들이 아니라 살과 피로 된 인간들이었습니다. 자기 아내 이야기를 들려주는, 나처럼 개인사가 있는 사람이었지요." 2007년 마침내 그에게 교수 자리를 내어준 파르마 대학에서 갈레세는 내게 그렇게 말했다. "그들은 우리와 다른 사람들이 아니었습니다. 더구나 우리는 환경을 공유했지요. 진료실에서 교도소 바깥으로 나가려면 일곱 개의 문을 통과해야 합니다. 그래서 나 역시 외부 세계와 격리된 기분이 어떤지 정확히 알았지요. 그들과 함께 살았기에 그들의 마음을 이해하기가 힘들지 않았던 겁니다. 의사로서 그들을 돕고 싶었지 그들에게 판결을 내리고 싶지는 않았거든요."

여가 시간에 그는 레서스원숭이를 연구했다. 대뇌가 근육에게 어떻게 행동 지시를 내리는지 밝히기 위해 원숭이의 회색 세포 몇 개에 전극을 연결했다. 물론 원숭이는 느끼지 못했다. 뇌는 통증을 느끼지 못한다. 원숭이가 먹이를 잡을 때마다 특정 뇌세포가 활성화되었고 그럼 측정기에서 따닥 하는 소리가 났다. 그런데 한 번은 이상한 일이 일어났다. "제가 호두를 집으려고 팔을 뻗자 원숭이가 움직인 것처럼 따닥 하는 소리가 났습니다. 원숭이는 가만히 앉아 저를 쳐다보고 있었는데 말입니다. 당연히 처음엔 기계 오작동이라고 생각했습니다." 하지만 원숭이가 지켜보는 가운데 갈레세가 팔을 뻗자 다시 신호음이 울렸다. "얼마 후 우리는 원숭이의 뇌가 사람의 머리로 옮겨온 것처럼 작동한다는 사실을 깨달았습니다. 한 원숭이가 다른 원숭이의 동작을 관찰하면 관찰하는 원숭이의 뇌세포가 상대의 행동을 반사하는 거지요. 그래서 우리는 그 뇌세포에게 거울 뉴런이라는 이름을 붙여주었습니다."

갈레세가 원숭이 뇌에서 나온 이 신호가 교도소에서 의사로 일하면서 겪은 일들과 무슨 관련이 있는지 이해하기까지는 다시 몇 년이 걸렸다. 오랫동안 그와 동료들은 운동을 담당하는 뇌 부위의 놀라운 특징을 발견했다고만 생각했다. 거울 뉴런 덕분에 원숭이는 다른 원숭이의 몸짓을 모방할 수 있다고 말이다. 갓 태어난 원숭이 새끼의 귀여운 특징도 거울 뉴런 덕분이라고 생각했다. 사람 손보다 크지 않은 원숭이 새끼 앞에서 얼굴을 찌푸리거나 혀를 내밀면 새끼는 본 대로 따라한다.

하지만 거울 뉴런의 능력은 거기서 멈추지 않는다. 거울 뉴런은 타인이 특정 행동을 하는 이유를 인식하는 데에도 도움이 된다. 원숭이가 호두를 보지 않아도 인간이 호두 쪽으로 손을 뻗친다는 예감을 하자마자 거울 뉴런이 점화된다. 인간이 같은 동작을 하지만 호두가 아니라 병을 집기 위해서일 때는 다른 거울 뉴런이 반응한다. 마치 생각을 읽기라도 하는 듯 원숭이는 인간의 의도를 파악한다.

사람의 머릿속에서도 같은 메커니즘이 작동할까? 여러 가지 정황상 그렇다. 캘리포니아의 신경생리학자들이 인간의 두뇌에서 개별 거울 뉴런들을 발견한 건 갈레세의 첫 연구서들이 나온 지 15년도 더 지난 2010년 봄이었다. 그런데 이들은 운동을 조절하는 부위에서만 이 특이한 회색 세포들을 발견한 게 아니었다. 전혀 예상치 못했던 장소, 즉 기억을 담당하는 대뇌피질의 일부에서도 거울 뉴런이 발견되었다.

이는 거울 뉴런이 운동만 담당하는 게 아니라는 증거다. 이런 종류의 뇌세포는 타인의 감정까지 반사한다. 타인이 고통스러워하는 현장을 목격하거나, 그런 소식을 듣기만 해도 뇌는 우리 몸이 직접 고통을 겪는 것과 유사한 반응을 보인다.

그러므로 갈레세와 그 동료들이 레서스원숭이에게서 발

견했던 뉴런은 거울보다 더 많은 일을 한다. 그것 덕분에 우리는 타인의 고통과 기쁨을 우리의 것인 양, 우리와 타인의 경계가 일시적으로 허물어진 양 느낀다. 이런 식의 공감은 자기도 모르는 사이 일어나는 것이므로 상대가 질서의식이 투철한 시민이든, 연쇄살인범이든 차이를 두지 않는다.

외면보다 공감이 쉽다

두뇌 연구가들은 거울 뉴런의 발견을 유전자 DNA의 발견에 버금가는 중요한 사건으로 생각한다. 실제 그 사건은 우리가 어떻게 협력하는지에 대한 기존의 관념들을 완전히 뒤엎었다. 공감은 의도하지 않아도 저절로 생기는 것이다. 따라서 미국의 로버트 라이트 같은 신다윈주의자들이 인생의 지혜라고 추켜올렸던 주장은 사실이 아니다. 그들은 이렇게 주장했다. "돈을 받는 쪽의 상황이 절망적일수록 차용증의 액수는 높아진다. 특히나 깊은 공감은 고도로 섬세한 투자 자문에 불과하다."

신다윈주의자들은 진실로 공감하는 인간은 얼음처럼 차가운 계산꾼보다 불리할 수밖에 없다고 확신했다. 그렇지만 오히려 그 반대가 정답이 아닐까? 앞에서 살펴보았듯 성공은 신뢰를 쌓는 능력에서 나온다. 그리고 신뢰는 상대를 이해하는 사람만이 얻고, 상대를 이해하자면 상대의 마음을 이성으로 계산해서는 안 된다. 요즘 한창 유행하는 사회지능은 이성보다는 정서적으로 상대의 처지가 되어볼 수 있는 능력이다. 앞에서 소개한 신뢰 게임은 인간의 뇌 사이에서 어떻게 공감이 쌓이는지, 그리고 그 공감이 당사자들에게 어떤 이익을 줄 수 있는지를 밝혀주었다. 이런 현상들에 일조하는 것이 바로 거울 뉴런이다. 거울 뉴런은 최근에야 발견된 공감 뇌 시스템의 일부에 불과하다. 이 부위는 전략적 이성과 전혀 다른 방식으로 작동한다. 우리가 상대의 감정에 전염되도록, 상대의 감정에 이입하도록, 주변 사람들을 이해하고 그에게 공감하도록 배려한다. 이 모든 감정의 변화들이 공감(다른 사람의 입장이 될 수 있는 능력)을 구성한다. 공감이 없다면 인간의 협력과 애정과 도움은 상상할 수 없을 것이다. 협력과 신뢰 역시 공감 위에 쌓이는 것이다.

공감은 절대로 힘들여 습득해야 하는 복잡한 이성의 능력이 아니다. 공감은 자동적으로 발달한다. 우리가 타인의 마음과 공감하는 것은 음식을 먹고 물을 마시고 숨을 쉬는 것처럼 자연스러운 일이다. 숨을 참으려면 힘이 드는 것처럼 타인의 고통을 마음의 동요 없이 지켜보려면 의식적인 노력이 필요하다.

타인의 불행을 외면하려면 얼마나 많은 힘이 드는지, 매일 환자들의 상처를 대면해야 하는 의사나 심리 치료사들보다 더 잘 알고 있을 사람은 없을 것이다. 자신의 마음에 울타리를 치기란 생각처럼 그렇게 쉬운 일이 아니다.

TV를 통해 먼 대륙에서 일어난 재앙의 현장과 희생자들의 절망한 얼굴만 보아도 돕고 싶은 마음이 치밀어 오른다. 심지어 스티븐 스필버그의 영화 속 캐릭터인 외계생물 E.T가 향수병에 걸려 '집으로 전화를 걸고' 싶어 하는 장면만 봐도 눈물이 난다. 다행스럽게도 우리는 고통만 나눌 수 있는 게 아니다. 타인의 좋은 감정도 함께 할 수 있다. 미국 사회학자 니콜라스 크리스태키스와 제임스 파울러는 공감의 정도를 계산하여, 행복한 친구 한 명이 나의 행복을 평균 9퍼센트 증가시켜준다는 결과를 내놓았다. (불행한 지인은 나의 행복을 7퍼센트 감소시킨다.)

공감을 잘하면 더 영리해진다

자신이 응원하는 축구팀이 골을 넣어 수천 명의 팬들이 일어나 환호성을 지르는 축구장 관람석에서 가만히 앉아 있기란 불가능하다. 다른 사람들의 기쁨에서 자력이 흘러나오는지 다리가 내 말을 듣지 않는다. 정신을 차리기도 전에 나는 이미 벌떡 일어서 껑충껑충 뛰며 소리를 지르고 있다. 타인의 열광은 TV를 통해서도 전달된다. 화면에 환호하는 팬들이 비치면 나도 모르게 용수철 튕기듯 벌떡 소파에서 일어난다. 정신을 차려보면 혼자 뻘쭘하게 거실에 서 있는 자신의 모습이 당황스럽기 그지없다.

우리는 항상 타인의 흥분을 수용한다. 거울 메커니즘을 통해 우리의 머리가 타인에게서 관찰한 모든 것을 모방하기 때문에 자동적으로 상대의 동작과 몸짓, 목소리 톤을 복사한다. 1938년 오스트리아에서 나치의 진군을 목격했던 할아버지의 경험담은 그런 주장을 뒷받침할 소중한 증거 자료다. 오스트리아가 독일제국에 합병되어 독일군이 오스트리아로 입성하던 순간 할아버지는 환호하는 군중 한가운데에 '그냥 팔을 쳐들고' 서 있었다. 보수적이긴 해도 국수적이지는 않았던 할아버지가 자신이 무슨 짓을 하고 있는지 미처 깨닫기도 전에 히틀러식 인사를 하려고 팔을 쳐들었던 것이다. 물론 이런 효과가 팔을 치켜든 그 모든 사람을 용서할 수는 없다. 뭔가 꺼림칙한 낯선 힘이 우리의 몸과 생각, 감정을 장악했다는 깨달음이 드는 순간엔 이성이 등장해 브레이크를 걸 수 있다.

우리가 쉽게 남에게 전염되는 건 학습 능력을 위해 지불해야 하는 대가다. 우리가 세수를 하고 신발 끈을 묶고 말을 할 수 있는 것은 오로지 모방을 통해 학습하기 때문이다. 뇌가 보고 듣는 것과 우리가 직접 해봐야 하는 것을 최대한 구분하지 않을 때 학습은 가장 빨리 일어난다. 그리고 그 학습이야 말로 타인의 행동과 자기 행동의 인식을 동시에 담당하는 거울 뉴런의 능력이다. 모델과 제자 사이에 강한 자아가 끼어들면 학습 능력은 떨어지는 법이다.

파르마에서 함께 연구했던 갈레세의 동료들은 학습의 작동 방식이 정말 그러한지 확인하기 위해 기타 수업을 실시했다. 초보자들에게 새로운 화음을 가르치면서 먼저 교사가 연주를 해 보였다. 그리고 그 순간 학생들의 뇌 활동을 기록했다. 그랬더니 실제로 교사의 연주를 쳐다볼 때 반응한 신경세포와 학생이 나중에 그 화음을 연주할 때 반응한 신경세포가 동일했다.

인간에게는 원숭이보다 훨씬 많은 수의 뉴런 세포가 있다는 사실 또한 그 세포가 없으면 학습이 불가능하다는 증거다. 침팬지의 경우 돌을 망치로 활용하여 호두를 깰 수 있으려면 오랫동안 그렇게 하는 모습을 지켜보아야 한다. 하지만 세 살짜리 어린아이는 불과 몇 분 만에 호두를 깰 수 있다. 거울 뉴런은 언어를 담당하는 뇌 부위에도 존재한다. 덕분에 우리는 귀로 들은 소리나 단어를 힘들이지 않고도 배울 수 있다. 새도 같은 원리로 노래를 배운다. 카나리아는 물론이고 참새도 그 작은 머리통 안에 거울 뉴런이 있어서 직접 따라할 수 있을 때까지 동료의 멜로디를 자기 것인 양 귀 기울여 듣는다.

열 사람이 웃으면 따라 웃게 되는 이유

다른 사람이 하품을 하거나 유행가를 흥얼거리면 금방 따라하게 되듯 미소도 전염성이 강하다. 감정은 몸을 거쳐 전달되기 때문에 모방에서 공감까지 가는 길은 직선 도로다. 놀랍게도 레오나르도 다빈치 역시 이런 주장을 한 적이 있다. 우리가 타인의 몸짓을 관찰하고 자기도 모르는 사이 따라하면서 상대의 감정까지 배우게 된다고 말이다. 이런 깨달음을 바탕으로 그는 〈최후의 만찬〉과 〈모나리자〉에 생명을 불어넣었다. "화가가 생각해야 할 가장 중요한 사실은 각 인물의 동작은 동경, 조롱, 분노, 공감 등 그의 정신상태를 표현한다는 것이다. 그렇지 않은 예술은 훌륭하지 않다." 관람객에게 비슷한 감정을 불러일으키는 작품이 명작이라는 말이다. "그림이 경악, 공포, 저주, 슬픔, 눈물, 한탄 혹은 기쁨, 쾌락, 웃음과 그 비슷한 상태를 그린다면 그걸 보는 사람들에게 그의 정신이 온몸을 자극하여 그 자신이 그림 속 인물과 같은 상황에 있다고 믿을 만큼 공감을 불러 일으켜야 한다."

레오나르도 다빈치가 이런 글을 적은 지 500년이 흐른 지금 발견된 뉴런은 그의 말이 옳다는 명백한 증거다. 미소 짓는 입을 보면 이 거울 뉴런들은 우리의 얼굴근육에 미소를 지으라고 명령한다. 그런데 뇌는 보통 자기 신체의 상태에서 감정을 끌어내기 때문에 이 미소 충동을 자기 기쁨의 표현으로 해석한다. 반드시 입근육을 잡아당겨 미소를 지어야 할 필요는 없다. 차후 뇌의 처리 단계에서 원래의 동작이 억압되는 경우도 적지 않다. 하지만 감정에 전달된 신호는 그대로 남는다. 그래서 기뻐하는 얼굴을 보면 우리 기분도 좋아지는 것이다.

그런데 그런 순간 우리는 대부분 왜 기분이 좋은지 모른다. 기분의 전염은 이성과 관계없이 이루어지기 때문이다. 신생아도 옆에서 다른 아기가 울면 따라 울기 시작한다. (그래서 신생아실에선 모든 아기가 동시에 우는 당혹스러운 사태가 자주 발생한다). 침팬지에게 비디오를 보여주었던 미국인 리사 파의 실험 결과처럼 침팬지들도 다른 침팬지의 감정에 전염된다. 한쪽 비디오는 즐겁게 어슬렁거리는 침팬지를, 다른 쪽은 마취제와 주사로 고통받는 침팬지들을 보여주었다.

갇혀서 성장한 동물들은 이런 상황을 잘 알고 또 증오한다. 모니터 앞의 침팬지는 마치 자기가 그런 일을 당한 듯 반응했다. 피부에 부착한 센서가 증명하듯 무서운 장면에선 피부 온도가 떨어졌다. 사람이 무서우면 식은땀을 흘리듯 침팬지는 같은 상황에서 체온이 떨어진다.

침팬지보다 지능이 훨씬 떨어지는 레서스원숭이조차도 다른 원숭이의 감정에 전염되었다. 한 실험에서 행동연구가들은 다른 원숭이들에게 해는 없지만 불쾌한 전기 충격을 가하고, 그때마다 실험 대상 원숭이에게 먹이를 주어 보상했다. 그러니까 먹이를 얻을 때마다 다른 원숭이들의 비명소리를 듣게 되는 것이다. 하지만 실험은 12일 만에 중단되었다. 실험 대상 원숭이가 전기 충격으로 고통스러워하는 동료 원숭이를 보고 12일 동안 먹이를 먹지 않았기 때문이다. 타인의 느낌을 같이 느낄 수밖에 없는 이런 강제가 언제나 유쾌할 리는 없다.

그렇다면 이것이 대체 무슨 득이 되는 걸까? 영장류의 진화 과정에선 한 번도 이런 질문이 제기된 적이 없는 것 같다. 그냥 언젠가부터 이런 특성이 생겨났다. 그 이유는 인간은 말할 것도 없고 원숭이 역시 뛰어난 학습 능력이 있기 때문이다. 서로의 몸짓과 행동에 전염될 수 있다면 감정 역시 거의 강제에 가깝게 전염될 테니 말이다.

감정 전염의 유익함은 금방 밝혀진다. 한 동물이 공포에 질린 동료의 비명소리를 듣고 두려움을 느낀다면, 천적의 배에서 생을 마감하는 참사를 피할 가능성이 높아진다.

한 아이가 뜨거운 화덕에 손을 댔다가 고통스러워하는 친구를 보고 스스로 불쾌한 느낌을 받는다면 같은 일을 절대 따라하지 않을 것이다. 진화는 어떤 해결책이 가장 합목적적인지 묻지 않는다. 진화는 입증된 것을 유지한다.

그러나 감정이 전염되려면 먼저 자신의 감정을 인식할 수 있어야 한다. 그렇지 않으면 제 아무리 똑똑한 피조물도 타인의 감정을 나눌 수 없다. 사고로 자기 신체를 관찰하는 뇌 부위가 손상된 사람들이 그런 경우이다. 그들은 고통을 느끼지 못하고, 영화에서 주인공이 끔찍한 고통을 겪는 장면을 보아도 감정의 변화가 없다.

감정은 타인을 이해하는 통로

자기 인식이 완벽하다면 고통으로 일그러진 타인의 얼굴을 굳이 직접 볼 필요도 없다. 친구가 그림을 걸다가 망치를 손톱에 잘못 내리쳐 멍이 들었다는 이야기기만 들어도 우리는 마음이 오그라든다. 친구가 시퍼렇게 멍든 손가락을 내보이면 충격은 더 커진다. 우리의 상상력은 불행의 순간 그가 어떤 느낌이었을지를 충분히 상상하고 충분히 따라 체험할 수 있다.

이런 식의 마음의 동요는 감정의 전염보다 더 복잡하며 단순한 전염을 넘어선다. 나는 그것을 '감정이입'이라 부른다. 이 경우는 친구의 아픔을 자기 손가락에 망치를 맞은 것처럼 체험하지는 못한다. 우리의 감각은 이상하게도 추상적으로 남아 있다. 불쾌한 느낌은 있지만 그 느낌을 유발한 자극, 즉 통증 자체는 없는 것이다.

우리 머리에서 일어나는 반응 역시 어떤 의미에선 불완전하다. 통증과 같은 감각은 각기 다른 뇌 부위가 담당하는 여러 구성 요소들이 결합해서 만들어낸다. 한 부위는 그 사건을 불쾌하다고 혹은 유쾌하다고 평가한다. 다른 부위는 자기 신체의 어떤 부위가 해당되는지를 인식한다. 그다음으로 또 다른 부위가 통감 그 자체를 담당한다. 그러면 마지막으로 뇌가 이 신호들을 조합하여, 그것이 두통인지 허벅지 경련인지를 구분한다.

그런데 우리가 다른 사람에게 감정을 이입할 때는 앞에서 언급한 시스템들 중에서 첫 번째만 활성화되어 혼란스럽고 불쾌한 기분을 생산한다. 다른 구성요인들은 부재한다. 스위스 취리히의 신경생리학자 타니아 징거가 입증한 사실이다. 바라보는 사람이나 소리를 듣는 사람의 뇌에선 통감이 생산되지도 않고, 뇌가 그 감정을 특정 신체 부위와 연결 짓지도 않는다. 그러므로 감정이입 상태에선 상대의 감각을 정확하게 복사하여 체험하지 않는다. 거울에 맹점이 있는 것이다. 이것이 감정이입과 감정의 전염이 다른 지점이다.

영화관에서 주인공이 우는 모습을 보고 따라 눈물을 흘린다면 그 순간 우리는 우리 자신이 나쁜 일을 겪은 것과 똑같은 슬픔을 느낀다. 하지만 감정을 이입할 때는 상대의 느낌을 따라 체험할 수는 있지만 그의 근심이 우리의 근심은 아니라는 사실을 알고 있다.

감정이입의 의미는 명확하다. 그 덕분에 우리는 수월하게 타인을 이해할 수 있다. 의식적 사고가 이리저리 우회하면서 길을 잘못 드는 지점에서 감정이입은 타인의 내면세계와 직통하는 통로를 만든다.

예를 들어 아이들과 같이 살아본 적이 없는 사람이라도 딸이나 아들이 처음으로 자전거에 올라 균형을 잡았을 때 아빠가 어떤 기분일지 추상적으로 느낄 수 있다. 하지만 그런 순간을 직접 경험해본 사람이라면 그 아빠의 기분을 아주 구체적으로 포착할 것이다. 기쁨과 약간의 두려움, 그리고 엄청난 자부심이 교묘하게 뒤섞인 그 감정을 굳이 길게 설명할 필요도 없다. 몇 마디 말이면 충분하다. 서로 쳐다보며 상대가 무슨 말을 하는지 정확히 파악할 것이다.

감정이입이든, 감정의 전염이든 감정은 자동적으로 전달된다. 끔찍한 부상을 당한 사람의 사진을 보면 자신도 모르게 깜짝 놀란다. 하지만 우리 할아버지가 자기도 모르게 올라간 팔을 내릴 수 있었듯 (그랬기를 바란다) 타인의 운명 앞에서 우리는 감정을 억누를 때가 많다. 그렇지 않으면 슬픔과 고난이 넘쳐나는 이 세상에서 도저히 견딜 수가 없을 테니 말이다.

우리는 자동적으로 탄생한 감정을 조절할 능력이 있다. 감정에게 문을 열어줄 수도 있고 꽁꽁 문을 걸어 잠글 수도 있다. 마음을 활짝 열수록 상대는 우리와 가까워지고 우리는 그에게 더 호감을 느낀다.

길에서 카풀을 많이 해본 사람들은 다가오는 차 운전자의 눈을 똑바로 쳐다보아 그의 마음을 약하게 만든다. 미국의 사회심리학자 마크 스나이더가 밝힌 것처럼 그럴 경우 카풀에 성공할 확률이 너끈히 두 배는 올라간다. 자신이 상대와 비슷한 처지라고 생각하는 사람 역시 상대에게 공감할 가능성이 높다. 두뇌연구가 갈레세가 파르마 감옥에서 체험했던 대로다. 똑같이 갇힌 신세라는 점이 의사와 범죄자를 하나로 묶어주었던 것이다.

감정이입의 다양한 단계를 직접 체험해보고 싶다면 인

터넷에서 니콜라에 차우세스쿠와 사담 후세인이 처형되는 동영상을 찾아보면 된다. 보고 있으면 내 목이 졸리는 듯 답답한 기분이 들겠지만 아무리 참혹한 최후라 해도 그 몰락한 독재자들에게 연민을 느낄 사람은 그리 많지 않을 것이다. 그들이 얼마나 많은 사람들을 죽였는지 알고 있기 때문에 우리는 그들의 참담한 죽음을 보면서도 마음이 흔들리지 않는 것이다.

불행을 겪는 악한을 보면서 감정 이입을 할 사람이 몇이나 될까? 어쨌든 남자들은 공감을 전혀 못한다. 신경생리학자 징거의 또 다른 실험이 밝혀낸 사실이다. 자신에게 부당한 행동을 한 적이 있는 사람이 극도로 불쾌한 전기 충격을 받는 장면을 본 남성의 뇌에선 통증 반응이 전혀 나타나지 않는다. 오히려 쾌감을 담당하는 회로가 활성화된다. 상대의 고통을 고소해하는 것처럼 말이다.

여성의 경우는 다르다. 여성의 뇌는 예전에 나쁜 경험이 있는 사람에게도 연민의 신호를 보낸다. 하지만 지금까지 여성과 남성의 이런 차이를 설명하지 못한다. 여성이 남성보다 더 남을 잘 돕거나 더 이타적으로 행동한다는 증거도 없다.

시간이 없으면 도울 수 없다

직업상 도덕적 원칙을 고민해야 하는 사람조차도 결정적 순간에는 감정이입을 할 수 없다. 혹은 아예 깨닫지 조차 못한다. 미국의 사회심리학자이자 신학자인 대니얼 뱃슨은 일상생활에서 종교의 도덕적 역할을 의심하기에 적합한 (동시에 복음서의 중심이 되는 이야기를 입증한) 실험을 실시했다.

뱃슨은 프린스턴 대학에 재학 중인 40명의 신학과 학생에게 착한 사마리아인 이야기를 주제로 강연을 해달라고 부탁했다. 착한 사마리아인은 신약성서(누가복음 10장 30~35절)에 나오는 이야기다. 한 남자가 예루살렘에서 예리고로 가던 중 강도의 습격을 당해 중상을 입고 길에 쓰러져 있었다. 우연히 제사장이 지나가다가 그를 보았지만 그냥 무시하고 제 갈 길을 가버린다. 모르는 시신 때문에 옷이 더러워질까봐 겁이 났던 것이다. 유대 율법에 따르면 제사장은 친척의 시체만 만질 수 있다. 다음으로 유대교 율법 학자인 레위인이 지나갔지만 똑같이 행동한다. 마지막으로 사마리아 사람이 지나갔다. 유대족에게 무시당하던 부족이었지만 그는 연민을 느껴 바람직하게 행동한다. 피해자의 상처를 씻은 후 근처 여관까지 데려가서 주인에게 돈을 주고 그를 부탁했던 것이다.

대학생들은 예수가 이웃사랑을 설파하기 위해 들려준 그 우화에 대해 강의를 해달라는 부탁을 받았다. 그리고 세미나장으로 가는 길에서 예루살렘과 예리고로 가는 중에 일어났던 똑같은 일을 경험했다. 한 남자가 현관에 웅크리고 누워 고통으로 몸을 뒤틀고 있었던 것이다. 물론 신학과 대학생들은 그가 배우라는 걸 몰랐다. 그들이 어떻게 반응했을까? 누가복음과 똑같았다. 그들은 무심하게 지나쳤다. 뱃슨의 말대로 "한 대학생이 '착한 사마리아 사람'의 우화에 대한 강연을 하러 가는 길에 말 그대로 피해자를 뛰어넘고 달려가는 일이 실제로 여러 번 일어났다." 미래의 성직자 40명의 16명만이 어떤 식이든 도움을 주었다.

결과의 검증을 위해 뱃슨은 그들 중 다수에게 강연의 주제를 '착한 사마리아 사람' 대신 '미래의 직업 전망'으로 바꾸게 했다. 나아가 피실험자의 종교적 입장까지 캐물었다. 하지만 강연의 주제도, 신앙심의 정도도 도움의 여부에 영향을 미치지 못했다.

놀랍게도 그들의 행동에 훨씬 더 큰 영향을 미친 요인이 있었다. 강연장까지 가는 시간을 여유 있게 할당받은 학생들이 훨씬 더 많이 도움을 주었다. 반대로 시간이 촉박한 사람은 거의 대부분 지나쳤다.

입장 바꿔 생각하기

"가장 연민이 많은 사람이 가장 선량한 사람이며, 사회적 도덕성으로 보나 아량과 같은 너그러움으로 보나 가장 받아들일 준비가 되어있는 사람이다. 우리로 하여금 연민을 불러일으키게 하는 사람은 우리의 본성을 개선시키며 도덕적으로 만들어 준다."

계몽주의자이자 극작가인 레싱은 이 간단한 방정식을 비극의 관람이 왜 인간을 고귀하게 만드는지에 대한 근거로 삼고자 했다. 비극이 '연민을 느끼는 우리의 능력을 확대시키'며 그와 더불어 도덕심도 키우기 때문이다.

레싱의 말이 옳을까? 내적 감동을 통해서만 타인에게 헌신할 수 있다는 믿음이야 말로 우리가 빠지기 쉬운 오해의 함정이다. 적은 수임료를 받으면서도 살인 혐의를 받고 있는 피의자를 위해 열띤 변론을 펼치는 국선 변호사는 당연히 아량 있는 행동을 하는 것이다.

하지만 변론을 위해 그가 반드시 피의자의 운명에 깊이 공감할 필요는 없다. 심지어 변호사는 그의 죄를 확신하고 그를 극도로 혐오할 수도 있다. 그럼에도 그는 타고난 달변을 피의자의 석방을 위해 사용할 수 있다. 명백한 증거가 없는 기소는 자신의 정의감에 위배된다는 이유로 말이다. 그렇지만 현명한 레싱은 연민이 타인을 위해 봉사하는 필요조건이라고 주장하지는 않았다. 연민과 봉사정신은 다른 감정인 것이다.

감정의 전염과 감정이입도 연민과는 다르다. 첫째, 감정이입은 좋은 목적에 이용될 수도 있겠지만 무서운 목적에 이용될 수도 있다. 예를 들어 고문 기술자는 이 능력을 이용하여 피해자를 더욱 괴롭힐 수 있다. 둘째, 싸움을 하다가 상대의 분노에 전염이 되어 자기가 악을 쓰기 시작해도 그걸 두고 아무도 연민이라고 부르지 않는다. 그러므로 감정의 전염과 감정이입이 반드시 연민과 그 결과인 도움을 조장하지는 않는 것이다. 앞의 둘은 상대의 확실한 감정에만 집중하며, 결국 따지고 보면 이 감정들이 신체를 통해 전달되기 때문에 일어나는 현상이다.

반대로 연민은 상대가 보여주지 않는 것까지 계산에 넣는다. 예를 들어 부부싸움을 할 때 상대의 실망, 화해의 제스처를 바라는 마음까지 짐작하는 것이다.

감정이입은 상대 감정의 표면만 인식하지만 연민은 상대를 이해하기 위해 노력한다. 상대의 숨은 마음을 훔쳐보기 위해 정신적으로 상대와 역할을 바꾸어보려 애쓴다.

인디언들의 표현을 빌리면 연민을 느끼는 사람은 '상대의 모카신을 신는다'. 레싱은 '연민을 느끼는 대상이 우리 자신이 될 수 있다는 두려움'에 대해 말한다. 타인의 입장을 상상할 때는 우리를 덮친 그의 감정에 너무 많은 공간을 내주어서는 안 된다. 그래야만 화난 사람을 진정시킬 수 있고 절망에 빠진 사람을 위로할 수 있을 테니 말이다.

입장 바꿔 생각하기는 감정이입과는 다른 뇌 부위에서도 처리된다. 특히 뇌의 후두부 측두엽 상부피질(pSTC)이라는 복잡한 이름의 부위가 상대와 입장을 바꾸어 생각할 수 있도록 도와준다. 이 부위의 원래 임무는 훨씬 더 원초적이었다. 고양이는 쥐가 어느 쪽으로 달려갈 것인지 가늠하기 위해 이 부위를 작동시킨다.

인간관계에선 특히 오른쪽 측두엽 뒤편에 있는 해당 부위가 비슷하지만 추상적인 임무를 담당한다. 즉 다른 사람이 의도적으로 목표의식을 갖고 행동할 것으로 추정되면 이 부위가 활성화된다.

덕분에 우리는 주변 사람들의 마음에서 어떤 일이 일어나고 있는지 관찰할 수가 있다. 타인의 내면세계를 들여다보는 일은 이성의 영역도 감정의 영역도 아니다. 그것은 직관의 영역이다. 이타심과 타인에 대한 이런 직관적 이해의 관계를 연구한 학자로 미국의 신경학자 스콧 휴텔이 손꼽힌다. 그는 피 실험자들에게 이웃 간의 정과는 크게 상관없어 보이는 임무를 주었다. 컴퓨터가 혼자서 비디오 게임을 하는 광경을 보게 한 것이다.

수익금은 좋은 목적을 위해 기부했다. 그런데 그 사실을 알고 난 피실험자들은 무의식적으로 기계가 뚜렷한 목표를 갖고 행동한다고 가정했다. 어쨌든 그들의 pSTC가 활성화되었다. (피실험자들이 직접 게임을 했을 때나 게임에 돈 대신 점수가 걸렸을 때는 그 부위가 활성화되지 않았다.) 기계의 정신을 다른 사람으로 보는 듯, pSTC가 평균 이상으로 활성화된 피실험자들도 많았다. 바로 이 사람들이 다른 테스트에서 특히 두드러진 이타심을 보였다.

타인을 위해 얼마나 헌신할지는 감정이입보다는 타인의 목적과 동기를 해석하는 능력에 달렸다. 이제 놀라운 반전이 일어난다. 타인을 이해하기 힘든 사람은 이기주의자가 될 수밖에 없다. 항상 자기 이익만 따지는 것은 정서적 편협함을 넘어 정신적 편협함의 한 형태인 것이다.

그렇다고 감정이입과 입장 바꿔 생각하기가 전혀 별개인 건 아니다. 이 둘은 서로를 보충한다. 감정이입은 타인의 내면에 대한 보다 빠르고 보다 정확한 이미지를 제공하고, 입장 바꿔 생각하기는 감정이입이 보지 못하는 측면을 보여준다. 공감(주변 사람들의 입장이 되어보는 능력)은 그 둘의 합성인 것이다.

남을 돕기 전에 너 자신을 알라

타인의 입장에서 생각하려면 먼저 자신의 입장을 알아야 한다. 타인을 이해하자면 자신에 대한 관념이 필요하다. 거울 뉴런이 주변 사람들의 몸짓과 감정을 모방하듯 그들의 확신과 소망을 우리 것으로 만드는 뇌 부위가 있다. 이마 바로 뒤에 있는 내측전전두엽피질(medial prefrontal cortex)의 여러 부위가 바로 이런 입장 바꾸기를 담당하는 곳이다.

하지만 자기 입장을 아는 것이 우리가 생각하는 것처럼 그렇게 당연한 일은 아니다. 아기나 대부분의 동물은 자기가 누구인지조차 모른다. 어린아이나 유인원은 전두엽이 성인 호모 사피엔스처럼 발달하지 못했다. 따라서 자신이 누구인지에 대한 관념이 모호하다. 하긴 아기와 원숭이의 천진난만한 행동을 연구하는 것이 매력적인 이유 또한 바로 그 때문이다. 이들은 이타적이기 위해 얼마만큼의 자기 인식이 필요한지를 가르쳐준다. 또 이타적 행동은 교육과 크게 상관없다는 사실도 알려준다. 인간 아기는 보상이 예상되지 않아도 즉흥적으로 남을 위해 무언가를 해줄 수 있으니 말이다. 적어도 우리 본성의 일부는 날 때부터 남을 보살피게 되어 있는 것이다.

인간 아기나 동물이 자신을 인식할 수 있는지는 거울 테스트를 통해 확인할 수 있다. 아기나 동물의 이마에 눈치 못 채게 색깔 스티커를 붙이고 거울 앞에 앉힌다. 깜짝 놀라서 이마의 스티커를 만지면 그건 자기 앞 거울의 영상이 자신 이라는 걸 안다는 증거다. 18개월 이전의 아기는 다른 아이 를 보는 것처럼 행동한다.

그렇지만 18개월이 지나면 거울을 보며 자기 이름을 부 르고 얼굴에 붙은 스티커를 떼어 내려고 한다. 이렇게 자기 의 거울 모습에 반응한 아이들만이 또래 친구가 밥을 먹다 가 플라스틱 숟가락이 부러지거나 인형이 망가지면 친구를 도와주려고 애를 쓴다. 이는 독일 뮌헨의 심리학자 도리스 비쇼프-쾰러가 126명의 아기를 대상으로 자기 인식과 협조 의 관계를 조사하여 얻은 결과다. 남을 도운 모든 아기는 그 전에 거울 테스트에서 자기를 알아보았고, 자기 얼굴을 보 고 어쩔 줄 몰라 하던 아이들은 나중에 친구가 어려움을 겪 어도 아무런 감정의 변화를 보이지 않거나 당황했다.

라이프치히 막스 플랑크 진화인류학 연구소의 펠릭스 바르네켄과 미하엘 토마셀로 역시 어린아이들의 협동심을 조사했다. 이제 막 18개월이 된 아기들 앞에서 한 어른이 사 인펜을 땅에 떨어뜨리거나 양손에 물건을 가득 들고서 꽉 닫히지 않은 책장 문을 열려고 애를 썼다. 이때 어른은 혹시 라도 아기의 감정에 영향을 주지 않기 위해 감정을 전혀 드러내지 않았다. 그냥 어쩔 줄 몰라 하며 서 있었다. 거의 대부분의 아기들이 가지고 놀던 장난감을 팽개치고 사인펜을 집어주거나 문을 열어주었다. 하지만 어른이 혼자서도 할 수 있을 것 같을 땐 그냥 하던 놀이를 계속했다. 그러니까 아기들은 상대의 문제를 명백하게 이해했던 것이다. 보상을 바라는 마음은 전혀 없는 것 같았다. 오히려 도와준 몇몇 아기에게 더 재미있는 장난감을 주었더니 그 이후부터는 다른 아기들에 비해 도움의 손길을 덜 내밀었다. 아마도 남을 돕는 아이들의 성향은 저절로 발달하는 듯하다.

침팬지 역시 거울에 비친 자신을 알아보고 동료의 특정한 의도를 꿰뚫어보는 것 같은 행동을 한다. 예를 들어 먹을 것을 숨겨놓는 자신의 여러 아지트 중에서 동료들이 아는 곳과 모르는 곳을 구분할 줄 안다.

실제로 침팬지가 남을 도와주었다는 개별적인 사례 보고도 있다. 네덜란드 출신의 영장류 학자 프란스 드 발이 들려준 이야기 역시 그런 사례 중 하나다. 보노보를 키우는 영국의 동물원에서 어느 날 찌르레기 한 마리가 사육장 유리창에 부딪쳐 떨어졌다. 쿠니라는 이름의 암컷 보노보가 떨어진 새를 집어 일으켜 세웠다. 새가 일어나지 못하자 쿠니는 새를 집어 들고 제일 높은 나뭇가지로 기어 올라가 새의 날개를 펼쳤다. 그리고 공중으로 날렸다.

당연히 새는 날지 못하고 바닥으로 떨어졌다. 그러자 쿠니는 나무에서 뛰어내려 불쌍한 새 옆에 자리를 잡았다. 그리고 찌르레기가 정신을 차려서 다시 날아갈 때까지 호기심에 찬 동료들이 새를 건드리지 못하도록 보호했다.

바르네켄과 토마셀로는 아기들에게 했던 실험을 라이프치히 동물원의 침팬지에게 실시했다. 결과는 반반이었다. 사인펜이 떨어지자 침팬지들이 공손하게 집어주었다. 하지만 양손에 물건을 든 남자에게는 별 관심을 보이지 않았다.

침팬지는 도와주고 싶지 않았던 걸까? 아니면 도와줄 수 없었던 걸까? 이어진 실험에서 침팬지는 아주 힘든 상황에서도 사람에게 물건을 집어주었다. 또 돌아오는 이익이 전혀 없는데도 동료들을 먹이에 가까이 갈 수 있도록 도와주었다.

하지만 상대를 도와주자면 그 문제점을 명확히 인식해야 하는 법이다. 양손에 물건을 가득 들고 책장 앞에 가만히 서 있는 사람은 침팬지의 이해력을 초과하는 상황이다. 그러므로 유인원들 역시 돌아오는 이익이 없다 해도 남을 위해 무언가를 해주려는 성향을 타고나는 것 같다. 이들이 도움을 주지 않을 때는 이기심 때문이 아니라 상대의 문제를 이해하지 못해서다. 남을 도와주는 것도 고도의 지능이 필요한 일이니까 말이다.

공감 지능

화학자이자 시인인 로알드 호프만은 '하드'한 자연과학 분야에서도 사람을 이해하는 능력이 얼마나 중요한지를 내게 가르쳐준 인물이다. 이른바 이성과 투지, 그리고 약간의 행운이 성공을 보장한다는 그의 분야에서 그는 가장 성공한 학자로 꼽힌다. 화학 반응 이론에 관한 500편 이상의 논문에 그의 이름이 적혀 있고, 전 세계 30개 대학에서 명예박사 학위를 받았으며, 1981년에는 불과 44세의 젊은 나이에 노벨상을 받았다. 나아가 호평을 받은 네 권의 시집과 세 편의 희곡을 집필한 주인공이다.

뉴욕 주 코넬대학의 연구소에서 그를 만났을 때 나는 그에게 자신의 성공 이유가 무엇이냐고 물었다. 당연히 호기심, 창의력, 분석력 같은 대답이 돌아올 것이라 기대했다. 하지만 그는 웃으며 말했다. "노벨상을 받았다고 해서 다른 사람들보다 똑똑한 건 아닙니다." 그는 유명 학자들이 참가하는 수많은 심포지엄에 다니면서 깨닫게 되었다고 했다. 호기심은 당연히 필수조건이지만 그건 다른 사람들도 느끼는 것이다. 그가 동료들과 다른 점은 단 하나, 그의 공감능력이다. 그 능력 덕분에 그는 작가로서뿐 아니라 과학자로서도 많은 것을 얻었다. "저는 실험실 동료들이 굳이 말하지 않아도 어떤 어려움을 겪고 있는지 간파하는 아주 예민한 감각을 지녔답니다. 그러니 그 문제를 해결해줄 수 있는 거죠."

호프만의 예민한 감각은 독일군에게 점령된 폴란드에서 어린 시절을 보낸 덕분이다. 아버지는 나치에게 총살됐지만 나머지 가족은 마을 학교의 다락에 숨어 홀로코스트의 재앙을 피할 수 있었다. 하지만 숨어 지내는 처지에 하고 싶은 대로 한다는 건 불가능했다. 절대 소리를 내면 안 되었기에 마음대로 울 수조차 없었다. 몇 년 동안 함께 겪은 공포는 가족을 하나로 똘똘 뭉치게 만들었고, 전쟁이 끝났을 때 겨우 일곱 살 꼬마였지만 그는 타인의 미세한 신호도 읽어낼 수 있는 능력을 키우게 되었다.

물론 호프만은 농담 삼아 자신의 분석력을 강조했다. 하지만 지능이 높은 사람은 많다. 공감에 관한 새로운 연구 결과들이 쏟아지는 지금, 호프먼이 들려준 성공의 비결은 더욱 설득력을 얻는다.

신뢰 게임에서 양측에 득이 되는 협력을 선택한 사람들은 내측전전두엽피질이 활성화되었다. 바로 타인의 입장이 되어 생각할 수 있게 해주는 부위이다. 공감은 관계의 윤활유일 뿐 아니라 성공의 왕도이기도 하다.

삶을 생존 투쟁의 장으로 보는 데 익숙한 우리는 경쟁이 오히려 해가 되는 상황이 적지 않다는 사실을 잊기 쉽다. 그런 상황에선 합의가 중요하다는 것을 말이다. 때로는 협력 자체가 그 이후에 개척할 길보다 더 중요하다. 두 학자가 같은 문제를 연구하면 각자가 다른 문제를 연구할 때보다 해결책을 찾을 가능성이 높아진다. 어떤 문제를 연구하는가는 크게 중요하지 않다.

그러므로 우리에게 필요한 전략은 타인을 희생시켜 최대한 많은 이익을 챙기는 것이 아니라 타인과 협력하는 것이다. 협력을 고민할 때는 다른 뇌 부위가 활성화된다. 타이완의 신경경제학자 첸-잉 후앙은 피실험자들이 게임 이론의 레퍼토리에 나오는 문제들을 푸는 동안 그들의 뇌를 스캔하여 이런 차이를 체계적으로 연구했다. 후앙에 따르면 전략적 결정을 내리는 뇌의 시스템은 두 가지다. 하나는 냉철한 사실 처리, 다른 하나는 공감에 기반을 둔다.

협력을 해야 할 경우엔 자기 잇속만 챙기는 합리적 고민이 꼭 쓸 만한 결과를 낳지는 않는다. 뇌는 더 좋은 대안을 준비해두고 있다. 타인의 감정을 받아들이고 타인과 공감하여 그의 처지에서 생각할 때 훨씬 더 건설적인 해결책을 발견하니까 말이다.

공감하는 뇌가 주도권을 잡으면 사적인 의도의 자리에 공동의 목표가 들어선다. 한쪽만의 관심사가 아니라 양쪽

사이에서 양쪽을 결합시키는 관심사가 중요해지는 것이다. '너'와 '나'의 경계가 허물어지며 우리의 느낌과 생각이 살짝 융합된다. 우리는 타인에게서 자신을 보며 세상을 그의 눈으로 보지만 자신의 시각은 유지한다. 뇌의 몇 부위는 타인의 감정과 생각에 전염되지만 나머지는 그렇지 않다. 그래서 자신의 관점과 남의 관점이 계속 교체될 수 있다. 내 감정이 상대의 감정과 하나가 되었다가 다음 순간 다시 자신으로 돌아온다.

5장

사랑하면 착해진다

심장엔 이성이 모르는 이유들이 있다.
- 파스칼, 『팡세』-

☺☺☺

비 내리는 아침의 산책길은 기분이 좋다. 두 사람에 한 사람꼴로 개를 데리고 나온다. 개 주인은 개가 볼일을 마칠 때까지 참고 기다린다.

개와 이야기를 나누는 사람도 있다. 대부분 다정한 목소리지만 야단을 치기도 한다. 물론 욕을 하는 사람은 거의 없다. 산책이 끝나면 둘은 다시 집으로 돌아간다. 저녁 무렵 개가 또 산책을 가자고 조르는 통에 주인이 일손을 놓고 바람과 노을을 맞으러 다시 길을 나설 때까지.

이른 아침 산책길에서 만난 거의 모든 사람은 동물과 깊은 유대 관계를 맺고 있다. 그들은 동물을 가족이라 부르고 (미국의 연구 결과. 개를 키우는 주인의 48퍼센트가 그렇다고 대답했다) 항상 지갑에 개의 사진을 넣어 다니며(67퍼센트), 개하고 같이 자고(73퍼센트), 생일을 챙겨준다(40퍼센트). 독일에서만 1000만 명이 개를 키운다. 또 1200만 명 이상이 고양이를 키우며, 모르모트나 카나리아 등 다른 애완동물을 키우는 사람도 1000만 명이나 된다.

요즘 사람들이 애완동물을 얼마나 좋아하는지는 애완동물이 죽었을 때 특히 잘 드러난다. 주인들은 사랑하는 사람을 잃었을 때처럼 상실의 슬픔에 힘겨워한다. 한동안 일상생활이 불가능할 정도로 상심이 깊은 사람도 있다. 보통 땐 감정을 잘 드러내지 않는 찰스 왕세자 역시 18년 동안 함께 했던 애완견이 죽자 아주 침통해했다. 그러니 독일인들이 연간 약 50억 유로를 개를 위해 쓴다고 해서 놀랄 일이 뭐가 있겠는가.

때로는 동물을 위해 생명을 던지는 사람도 있다. 1980년대 독일 전역을 무전여행하여 유명해진 기자 미하엘 홀차흐가 바로 그 주인공이다. 복서 잡종인 애견 펠트만이 독일 도르트문트의 엠셔 강에 빠져 허우적거리자 홀차흐는 개를 구하겠다고 강물로 뛰어들었다. 하지만 강한 물살 탓에 머리가 교각에 부딪쳐 익사하고 말았다. 개는 구조대에게 구진화론의 입장에서 보면 이런 살신은 말할 것도 없고 일상생활에서 우리가 개를 위해 치르는 모든 희생은 설명이 되지 않는다. 생물학적으로 아무 소용도 없는 생명을 위해 막대한 비용을 투자하고 있으니 말이다.

개나 고양이, 모르모트는 주인의 번식 기회를 높여줄 수 없다. 오히려 주인의 자원을 먹어치워 주인의 번식기회를 침해한다. 그러니 다윈의 이론을 협소하게 해석하는 전통적 입장에서 보면 그런 행동은 절대 해서는 안 되는 짓이다.

하지만 개 주인들의 희생을 보다 넓게 해석한 진화론과 결합시킬 수 있다면 인간끼리의 이타적 행동 역시 보다 잘 이해할 수 있을 것이다. 다른 생명체와 우리를 하나로 묶는 힘을 연구할 수 있을 테니 말이다. 그 힘은 이타적 행동의 동인이며, 보상의 기대보다, 감정이입과 연민보다 더 강하다. 그 힘은 무엇으로 이루어졌으며, 언제 분출될까?

수수께끼의 해답은 아침 산책길에 개와 나누는 주인들의 대화에서 엿들을 수 있다. 개하고 대화를 하는 사람은 절대 어른하고 말하듯이 하지 않는다.

대부분이 어린아이를 대하는 듯 상냥하고 다정한 말투다. 덩치가 산만한 불도그를 가리키면서도 '아기'니 '귀염둥이'니 하고 부른다.

피는 물보다 진하다

동물 사랑이 자식 사랑과 유사한 것은 생물학적 관점에서 보면 놀랄 일이 아니다. 결국 진화에선 모든 것이 번식을 중심으로 돌아가니까 말이다. 생명체가 다른 생명체를 보살필 때 최우선으로 꼽는 것이 후손에게 돌아갈 이득이다. 그러므로 진화론의 입장에서 보면 자기 자식을 위한 이타주의는 가능하고 또 필수적이다. 자신의 아들, 딸을 위해 희생하는 생명체는 후손에게, 더불어 자신의 유전자에게 더 유리한 출발 조건을 조성해줄 수 있다. 인간에게도 역시 이런 동기가 물질적 이익보다 더 깊게 각인되어 있다.

많이 진화된 동물일수록 부모에 의존하는 기간이 더 길고, 자식에 대한 부모의 투자가 더 많은 것이 보통이다. 바다거북은 뭍으로 기어 나와 해변에 구덩이를 파고 알을 낳고는 모래로 덮은 다음 다시 먼바다로 헤엄쳐 가버린다. 어미는 새끼들의 얼굴조차 보지 않는다. 하지만 사람은 자식이 성인이 될 때까지 먹이고 입히고 재운다. 요즘은 다 늙어서도 부모 곁을 떠나지 못하는 자식이 수두룩하다.

이런 헌신은 직계 자손에만 국한되지 않는다. 다른 친척들을 통해서도 자신의 유전자가 전파될 수 있기 때문이다. 형제 두 명이나 조카 여덟 명을 구할 수 있다면 차가운 강물에 뛰어들겠다던 유전학자 존 홀데인의 논리가 바로 이것이다. 기억을 되살리기 위해 다시 한 번 계산해보자. 한 사람은 어머니와 아버지한테서 각각 유전자의 절반을 물려받기 때문에 통계학적으로 보면 자식과 형제자매는 그의 유전자의 50퍼센트를 갖고 있다. 조카의 경우 25퍼센트다. 그러므로 홀데인이 형제 두 명과 조카 여덟 명을 구하고 죽는다면 그의 유전자가 온전히 살아남는다는 계산이 나온다.

홀데인의 주장이 거짓이 아니라는 것은 독일의 심리학자 프란츠 노이어와 프리더 랑의 연구 결과로도 입증되었다. 그들은 1300명 이상의 독일 베를린 시민들에게 누구와 가깝다고 느끼는지, 누구를 신뢰하는지, 살아오면서 누구한테 도움을 받았는지 물어보았다. 대답은 유전적 근친성과 정확하게 일치했다. 설문 대상자들은 조카와 손자보다 형제자매를 더 가깝다고 느꼈다. 사촌보다는 조카와 손자를 더 가깝게 느꼈다. 사촌 역시 친구보다는 더 가깝게 느꼈다. 누구에게 도움을 받았느냐고 물었을 때도 대답은 비슷했다.

남아프리카공화국의 경제학자 도리트 포셀의 연구 결과는 더 인상적이다. 자기 나라에서 일하는 이주 노동자들에게 힘들게 번 돈을 고향 마을의 누구에게 부치느냐고 물었다. 가까운 친척일수록, 수령인의 번식 기회가 많을수록 돈을 더 많이 받았다. 대도시에 사는 현대인조차 친척을 대하는 행동은 그 본성에서는 동물과 크게 다르지 않다. 나이팅게일도 혈연관계가 가까울수록 그 새끼에게 먹이를 준다. 다람쥐도 족제비가 다가오면 일단 가까운 친척에게부터 경고를 한다.

이타적 유전자

개미와 벌, 말벌의 희생정신 역시 이런 독특한 혈연관계로 설명이 된다. 이들 곤충은 암컷만 양쪽 부모의 유전자를 물려받는다. 수컷의 경우 어미한테 물려받은 반쪽 유전자로 만족해야 한다. 새끼를 낳을 때도 아비는 자기 유전자의 전부를 물려주지만 어미는 절반만 물려준다. 따라서 유전자로 따지면 자매가 자기 자식보다 더 가까운 사이이다. 자매는 유전자의 75퍼센트를 공유하지만 직계 자손은 50퍼센트밖에 공유하지 않는다. 따라서 최대한 많은 자기 유전자에게 미래를 보장해주려면 자식보다 자매에게 공을 들이는 편이 낫다. 아니면 힘이 드는 번식을 아예 포기하는 편이 낫다. 그래서 이들 곤충들은 천성적으로 그렇게 행동한다. 개미나 벌, 말벌은 여왕만 번식을 하고 다른 암컷은 집단의 이익을 위해 봉사한다.

유전적 근친성이 인간의 행동을 얼마나 결정하는지는 미국 캘리포니아의 심리학자 낸시 시걸에게 물어보는 게 좋겠다. 그녀는 일란성 쌍둥이와 이란성 쌍둥이에게 죄수의 딜레마를 풀게 했다. 양쪽이 협력하면 서로에게 득이 되지만 선의의 상대를 배신하는 쪽이 더 좋은 점수를 올리는 바로 그 게임 말이다. 쌍둥이들은 서로를 마주 볼 수 있었다. 이들 역시 게임이 반복될수록 서로를 신뢰하는 편이 장기적으로 더 유리하다는 사실을 깨달았다. 하지만 일란성 쌍둥이들이 이란성 쌍둥이보다 훨씬 더 높은 점수를 올렸다. 이유는 유전적 근친성의 정도에 있다. 일란성 쌍둥이는 유전자가 동일하지만 이란성 쌍둥이는 유전적 근친성이 일반적인 형제자매 수준이다.

　이제 이타심의 유전자가 있다고 가정해보자. 어떤 사람은 눈이 파랗고 어떤 사람은 갈색이듯 어떤 사람은 이 유전자가 있고, 어떤 사람은 이 유전자가 없다. 물론 현실에선 이보다 훨씬 복잡하다. 이타심을 담당하는 유전자는 하나가 아니라 여럿이고, 거기에 환경의 영향까지 추가될 테니 말이다. 하지만 근친성과 이타심의 상관관계를 알기 위해선 이렇게 단순화할 필요가 있다. 그래야 어떤 인간이 이타심 유전자를 갖고 있을 때 그와 혈연관계가 가까운 상대일수록 그 유전자를 가지고 있을 확률이 높아질 것이다.

이제 그가 같은 유전자를 가진 친척을 만나면 친척은 그의 호의에 응답을 할 것이다. 그러면 둘 다에게 득이 될 것이고, 그로써 그들의 번식 기회가 높아질 것이기에 이타심 유전자는 더 널리 퍼져나갈 것이다.

영국의 유전학자 윌리엄 해밀턴의 이름을 딴 자연법칙은 정확히 이런 내용이다. 진화는 최대한 비슷한 유전자를 가진 생명체에게 자선을 베푸는 이타주의자를 총애한다.

닮은 사람을 더 믿는 이유

하지만 한 가지 장점만 골라내서 입증하기란 간단한 일이 아니다. 손이 많은 집안의 자손이라면 친척들을 일일이 기억하기가 얼마나 힘든지 잘 알 것이다. 가계도를 그려 외워보기도 하고 모르는 것이 없는 왕 할머니께 여쭤보기도 한다. 하지만 동물은 알아볼 방도가 없고, 또 우리 조상 역시 정확한 혈연관계를 알 수 없었을 것이다. 그러니 그런 상황에선 최대한 비슷한 유전자에게 선의를 베풀고 싶어도 방법을 달리해야 한다.

동물 왕국의 극단적 이타주의자인 개미, 꿀벌, 말벌은 받들어 보시는 여왕이 정말로 자기와 친척이라고 어떻게 확신할 수 있을까? 아마 그런 질문은 아예 던지지도 않을 것이다. 그냥 맹목적으로 여왕의 후손을 보살피도록 프로그래밍되어 있을 것이다. 보통은 그렇게 하는 것이 자신의 유전자에게도 득이 된다. 결국 여왕은 엄마거나 자매일 테니 말이다. 그렇다면 두 집단의 말벌을 한 집에 합가시키면 어떻게 될까? 원래 그 집에 살던 일벌들이 새로 들어온 여왕을 갈기갈기 찢어 죽인다. 하지만 젊은 일벌들은 자기 집에 받아들여서 혈연관계라고는 없는 아기들을 키우게 한다. 꿀벌과 달리 다 자란 암컷 말벌은 모두 여왕이 될 수 있으므로 새로 들어온 암컷 중에서 나중에 여왕이 탄생하기도 한다. 그렇게 되면 원주민 일벌들은 남의 여왕과 동거를 하는 셈이다.

말벌의 행동은 논리적이다. 이타심은 비용과 수익의 문제다. 이타적 행동의 비용보다 돌아오는 수익이 많을 경우에는 수혜자의 한계를 너무 좁게 설정하지 않는 것이 유리하다. 자린고비는 위험하다. 자선의 떡고물이 어디에 떨어질지 누가 정확히 알겠는가. 과도한 비용이 들지 않는다면 자신의 유전자를 가지고 있을지도 모르는 생명체의 번식 기회를 차단하는 짓은 비이성적이다. 그보다는 가끔씩 남을 위해 봉사하는 편이 더 낫다.

새들이 뻐꾸기 새끼를 키우는 건 이런 계산에 충실하기

때문이다. 남의 둥지에서 기생하는 뻐꾸기 새끼는 새끼 새들의 절대적인 의존성 덕분에 살아남는다. 어떤 상황에서도 새끼들을 굶기지 않으려고 어미 새는 본능적으로 자신을 향해 벌린 주둥이에 무조건 먹이를 넣어준다. 실제로 새들은 새끼의 의존 기간이 길수록 남의 새끼를 더 잘 돌본다. 심지어 미국밤쬐꼬리 같은 종은 물고기 주둥이에 벌레를 넣어주는 모습이 사진에 찍히기도 했다.

호모 사피엔스 역시 혈연관계를 정확하게 계산하지 못한다. 그렇지 않다면 자신과 닮은 사람을 더 신뢰하는 이유를 어떻게 설명할 수 있겠는가? 영국 심리학자 리사 디브루인은 신뢰 게임을 시키면서 피실험자들에게 상대의 사진을 고쳐서 보여주었다. 그랬더니 상대가 자기 얼굴과 비슷할수록 상대를 가까운 친척으로 생각했다.

낯선 사람에게 이타적으로 행동할 때는 가족 내에서 주고받는 생물학적으로 유익한 행동을 외부인에게 전이한다. 그래서 모든 문화권은 이웃 사랑을 친척의 개념으로 지칭한다. 걸핏하면 '형제'고 '자매'다. 친구 부모님은 '어머니', '아버지'가, 엄마의 친구는 '이모'나 '고모'가 된다. 베토벤의 마지막 교향곡 「합창」은 '만인이 형제가 되노라'라고 외친다. 세계의 종교들은 신의 왕국을 만인이 서로를 형제자매처럼 대하는 세상으로 상상한다.

러브 인 케미스트리

이렇듯 남에게 느끼는 애정도 결국엔 번식의 메커니즘에 기초를 두고 있다. 두뇌 연구가 밝혀낸 이런 진실에 실망했다면 그건 그 진실을 근본적으로 오해했다는 소리다.

'오직 사랑뿐이다.' 신경학이 이보다 더 시적인 결론에 도달한 적은 없었다. 물론 인간을 결합시키는 이 힘이 드러나는 방식은 수천 가지다. 성적 욕망, 부모의 자식 사랑, 오랜 세월 함께 살아온 부부의 친밀한 감정, 우정, 한 번도 본 적 없는 사람에게 베푸는 자비심, 심지어 애완동물에게 느끼는 애정도 있다.

인간의 영혼은 사랑 때문에 완전히 뒤죽박죽 되어버릴 수도 있지만, 몸에서 사랑이 어떻게 활약하는지는 아주 간단하게 설명할 수 있다. 지난 수십억 년 동안 변함없이 같은 메커니즘이었으니까 말이다. 수컷 파충류에게 신경 호르몬 바소토신을 투여하면 만나는 암컷마다 무조건 올라탄다. 그러니까 자연의 신경전달물질 하나만으로도 상당히 복잡한 행동을 유발할 수 있는 것이다. 진화는 예로부터 이런 물질들을 아주 애지중지 아끼며 사용했기에 바소토신은 그 이외에도 아주 많은 일을 할 수 있다. 암컷 바다거북이 육지에 올라와 모래에 구덩이를 파고 알을 낳을 동안에는 혈중 바소토신 농도가 올라간다. 하지만 어미로서의 의무를 다하고 다시 바다로 돌아갈 때는 농도가 떨어진다. 그러니까 섹스와 배려는 서로 떼려야 뗄 수 없는 관계인 것이다.

인간 역시 마찬가지다. 고등 동물의 바소토신은 미미한 화학적 차이가 있는 두 가지 종류로 나뉜다. 수컷 버전인 바소프레신과 앞에서 신뢰의 전달물질이라고 한 암컷 버전의 옥시토신이 그것이다.

이 두 호르몬은 간뇌 아래쪽의 시상하부에서 만들어지며 성행위 때 중요한 역할을 한다. 전희 동안 수컷의 뇌에선 주로 바소프레신이, 암컷의 뇌에선 주로 옥시토신이 분비된다. 하지만 오르가슴을 느낄 동안에는 암수 구별 없이 옥시토신이 희열을 느끼도록 만드는 것 같다. 옥시토신은 또 어미가 새끼를 보살피도록 만든다. 옥시토신은 암컷이 산고를 겪을 때부터 분비되며, 새끼에게 젖을 물리면 분비량이 늘어난다. 어미가 젖을 줄 때 기분이 좋아지고 마음이 편해지는 것은 옥시토신이 스트레스 반응을 억제시키기 때문이다.

어미와 새끼의 결속감 역시 옥시토신 덕분이다. 어미 들쥐에게 이 호르몬을 차단시켰더니 자기 새끼를 잡아먹어버렸다. 옥시토신은 공격적 충동을 억제시켜 포악한 어미도 헌신적인 어미로 만들 수 있다. 옥시토신을 투여한 어미는 냄새로 자기 새끼를 다시 알아본다. 그밖에도 옥시토신은 상대

를 배려하는 여러 가지 행동 방식을 유발한다. 동물의 중추
신경계에 옥시토신을 주사하면 다른 동물의 털을 고르기 시
작한다.

피보다 진한 사랑

옥시토신과 바소프레신은 어미와 새끼만 하나로 묶어주
는 게 아니다. 포유류 사이에 친밀감이 형성되는 곳엔 어디
나 이 호르몬이 있다는 사실을 쥐의 애정생활을 통해 확인
할 수 있다. 거의 모든 쥐는 한번 섹스한 상대와 다시 짝을
짓지 않는다. 하지만 북아메리카에 사는 대초원들쥐는 열부
문, 열녀문을 세워줘도 아깝지 않을 정절의 화신이다. 이 쥐
는 성징이 나타나면 바로 일생의 파트너를 찾아 짝짓기를
하는데, 그 첫날밤이 몇 시간 동안 계속되는 경우도 있다.
그리고 그날 이후 둘은 절대로 떨어지지 않는다. 둘이 함께
둥지를 마련하고 수컷이 새끼들을 보살피며 침입자가 들어
와도 서로가 서로를 보호한다. 그들의 정절은 죽음도 막을
수 없다. 한쪽이 죽으면 남은 쪽은 죽을 때까지 혼자 산다.

그런 열렬한 사랑은 짝짓기 때는 물론이고 그 이후에도
섹스를 할 때마다 수컷의 머리에선 바소프레신이, 암컷의

머리에선 옥시토신이 분비되기 때문이다. 미국의 신경학자 톰 인셀이 두 호르몬의 효능을 떨어뜨려 그 사실을 입증했다. 대초원 들쥐에게 반대 성의 호르몬을 주입했더니 격렬한 섹스도 소용없었다. 들쥐들은 서로를 잊어버린 것 같았다. 둘을 만나게 했더니 마치 처음 만난 것처럼 킁킁거리며 서로를 탐색했다. 옥시토신과 바소프레신이 없으면 애정의 기억이 작동하지 않는 것이다.

심지어 카사노바도 바소프레신을 이용해 애처가로 변신시킬 수 있다. 인셀은 여러 마리의 암컷과 짝을 짓는 보통의 쥐에게 대초원들쥐의 유전자를 이식하여 바소프레신 수용기를 변화시켰다. 수용기는 회색세포의 표면에서 호르몬을 수용하는 분자다. 이식 후 집쥐는 첫사랑 옆에서 한 발짝도 떨어지지 않았다. 암컷 집쥐도 옥시토신 수용기를 바꾸었더니 같은 결과가 나왔다. 유전자 하나면 정절의 화신을 탄생시킬 수 있는 것이다.

호모 사피엔스는 그런 단순 메커니즘에 좌우되지 않을 것이라 믿는다면 그건 큰 착각이다. 쥐가 다양한 종이 있듯 남자들도 어떤 바소프레신 수용기를 갖느냐에 따라 다르게 행동한다. 한 여자에게 충실한 남자도 있고, 이 여자 저 여자 옮겨 다니는 남자도 있다. 스웨덴의 학자들이 522쌍의 남녀를 연구한 결과, 바소프레신 수용기가 집쥐와 비슷한 남자들이 대초원들쥐 타입의 남자들에 비해 남녀 관계 문제로 고민을 털어놓는 비율이 두 배 더 높았고 결혼에 골인한 비율은 절반밖에 되지 않았다. 현재 상대에 대한 만족도도 후자의 남성이 더 높았다. 여성의 옥시토신 수용기 유형이 행복한 결혼 생활에 얼마나 많은 영향을 미치는지 연구한 사례는 아직 없다.

하지만 뭐니 뭐니 해도 가장 흥미를 끄는 부분은 파트너 관계의 신경과학에 대한 이런 깨달음이 근본적으로 무슨 의미가 있을까 하는 것이다. 진화를 거치면서 새끼를 기르는 남녀의 지속적인 결속 관계가 형성되기까지 이타적 행위를 자극할 수 있는 건 혈연관계뿐이었다. 그런데 언젠가부터 유전적으로 완전히 남인 남자와 여자가 생활 공동체를 꾸리기 시작했고, 자신의 운명과 번식의 성공을 서로에게 의존하기 시작했다. 자연의 역사에서 처음으로 사랑이 유전적 혈연관계의 울타리를 뛰어넘은 것이다.

협력 호르몬

시인과 사상가들은 인간을 자연이 창조한 가장 잔인한 생명체라고 말한다. 하지만 사실 인간은 가장 사랑이 넘치는 생명체다. 우리의 애정은 번식에 필요한 상대와 자식에게만 국한되지 않는다. 먼 친척, 친구, 동료들까지 아끼고 배려하며, 심지어 한 번도 본 적 없는 먼 나라의 국민이 어려움에 처했다는 소식을 들어도 기부를 아까워하지 않는다.

그렇지만 그런 헌신적 행동도 파충류의 번식을 자극하는 메커니즘이 없다면 불가능할 것이다. 인간이 서로 협력하거나 이타적 행동을 할 때는 항상 섹스와 애정의 호르몬 옥시토신과 바소프레신이 작용한다. 이 호르몬은 일반적으로 사회적 관계를 장려한다.

동물의 경우 옥시토신은 공격과 도주 반사를 억제하고, 인간의 경우 신뢰를 촉진한다. 또 옥시토신을 코 스프레이로 들이마신 피실험자들은 이 물질이 추상적으로도 타인의 선의를 기대하게 만든다는 사실을 입증한다. 이들은 신뢰 게임에서 다른 경기자들보다 월등히 많은 금액을 상대에게 건네주었다.

하지만 흔히 생각하는 것과 달리 사랑의 호르몬에 취한 인간에게도 세상은 장밋빛이 아니다. 피실험자들에게 상대방을 어떻게 평가하느냐고 물었더니 옥시토신을 들이마시지 않은 피실험자와 비슷한 비판적인 대답이 나왔다. 옥시토신은 모험심을 키우지도 않는다. 컴퓨터를 상대로 신뢰 게임을 했던 피실험자들은 금액을 올리지 않았다. 다만 이 호르몬은 타인과의 관계에서 일어날 수 있는 위험을 더 잘 견디게 해준다.

옥시토신을 들이마시면 상대 때문에 실망을 해도 마음이 덜 상한다. 옥시토신이 두려움을 해소하고 스트레스 반응을 줄이기 때문이다. 옥시토신을 들이마시면 타인의 얼굴 표정을 더 선의로, 더 호의로 해석하며, 타인을 용서하는 마음이 더 키진다. 피실험자들은 싱대가 자신을 반복해서 속여도 상대에게 돈을 부쳐주겠다고 했다. 낯선 사람도 오랜 친구에게 하듯 아량으로 대했다. 이렇듯 옥시토신은 남녀, 모자의 친밀한 관계 형성이라는 원래의 목적을 넘어 타인들 사이에서도 협력과 신뢰, 용서의 전제 조건을 마련한다.

너그러운 사람은 근심 걱정이 적다

옥시토신 스프레이 덕분에 우리는 이기주의자와 이타주의자의 영혼과 관련된 몇 가지 놀라운 사실을 알게 되었다. 신경심리학자 타니아 징거는 이기주의자와 이타주의자를 구분하기 위해 (남성) 피실험자들이 모르는 사람과 어떻게 돈을 나누는지 관찰했다. 그다음으로 몸에 해롭지는 않지만 불쾌감을 주는 전기 충격을 먼저 피실험자의 손에 가한 후 여성 파트너가 같은 충격을 당하는 장면을 보게 했다. 그 시간 동안 단층촬영으로 그들의 뇌를 관찰했다. 예상과 달리 마음씨가 착한 참가자라고 해서 이기주의자들보다 더 연민의 신호가 많지는 않았다.

감정이입을 담당하는 뇌 부위가 격렬하게 반응한 유형과 그렇지 않은 유형은 두 집단 모두에 있었다. 연민과 이타심이 우리 생각과 달리 큰 관계가 없다는 또 하나의 증거다. 그렇지만 자기 손에 전기충격을 가했을 때의 반응은 두 집단이 크게 차이가 났다. 이기주의자들은 반응이 강했지만 이타주의자들의 반응은 약했다.

두 번째 단계로, 앞에서 말한 코 스프레이를 모두에게 뿌린 후 같은 실험을 실시했다. 그런데 이번에는 기적의 묘약 옥시토신이 이타주의자에게도 별 영향을 미치지 못했다. 이기주의자는 예나 지금이나 사랑하는 여인이 겪는 불쾌한 일을 아무 동요 없이 지켜보았다. 그러므로 이 호르몬은 우리의 공감 능력에는 별 영향을 미치지 못하는 것 같다. 다만 자기 손에 전기 충격을 당한 이기주의자의 경우에서 공포심과 부정적 감정을 줄여주었다.

지난 몇백 년 동안 철학자나 경제학자는(훗날에는 진화생물학자들까지) 이기주의자는 이성적으로, 이타주의자는 비합리적으로 느낀다고 주장해왔다. 하지만 현실에선 오히려 반

147

대가 아닐까? 징거의 실험에서 알 수 있듯 인간이 인색하고 탐욕스럽게 행동하는 것은 공감이 부족해서가 아니라 두려워서다. 미래에 대한 두려움과 불이익을 당할지 모른다는 걱정에서 탐욕스럽게 행동하는 사람들이 많다. 반대로 너그러운 사람들은 근심 걱정이 적다.

두려움을 해소하는 옥시토신의 작용을 알고 나면 이런 맥락이 이해가 된다. 이 호르몬은 타인의 관점을 보다 쉽게 받아들이도록 만들기 때문에 두려움 해소 효과가 클 것이다. 예를 들어 옥시토신 스프레이를 들이마신 사람은 상대의 눈을 더 자주 쳐다보기 때문에 그것만으로도 상대의 생각을 훨씬 더 잘 짐작할 수 있다.

앞에서 살펴보았듯 시선과 낮은 소리, 동작의 의미를 잘 해석할 줄 아는 사람은 상대에게 속을지 모른다는 두려움이 적고, 따라서 상대에게 너그러울 수 있는 것이다.

그러므로 남을 위해 무언가를 하겠다는 우리의 각오는 날 때부터 타고나는 옥시토신 수용기 덕분이다. 회색세포에 특정 분자 모델을 갖고 있는 사람들이 그렇지 않은 사람에 비해 마음이 너그럽다.

하지만 유전자는 우리의 행동을 결정하는 여러 요인 중 하나에 불과하다. 얼마나 남을 믿고, 얼마나 나누기를 좋아하는지는 인생 경험에 따라서도 차이가 있으며, 그때 그때의 상황 역시 아주 큰 역할을 한다. 마음이 불안할 때는 그 불안의 심정이 상대와 전혀 상관이 없을 지라도 상대를 불신한다. 반대로 부드러운 접촉이 있은 후(예를 들어 마사지를 받고 난 후)엔 혈중 옥시토신 농도가 짙어지면서 마음이 너그러워진다. 웨이터가 음식을 서빙하면서 실수인 척 손님의 손을 가볍게 스치면 팁이 높아질 수 있다는 이야기다.

너의 행복은 나의 행복

마음에서 우러나오는 나눔은 소유물과 신뢰의 (그리고 행복의) 교환이다. 그리고 나누는 기쁨이 클수록 더 많이 나누게 된다. 당연한 말 같지만, 오히려 세간에는 이타심이 체념을 뜻한다는 근거 없는 소문이 무성하다.

그런 소문은 인간이 자기 감정과 반대로 행동한다는 가정에 근거를 두고 있기 때문에 신빙성이 떨어진다. 지난 20년 동안의 두뇌 연구 결과는 그런 생각이 얼마나 잘못되었는지를 확실히 입증한다. 감정은 우리의 모든 결정 뒤에 숨은 추진력이다. 정말 가기 싫은 치과에 예약을 할 때도 우리의 마음을 움직이는 것은 이성적 판단이 아니다. 그냥 두면 충치가 심해져 이를 빼야 할지도 모른다는 두려움이다.

그러니 유독 인간관계에서 감정을 제거하려는 시도가 무슨 의미가 있겠는가. 신경심리학자들의 실험은 정반대의 결과를 주장한다. 피실험자들에게 가진 돈의 얼마를 선의의 목적에 기부할지 결정하라고 부탁하고 그들의 뇌 활동을 측정했더니 돈을 기부하는 순간, 선물을 받고 기뻐할 때 활성화되는 뇌 부위(보상 시스템)가 활동을 시작했다. 가진 것을 나누면 맛있는 음식을 먹거나 예상하지 못한 돈을 선물로 받았을 때, 섹스를 할 때와 같은 길을 통해 행복을 느끼는 것이다.

선행을 결심할 때는 그 신호가 사랑의 호르몬 옥시토신과 바소프레신이 분비되는 부위에까지 도달한다. 타인을 위해 선행을 할 때 우리의 뇌는 그 사람과 우리의 관계를 튼튼하게 만들고자 한다. 그래서 우정 비슷한 감정이 샘솟게 되고, 이런 관계는 훗날 언젠가 우리에게 득이 될 것이다. 물론 선행을 하는 순간엔 그런 의도가 있었던 게 아니다. 뇌 아래쪽에 자리 잡은 담당 부위는 미래의 계획에는 별로 관여하지 않는다. 그 부위는 상대가 감사를 표하지 않을 것이라는 확신이 있을 때에도 반사적으로 활동을 개시한다.

타인이 제3자에게 무언가를 받는 광경을 보기만 해도 우리는 기쁨을 느낀다. 우리한테는 아무 것도 안 돌아오는 데 말이다. 타인의 행복을 보며 느끼는 순수한 행복 역시 앞서

설명한 보상 시스템 덕분이다. 뇌 촬영으로 확인해보니 뇌
활동이 강한 피실험자일수록 나중에 자기 것을 나누어준 비
율도 높았다. 그러니 그들은 자선가가 되고 싶어 선행을 하
는 게 아니었다. 그것보다는 행위의 결과가 더 중요했다. 자
신의 선행으로 상대가 행복해진다는 사실에 행복을 느낀
것이다.

이런 깨달음은 사람들이 가장 좋아하는 토론의 주제를
건드린다. 인간의 본성은 선한가 악한가? 인간의 비열함을
부인할 수 있는 사람도 없겠지만 그렇다고 인간의 선의를
완전히 부정할 수도 없기에, 이 문제가 거론되는 토론장에
선 흔히 입장이 양극단으로 갈리기 마련이다.

염세주의자들은 인간이 타고난 이기주의자이므로 교육
과 체벌을 통해 바른길로 인도해야 한다고 주장한다. 낙관
주의자는 반대로 인간은 원래 선한 존재인데 나쁜 사회에
물이 들어 타락한 것이라고 주장한다.

대립의 역사는 길지만 영국 계몽주의 철학자 토마스 홉
스와 제네바 철학자 장-자크 루소만큼 양쪽 입장의 정곡을
찌른 사람도 없다. 17세기의 영국 내전을 직접 겪은 홉스는
자연 상태의 인간은 생존에 목숨을 걸고 생존이 걸린 일이
면 타인의 희생도 마다하지 않으므로 '만인의 만인에 대한
투쟁'이 벌어진다고 주장했다. 그 때문에 법망을 벗어난 삶

은 "고독하고 궁색하며 추악하고 짐승 같고 단명한다." 유
일한 해결책은 인간이 타고나지 못한 것, 즉 공감과 나눔 정
신을 가르치는 국가에 복종하는 길이다.

반면 낙관적인 루소는 '고귀한 야만인'의 관념을 유행시
켰다. 인간은 근본적으로 선하며 공감은 자연적인 감정이라
고 말이다.

그럼에도 세상이 평화롭지 못하고 타락한 건 사회가 썩
었기 때문이다. 위계질서에 편입되어 타인에게 종속되면서
본성에 맞지 않는 상태에 적응하려고 애쓰지만 유감스럽게
도 인간은 공동생활에 맞는 존재가 아니다. 이런 딜레마를
해결하기 위해선 각자에게 최대한의 자유를 허용하는 공생
의 형태를 개발해야 한다. 지금껏 사회 개혁으로 인간을 개
선하고자 했던 모든 이상주의자가 루소를 거론했던 것도 다
이런 그의 주장 때문이다.

그렇지만 자식을 키우는 부모가 볼 땐 홉스도 루소도 정
답이 아니다. 우리가 겪은 아이들은 두 얼굴의 존재다. 어
떤 땐 무조건 쌈박질로 해결하려는 쌈닭이다. 친구의 장난
감 하나 뺏는데도 물고 뜯고 밟고 훔친다. 하지만 돌아서
마자 괴물의 모습은 간곳없고 마음씨 착하고 따뜻한 천사가
앉아 있다.

내 딸이 20개월이었을 때 아내가 아파 침대에 누워 있었

다. 아이가 갑자기 제가 가장 아끼는 인형을 갖고 와서 엄마의 배 위에 올려놓았다.

또 놀이터에서 폭력을 일삼다가도 우는 아기가 있으면 감동적일 정도로 보살펴주었다. 한 번은 동물원에 갔다가 원숭이 새끼가 나무에서 떨어지는 걸 보고는 깜짝 놀라 "엄마!"하고 비명을 질렀다.

앞에서 보았듯 어린아이는 타인이 도움을 원한다는 사실을 알아차리자마자 적극 돕는다. 모든 문화권의 아이들이 자동으로 걷고 말을 하듯 자동으로 남을 돕는다.

이런 관찰은 우리의 사회적 본성이 훈련으로 습득되는 것이라는 주장을 반박한다. 이 점에서는 루소가 홉스보다 한발 앞섰다. 남을 돕는 마음은 타고나는 것 같으니까 말이다. 하지만 인간을 망치는 것이 사회라는 루소의 주장은 틀렸다. 오히려 함께 살기 때문에 인간은 공감과 나눔을 배울 수 있다.

타인에 대한 애정을 담당하는 뇌 시스템이 없다면 이타심도 있을 수 없다. 루소가 상상했던 야만인은 절대로 고귀하지 않았을 것이다. 분명 지독한 이기주의자였을 것이다. 진화의 과정을 거치면서 우리 조상들은 타인과 협력할 수밖에 없었다.

그렇지 않았다면 호모 사피엔스는 살아남지 못했다. 그

때문에 진화는 인간의 뇌에 협력의 욕망을 심어놓았다.

사회적 본성이 우리 안에 얼마나 깊이 뿌리내리고 있는지는 우리가 흔히 쓰는 "무시당하면 상처를 받는다"는 표현에서도 잘 드러난다.

그 말은 사실이다. 거부를 당했다는 기분이 들면 몸에 상처를 입었을 때 반응하는 이른바 통증 매트릭스의 같은 부위가 반응을 한다. 우리 몸을 무사히 보존하는 메커니즘이 타인과의 관계에 문제가 생겼을 때도 작동을 하는 것이다. 유치한 비디오 게임에 끼워주지 않는 것만으로도 충분했다. 실험에 참가한 피실험자의 뇌는 상당한 통증 반응을 보였다.

거꾸로 좋은 관계가 예상될 때는 뇌가 좋은 감정으로 보상한다. 이 보상 시스템은 타인이 예기치 않게 우리에게 친절했을 때에도 작동을 하지만, 반대로 우리를 친절한 행동으로 유혹하기도 한다.

뇌는 가까운 사람과 함께 있을 때 오피오이드를 분비한다. 화학적으로 아편과 쌍둥이인 이 물질은 뇌하수체와 시상하부에서 분비되며 안전하다는 따뜻한 행복감을 선사한다. 여기에 두려움과 스트레스를 억제하는 옥시토신까지 구비했으니 타인을 위해 단기 이익을 포기하도록 우리를 유인하는 진화의 미끼는 충분하고도 남음이 있다 하겠다.

이타주의자가 더 오래 산다

조화로운 공생은 행복을 선사한다. 나아가 건강도 선사한다. 인간관계를 조절하는 호르몬이 어떻게 신체의 건강을 증진시키는지는 심리신경내분비학이라는 신생 학문의 연구 분야다.

특히 옥시토신과 오피오이드의 스트레스 감소 효과는 건강에 긍정적 작용을 한다. 둘 다 스트레스 호르몬 코르티졸의 분비를 억제하므로 심장 순환계 질병 뿐 아니라 감염 질환도 줄여준다. 만성 스트레스는 혈관에만 손상을 주는 것이 아니라 면역 체계에도 해를 입히기 때문이다.

아마도 그런 효과가 모든 문화권에서 임신과 출산이라는 부담을 안은 여성이 남성보다 오래 사는 이유를 설명할지 모르겠다.

미국 캘리포니아의 신경학자 존 올먼은 원숭이 역시 수컷이 암컷보다 빨리 죽는다는 사실을 발견했다. 그런데 암컷이 혼자 육아를 담당하는 종에서만 그런 현상이 나타났다. 남미의 티티원숭이는 수컷이 육아를 담당하는 희귀 영장류다. 암컷은 젖만 주면 그뿐이다. 이 원숭이 수컷들은 암컷보다 생존 비율이 20퍼센트가 더 높다. 말레이시아 열대 우림에 사는 큰긴팔원숭이는 암수가 힘을 합하여 자식을 기르지만 아버지에 대한 새끼들의 애착이 엄마보다 더 강하다. 따라서 수컷의 생존 기간이 암컷보다 9퍼센트 더 길다.

이렇듯 긴밀한 인간관계는 기대수명을 높인다. 사랑 호르몬의 공이기도 하지만, 관계가 안정되면 자신을 더 잘 보살필 수 있기 때문이기도 하다.

이미 고전이 되어 버린 한 장기 실험도 동일한 결과를 내놓았다. 미국 샌프란시스코 주변 지역에 거주하는 6500명 이상을 조사했더니 연령대를 초월하여 긴밀한 인간관계가 사망률을 절반으로 줄여주었다. 이 수치에 놀란 학자들이 비슷한 실험으로 확인을 해봤지만 모두 비슷한 결과에 도달했다.

흔히 인간관계가 좋으면 친구들의 지원을 받기 때문에 기대 수명이 높아질 것이라고 생각하기 쉽다. 하지만 기대 수명을 높인 결정적인 요인은 우리가 남에게 무엇을 받느냐가 아니라 우리가 얼마만큼 주느냐다.

이 놀라운 결론은 세 차례의 대규모 실험 결과와도 일치한다. 1200명의 스페인 노인들, 400명과 1500명의 미국 노인을 대상으로 조사를 했다.

먼저 피실험자들의 건강 상태를 측정한 후, 친척이나 친구 이웃으로부터 얼마만큼의 도움과 위로를 받는지, 그들스스로는 얼마나 남을 돕는지 자세하게 물었다. 그리고 5년 후 설문 대상자들의 사망률을 비교했다. 보살피는 사람이 많을수록 5년 후에도 살아 있을 확률이 더 높았다. 처음의 건강상태는 큰 역할을 하지 못했다. 물론 건강이 안 좋은 노인들에겐 이웃을 대신해 장을 봐주고 손자를 보는 등의 일이 힘에 부치겠지만, 같은 건강 상태의 노인들 중에서 다른 사람을 보살피는 노인들이 가장 오래 살았다.

계산하면 진다

이타적 행동의 비용과 수익은 정확한 계산이 힘들다. 받는 것보다 주는 것이 많으면 겉보기엔 손해를 보는 것 같지만 장기적으로 볼 때는 주는 쪽이 훨씬 득이 많다. 또 타인에게 도움을 주어 자신의 건강과 기대수명을 높이면 유전자 전파의 확률도 높아진다. 설사 나이가 너무 많아 자식을 낳을 수 없다 해도 친척의 몸속에 살아 있는 자기 유전자의 전파를 촉진할 수 있다.

받는 것밖에 없는 개도 (엄격한 진화생물학적 관점에서 보면 기생생물에 불과하지만) 주인에게 득이 될 수 있다. 개의 종 개량 전문가들이 개를 어린아이와 흡사하게 큰 눈과 들창코로 만드는 것도 다 이유가 있다. 이타적 행동이 손해만 준다면 진화는 보호를 필요로 하는 존재에 대한 우리의 열광을 오래전에 잠재웠어야 옳지 않을까? 굳이 아침에 비를 맞으면서 개를 데리고 산책을 나가지 않아도 행복 호르몬이 분비된다면 인간의 번식 기회는 더 많았을 테니까 말이다.

하지만 그건 상당히 이론적인 고민이다. 뻐꾸기알을 키운 가짜 어미가 남의 새끼를 알아봤다면 제 새끼를 더 많이 키울 수 있었을 텐데도 뻐꾸기는 지난 몇백만 년 동안 무사히 살아남았다.

다른 새들이 뻐꾸기의 사기 행각을 막으려면 먹이를 달라고 벌린 주둥이에 대해 조심스러운 반응을 보여야 했을 것이고, 그러면 그 대가가 너무 컸을 것이다. 차라리 기생생물을 용인하고 그를 위해 때로는 손해를 감수하는 편이 더 성공적인 전략인 것이다.

인간관계도 마찬가지다. 항상 손익 계산을 하면 남에게 이용당할 가능성이 줄어든다. 하지만 그런 사람들이 장기적으로 성공하는 경우는 극히 드물다. 인간은 관계의 결산을 미리 예상하기에는 너무 속내를 알 수 없는 존재다.

더구나 인간의 공생은 선의의 결과를 예상할 수 없을 정도로 유동적이다. 다른 동물과 비교해 봐도 인간은 극도로 서로에게 의존한다. 사회 조직이 복잡할수록 협력의 성패가 중요하다.

갈등을 물리적 힘으로 해결하는 유인원도 수컷의 서열은 신체적 힘보다는 동맹을 맺는 능력에 달렸다. 너무 인색해서는 안 되는 것이다.

인간이 진화의 세월을 견딜 수 있었던 건 빠르게, 쉽게 타인과 협력하는 (좋은 감정이 우리를 그쪽으로 유인하는) 생명체이기 때문이다. 감정은 결정의 도우미에 다름 아니다. 감정은 한 치 앞도 내다볼 수 없는 상황을 빠르게 평가할 수 있도록 도와준다.

친절과 온순, 봉사정신 같은 성격적 특성들이 탄생한 이유는 그런 성격을 가진 사람들이 진화의 경쟁에서 유리했기 때문이다. 하지만 헌신적 행동 각각에 반드시 보상이 뒤따르는 건 아니다.

섹스를 할 때마다 아이가 생기는 건 아니라는 이유로 섹스가 번식에 도움이 안 된다고 주장할 사람은 없다. 물에 빠진 사람을 구하려고 강물에 뛰어들면서 보상을 기대하는 사람도 없다.

이타주의의 진화론적 장점은 이타심을 발휘하는 생명체가 약삭빠른 쪽보다 오히려 번식에 더 성공적이라는 데 있다. 그 과정에서 발생하는 손해는 (뻐꾸기의 가짜 어미가 그러하듯) 감수할 만한 것이다. 하지만 뭐니 뭐니 해도 이타심의 가장 큰 선물은 우리 조상들의 뇌를 크게 키웠다는 사실이다.

아마도 우리 조상들이 다른 동물에 비해 큰 뇌를 갖게 된 이유는 다른 동물들이 결코 할 수 없는 나누고 협력하는 능력 때문일 것이다.

그러자면 자신이 한계를 뛰어넘어야 하고 세상을 타인의 눈으로 바라보고 타인처럼 느껴야 한다. 이타심이 비로소 우리를 인간으로 만들었던 것이다.

현명한
이타주의자

2부

당신, 나 그리고 우리

6장

인간이 거둔 최고의 수확, 협력

불을 피우려면 두 개의 부싯돌이 필요하다.
- 루이자 메이 앨콧 -

☺☺☺

아프리카 대륙이 남태평양과 만나는 인적 드문 해변을 원주민들은 치치캄마라고 부른다. '물이 시작되는 곳'이라는 뜻이다. 이 절벽에 서면 보이는 것이라고는 파도뿐, 4000킬로미터를 달려 남극의 얼음 땅과 맞닿는 더 넓은 바다가 눈앞에 펼쳐진다. 바로 이곳 절벽에 서 있는 여행객의 발밑에서 인류역사의 가장 오래된 무대가 펼쳐진다.

그 무대를 찾으려면 클라시스 강을 따라가야 한다. 깊은 골짜기가 고원지대로 자취를 감추었다가 바다로 흘러간다. 여러 개의 폭포를 기어올라 마침내 만에 이르면 해안 위 불과 몇 미터 거리에 문득 동굴로 들어가는 입구가 나타난다. 동굴 입구가 물에 잠겨 있었던지 동굴 바닥엔 부드러운 퇴적물이 깔려 있다. 벽에는 조개껍데기가 박혀 있고, 누군가 일부러 박아 넣은 것 같은 독특한 모양의 돌과 뼈도 눈에 들어온다.

이미 1960년대부터 이곳을 찾았던 고고학자들은 그 뼈가 사냥한 짐승들의 잔해이며 돌은 석시시대 중기의 칼이라고 확인했다. 동굴 바닥을 더 파자 다른 유적지에서는 찾아볼 수 없을 만큼 풍성한 선사시대 유물들이 쏟아져 나왔다.

11만 년 전의 유적을 파묻은 퇴적물의 두께는 20미터였다. 불을 피웠던 자리의 재에선 동굴 주민들의 식단이 밝혀졌다. 황토의 흔적은 이들이 상징으로 몸 장식을 했다는 증거이다. 가장 관심을 끌었던 물건은 뼈였다.

학자들이 퇴적물의 최하층에서 파낸 인간의 뼈는 오늘날의 인간 뼈와 거의 같았다. 그러므로 10만 년도 더 전에 이곳에서 살았던 남자와 여자는 우리와 모습이 똑같았던 게 분명했다. 고고학자들이 찾아낸 것은 현대인의 가장 오래된 흔적이었던 것이다.

이 퇴적층은 역사책의 한 페이지처럼 우리 조상들의 삶을 이야기한다. 특히 사냥한 짐승의 잔재에서 많은 이야기를 들을 수 있다.

예를 들어 새와 물고기의 흔적이 없는 것으로 미루어 보아 이들이 쓸 만한 새총을 만들 기술이 없었고 바다로 나가지도 못했다는 짐작할 수 있다. 하지만 덩치가 큰 포유류는 잡을 줄 알았다.

미국의 고고학자 리처드 밀로는 중요한 고기 공급원이었을 영양과 다른 작은 유제동물의 뼈 사이에서 멸종된 거인 들소 펠로로비스 안디쿠스(Pelorovis antiquus)의 뼈를 발견했다. 몸길이가 3미터가 넘고 무게가 작은 코끼리만 한, 2톤에 육박하던 동물이었다.

밀로가 현미경으로 살펴보니 두개골에 예리한 쐐기돌로 찍힌 자국이 나 있었다. 동굴 인간들이 들소를 죽이거나 혹은 고기를 자르려고 머리를 마구 내리쳤다는 얘기다.

이 거대한 동물을 혼자 잡는다는 건 불가능하다. 무리에서 떨어져 혼자 있는 인간 정도는 그냥 밟고 지나가버리면 그뿐일 만큼 큰 동물이다. 그러니 힘을 합쳐 사냥했던 게 분명하다. 밀로의 추측대로 구덩이를 파서 들소를 잡았다 해도 혼자서 그 큰 구덩이를 판다는 건 있을 수 없는 일이다. 그러므로 우리의 조상들은 협동할 줄 알았을 것이다. 그리고 그러자면 어쩔 수 없이 사냥한 짐승을 나누어 먹었을 것이다.

협동의 능력은 언어와 더불어 인간이 거둔 최고의 수확

이었다. 협동하지 못했다면 인류는 살아남지 못했을 것이다. 공동의 목표를 좇을 줄 몰랐다면 우리 조상들은 바다를 건널 수도 없었을 것이고, 이렇게 전 지구에 널리 퍼져 살지도 못했을 것이다. 정착도 불가능했을 것이고 당연히 음악이나 미술, 문명의 이기를 발명하지도 못했을 것이다. 물론 전쟁도 할 수 없었을 것이고 우리 지구를 이런 환경 재앙의 벼랑으로 내몰지도 않았을 것이다.

하지만 지금의 우리는 다른 삶을 상상할 수 없다. 친구와 협회, 기업과 국가는 제2의 천성이 되어 버렸다. 그러니 집단적 협동이 얼마나 터무니없는 상황인지를 당연히 상상할 수 없다.

우리는 어떻게 해서 협력을 하게 되었을까? 앞에서 이미 협력과 이타심의 성공이 장기적으로 볼 때 유리하기 때문이라는 점을 설명했다. 또 타인을 신뢰하고 타인에게 공감하고 타인을 좋아할 때 우리 머릿속에서 어떤 일이 일어나는지도 알아보았다. 하지만 지금까지의 설명은 우리가 지금의 우리라는 전제, 다시 말해 우리가 근본적으로 협력의 가능성을 갖고 있다는 전제하에서 가능하다. 그러므로 이제는 이 능력을 얻기까지 우리의 조상들이 어떤 길을 걸었는지 알아봐야 할 시점이다.

나눠주기 어려운 이유

함께 살려면 나누어야 한다. 하지만 남에게 주는 것은 남을 돕는 것보다 훨씬 괴롭다. 아이들을 보면 이런 차이를 쉽게 확인할 수 있다. 1년 6개월 된 아이들은 어려운 상황에서 서로를 돕지만 자기 장난감을 나누어주지는 않는다. 아무리 작은 물건이라도 악을 쓰고 울면서, 그래도 안 되면 폭력을 써서라도 반드시 사수한다. (기저귀를 찬 우리 딸이 제일 많이 한 말이 "내 거야!"였다). 하지만 그로부터 다시 1년이 지나면 아이들은 제 것을 나누어줄 줄 안다. 체계적인 실험을 통해서도 확인된 사실이다.

성인들이라고 해서 제 것을 나누는 일이 마음 편한 것만은 아니다. 어려운 사람에게 선행을 베풀기는 쉬워도 내가 가진 것에 대한 남의 권리를 인정하기란 썩 내키지 않는 일이다. 동물보호에 앞장서고 아동학대 방지를 위해 거금을 쾌척하는 부자중엔 자기 집 가정부에게는 굶어죽지 않을 만큼의 임금만 주고 탈세를 아무렇지도 않게 생각하는 이들이 적지 않다.

왜 나누기가 이렇게 힘들까? 어디를 가나 자기만 생각하는 사람이 있기 때문이다. 개인적으로 그런 사람을 만날 땐 피해버리면 그뿐이다. '네가 나한테 하는 대로 나도 너한테 한다'는 원칙에 따라 협력 대상을 정확히 선별하면 된다.

하지만 집단인 경우 남의 노력에 편승하려는 이기주의 자를 처리하기가 훨씬 더 힘들다. 클라시스 강변의 동굴에 들소의 뼈를 남겼던 사냥꾼들은 사냥을 하기 위해 힘을 쓰고 위험을 감수했을 것이다. 집에 남아서 남들이 잡아온 고기를 얻어먹고 싶은 마음이 굴뚝같았을 것이다.

만약 그들이 집에 남아 있고 한 명의 사냥꾼만 집을 나섰다 해도, 그가 운이 아주 좋아 큰 사냥감을 잡았다면 불만은 없었을 것이다. 어차피 그도 자기 좋으라고 사냥을 한 것이고, 남은 고기를 게으름뱅이들이 얻어가건 말건 상관없었을 테니 말이다.

하지만 들소 사냥은 집단의 전부는 아니더라도 다수가 참여해야 성공할 수 있는 일이다. 지원자가 적으면 위험이 덜한 작은 사냥감을 쫓을 수밖에 없다. 영양 한 마리면 충분할 것을, 무엇 때문에 게으름뱅이들까지 먹이려고 목숨을 걸어야 한단 말인가?

이로써 공동체는 루소가 사슴 사냥 이야기에서 분석했던 경우와 비슷한 처지에 이르게 된다. 최대한 많은 인원이 동참하면 모두가 최고의 성과를 거둔다. 하지만 각자의 처지에서 보면 힘든 일은 남한테 미루고 동료들이 고기를 나눌 때 슬쩍 다시 나타나는 편이 합리적인 행동이다.

솜씨 좋은 사냥꾼이 역시나 합리적으로 행동하면 모두가 굶지 않아도 되니까 말이다. 아무리 대식가라도 사냥꾼과 그 가족이 들소를 다 먹어치울 수는 없는 일 아닌가. 그러므로 협력은 유익하지만 협력을 거부하는 편이 더 수입이 짭짤하다.

다시 죄수의 딜레마다. 다만 이번엔 등장인물이 많다는 것이 다를 뿐. 등장인물이 많다보니 앞에서 분석했던 두 사람의 관계보다 훨씬 일이 복잡해진다.

사냥꾼은 게으르거나 겁 많은 동료에게 복수를 할 수 있다. 잡아온 먹이를 나누어주지 않으면 된다. 그렇지만 벌을 내리자면 비용이 만만치 않다. 남은 고기를 지키려고 망을 봐야 할 것이고 잘못하다가는 싸움이 날지도 모른다.

이로써 죄수의 딜레마는 다른 차원으로 넘어간다. 과연 원칙을 버리고 밤을 꼴딱 세지 않는다고 해서 지친 사냥꾼을 탓할 수 있겠는가?

착한 사람들의 비극

지금도 죄수의 딜레마는 세상 어디에나 존재한다. 어쩌면 지금의 인간관계가 수렵 시대보다 더 모호하기에, 예전보다 더 집요하게 죄수의 딜레마가 우리를 쫓아다닐지도 모르겠다.

예를 들어 학부모들이 아이들이 쓰는 교실에 페인트칠을 새로 하기로 결정했다. 토요일 오후에 원하는 사람들이 나와서 칠을 하자고 말을 모았다. 그런데 아무도 오지 않았다. 다들 다른 엄마 아빠가 와서 칠을 할 것이라고 생각했기 때문이다. 자기가 붓을 잡지 않아도 자기 아이는 깨끗해진 교실에서 기분 좋게 공부할 것이라고 말이다. 또 이산화탄소를 지금처럼 무작정 방출하다가는 큰 일이 날 줄 뻔히 알면서도 자기는 절대로 큰 차를 포기 못한다. 이웃집 남자가 더 큰 차를 몰고 다니는 동안에는 더더욱 절대 안 된다.

집단의 협력이 몇 안 되는 사람들 때문에 얼마나 빨리 좌초하게 되는지, 실험을 통해서도 확인할 수 있다(이에 대해서는 다음에 자세하게 설명하겠다). 집단의 규모가 커질수록 신뢰는 빨리 무너진다. 구성원이 추가될 때마다 이탈자가 생길 확률이 높아지기 때문이다. 누군가 타인의 속임수를 눈치채면 그 역시 이탈을 시도한다. 도미노 현상이 시작되는 것이다.

미국의 생태학자 개릿 하딘은 이런 태도에 '공유지의 비극'이라는 제목의 논문을 썼다. 여기서 공유지란 중세에 모든 마을 주민이 공동으로 사용하던 목초지와 숲으로, 너도나도 사용만 하고 돌보지는 않아서 황무지가 되는 경우가

적지 않았다. 그 문제를 '착한 사람들의 비극'이라고 불러
도 좋겠다. 만인의 행복에 기여하고픈 사람들조차 그렇게
할 수 없을 때가 많다. 심지어 자신의 장기적인 이익에 배치
되지만 어쩔 수 없이 공동의 자원을 약탈해야 할 때도 있다.
그런 일은 어차피 일어나고, 그럴 땐 남에게 이익을 주기보
다 자신이 취하는 편이 더 나아 보이기 때문이다.

피를 빨아 먹는 이타주의자

그럴수록 클라시스 강변 들소 뼈의 가치는 더욱 돋보인
다. 우리 조상들은 경찰과 법이 없어도 함정에서 빠져 나가
는 길을 알았다는 사실을 이 뼈가 입증하기 때문이다. 자연
에서 인간을 제외하고 그런 깨달음을 얻은 동물은 아마 없
는 것 같다.

오랜 세월 동안 행동연구가들은 동물들도 협력을 할 줄
안다고 믿었다. 그것도 아담과 이브의 예를 통해 설명했던
선의의 교환 모델에 따라 협력을 한다고 말이다. 심지어 몇
년 전까지만 해도 동물의 왕국에서 일어나는 소위 '호혜적
이타주의'가 우리 이타심의 진화론적 원천이라고 생각했다.

하지만 이 이론은 사실과 맞지 않는다. 아무리 열심히

조사해 봐도 어린아이는 물론이고 동물은 나누기보다는 돕는 쪽을 택한다. 침팬지들이 서로를 위로하고, 볼펜을 떨어뜨린 사람에게 볼펜을 주워준다고 해도, 돌고래가 헤엄치는 사람을 상어의 공격으로부터 막아준다 해도 먹을 것이 관건이 되면 도움의 정신은 종적을 감춘다. 동물들은 주는 대로 받아먹는다. 동물은 나눠주는 법이 없다.

무엇 때문일까? 그 원인을 알면 인간 공생의 비밀도 밝혀질 것이다. 첫째, 바나나 한 다발의 분배건 이산화탄소의 방출권이건 근본 문제는 동일하기 때문이다. 둘째, 동물과의 비교가 우리의 협동 능력이 얼마만큼인지를 가르쳐 줄 것이기 때문이다.

동물 왕국의 이타주의를 대표하는 대표주자는 아이러니하게도 별로 호감이 가지 않는 흡혈박쥐다. 미국에 사는 이 박쥐는 오로지 다른 동물의 피를 빨아먹고 살며, 주로 밤에 활동한다. 하지만 매일 밤 제물을 발견하지는 못한다. 그래서 흡혈박쥐의 생명은 줄타기와 같다. 60시간 이상 피를 먹지 못하면 죽게 된다. 그렇지만 일단 말이나 소나 인간의 피부에 이빨을 찌르기만 하면 남한테 나누어주어도 될 만큼 아주 풍족하게 피를 빤다. 실제로 동굴로 돌아오면 소화되지 못한 피를 게워내서 나누어 주기도 한다.

거의 대부분이 새끼를 먹이기 위해서이지만 가끔은 다

른 가족 구성원에게도 피를 나누어준다. 마치 이 박쥐들이 진화가 혈족간의 이타주의를 촉진시킨다는 윌리엄 해밀턴의 이론을 알고 있기라도 하듯이 말이다. 그런데 가끔 박쥐는 혈연관계가 아닌 박쥐들까지 배려한다. 30년 전 이 사실의 발견은 화제를 불러일으켰다. 당시만 해도 아직 신생 학문이던 사회생물학은 동물 왕국의 호혜적 이타주의를 발견했노라고 믿었고, 실제 지금까지도 많은 교과서에는 그렇게 적혀 있다. 사회생물학자들의 논리에 따르면 피를 기부한 박쥐들은 되돌아올 보상을 기대한다. 즉 지금 먹을 것을 나눠주는 쪽은 받는 쪽이 다음 기회에 자신한테 나누어줄 것이라고 기대한다. 그러니까 흡혈박쥐는 피를 갖고 모종의 거래를 하는 셈이다.

그게 정말일까? 다시 한번 그 대목을 정확히 살펴볼 필요가 있을 것 같다. 그 이론들은 모두 미국의 생물학자 제럴드 윌킨슨이 실시한 단 한 번의 연구를 인용한다. 윌킨슨은 1980년대 총 26개월 동안 중앙아메리카 코스타리카의 목장에 있는 열네 그루의 나무 아래에서 밤을 지새웠다. 박쥐들이 그 나무 줄기의 구멍에서 살았기 때문이다. 이런 노력의 결실로 그는 110회에 달하는 박쥐들의 구토 행위를 목격했다(구토 시간은 평균 63초였다고 한다). 이 중 77건은 어미가 새끼에게 먹인 경우였고, 21건은 다른 혈족에게 피를 나누어 준 경우였다. 명백하게 혈족이 아닌 동료에게 피를 준 경우는 12회였다. 윌킨슨이 잘못 보았을까? 박쥐가 착각을 해서 남에게 준 걸까? 아니면 정말로 그게 거래였을까? 이 질문에 대답하기 위해 윌킨슨은 혈족관계가 아닌 여덟 마리의 암컷을 두 집단에서 차출하여 실험실 생활에 적응시켰다. 그리고 매일 밤 돌아가면서 한 마리씩 우리에서 빼내 먹이를 주지 않았다. 물론 다른 박쥐들은 피를 실컷 마셨다.

동이 틀 무렵 윌킨슨은 굶은 박쥐를 제자리로 돌려놓고 무슨 일이 일어나는지 관찰했다. 피를 들이킨 박쥐들이 피를 게워낸 횟수가 13회였다(걸린 시간은 평균 25초였다). 그중 4회는 보답이 있었다. 다시 말해 전날 밤 자기한테 먹을 것을 나누어준 동료에게 피를 나누어주었다. 더구나 피를 주고받은 박쥐들은 혈연관계가 아니었다. 그렇지만 박쥐들이 과연 그 사실을 알았을까? 총 13회의 기부 중 12회가 같은 집단의 동료에게 나누어준 사례라는 사실은 생각할 거리를 제공한다. 피를 준 암컷이 자기 새끼나 조카, 아니면 이모, 고모를 돕는다고 생각했다는 결론이 나오기 때문이다.

별로 센세이셔널 하지 않은 이런 설명이 신빙성 있어 보이는 건 호혜적 이타주의가 상당한 지능을 요하기 때문이다. 훗날 되돌려받을 것이라는 희망으로 자선을 행하는 사람은 일단 마음을 비워야 한다. 하지만 지능이 높기로 소문난 우리 호모 사피엔스조차도 그러기가 얼마나 힘든지 우리는 잘 알고 있다. 손만 뻗으면 되는 곳에 초콜릿이 있는데 먹고 싶은 마음을 꾹 참고 내일까지 기다리라고 해보라. 어린아이는 절대로 그럴 수 없고, 어른은 이자를 바란다. 100유로를 지금 당장 받거나 내년에 받거나 둘 중 하나를 택하라면 당연히 당장 받으려고 할 것이다. 1년을 연기하려면 150유로는 받아야 한다.

동물이 맛난 음식을 얼마나 참을 수 있는지 조사한 행동 연구가들도 비슷한 결론에 도달했다. 쥐는 인간보다 더 많은 이자를 요구했고, 비둘기의 경우 요구하는 이자가 터무니없을 정도였다. 지금 당장 일정한 양의 곡식을 먹든지 2초 후에 두 배 더 많은 양의 곡식을 먹든지, 단추를 눌러 선택을 하게 했더니 거의 모든 비둘기가 지금 당장의 적은 양을 택했던 것이다.

동물들은 "네가 나한테 하는 대로 나도 너한테 한다"는 원칙에 따라 빚을 되갚으면 금방 협력 관계가 와해되고 만다. 솔직히 상대의 호의를 기억할 수나 있을지 의문이다. 기억할 수 없다면 굳이 미래의 보상을 위해 지금 선행을 할 이유가 없다. 설사 쥐나 비둘기가 기억을 할 수 있다 해도 보상을 하려면 수입과 지출을 계산해야 한다. 그러니까 수를 셀 줄 알아야 한다. 이 모든 것이 너무나 복잡한 정신 활동이다. 인간은 전두엽의 활약 덕분에 자제를 할 수 있고 호혜적 이타주의 능력도 갖추고 있다. 이 뇌 부위는 특히 인간에게서 두드러지는 특징이며, 가장 느리게 성장하는 부위이기도 하다. 사춘기가 지나야 완전한 제 기능을 발휘할 수 있다. 그러니 두 살짜리 어린아이한테 약속을 했으니 사탕을 못 먹는다는 엄마의 말이 얼마나 통하겠는가?

그런데 흡혈박쥐가 어린아이보다 더 똑똑하다고? 자연과학이란 학문은 회의적인 동료 학자들이 의심을 풀기 위해 실험을 반복하여 그 결과를 확인함으로써 발전한다. 그렇지만 윌킨슨의 고생스러운 박쥐 실험을 재확인해보려는 후임자는 나오지 않았다. 물론 동물 세계의 호혜적 이타주의의 다른 증거를 발견하려는 시도는 수없이 많았다. 하지만 청어치든 사자든 꼬리 마는 원숭이든 "네가 나한테 하는 대로 나도 너한테 한다"는 원칙에 따른 행동을 입증하려는 그 모든 실험은 실패하고 말았다.

사자의 협동심

동물들의 협동심을 주장하는 쪽이 즐겨 인용하는 사례가 암사자의 사냥이다. 실제로 암사자들은 함께 사냥한다.

그렇지만 들소나 얼룩말같이 덩치가 큰 동물을 사냥감으로 삼았을 경우에만 그렇다. 그런 사냥감은 여럿이 같이 쫓아야 잡을 수 있다. 사냥에 성공하면 무리 전체의 암사자가 달려들어 먹기 시작하고, 거기에 새끼들과 사냥을 정말 하기 싫어하는 무리의 수사자까지 합류한다. 다들 먹고 싶은 만큼 먹을 수 있다. 같이 사냥을 했건 안 했건, 혈연관계가 가깝건 멀건 상관이 없다. 일부 암시지기 위험을 감수하고 힘을 소진할 동안 게으름뱅이들은 편안하게 먹기만 하면 된다. 그런데도 모두가 불만이 없다. 사실 들소 한 마리를 잡으면 무리 전체가 먹고도 남으니까 말이다.

하지만 멧돼지 한 마리가 지나가다가 암사자 한 마리의 추격을 받게 되면 다른 암사자들은 남의 일을 보듯 방관한다. 도와주지 않아도 멧돼지 한 마리쯤이야 식은 죽 먹기로 잡을 수 있다는 걸 아는 것처럼 말이다. 더구나 운 좋으면 남은 걸 얻어먹을 수도 있다. 암사자에게 공정함 따위는 문제가 안 된다. 처벌 원칙이 생소하기에 정의를 고민할 능력도 없다. 하지만 결과론적으로 착취당하는 암사자 역시 이익이 되기 때문에 암사자 무리의 고기 공급은 그치지 않는 것이다.

그렇다면 과거의 우리 조상들이 협력하고 나눌 줄 알았다고 어떻게 확신할 수 있을까? 클라시스 강변의 동굴에선 불에 탄 펭귄과 조개의 잔재가 발견되었다. 혼자서도 잡을 수 있는 사냥감을 나누고 함께 먹었다는 증거다. 그렇지 않았다면 그 음식들을 굳이 동굴까지 가지고 왔을 리 없다.

인류학자 매리 스타이너가 중동의 여러 동굴에서 나온 뼈를 분석한 결과는 더 인상적이다. 이 뼈들에도 석기 시대의 흔적이 남아 있었는데, 이는 30만 년 전의 우리 조상들이 사냥한 사슴을 함께 처리했다는 증거다. 새김자국이 뼈에 이리저리 나 있는 것으로 미루어 각자가 마구잡이로 고기를 잘랐던 게 확실하다. 하지만 석기 시대 중기로 넘어가는 10만 년 전에 이르면 갑자기 고기 자르는 기술이 달라진다. 정육점 주인이 계획에 맞추어 고기를 자른 것처럼 잘린 자리가 질서정연해진 것이다. 이 시기에 이르러 인간들이 고기를 체계적으로 분배할 줄 알게 되었다는 의미다.

암사자는 다른 무리의 수사자가 공격을 해도 서로 뭉치지 못한다. 보통 그런 침입자는 암컷 무리를 독차지하려고 한다. 자기 자식을 낳게 하려고 기존의 새끼들을 물어 죽이는 경우도 적지 않다. 암사자들이 힘을 합치면 그런 침입자쯤 손쉽게 물리칠 수 있을 것이고 새끼들의 목숨도 구할 수 있을 것이다. 그런데도 암사자들은 그렇게 하지 않는다. 어쩌다 침입자에게 대항하는 암사자가 나와도 다른 암사자들은 무관심으로 일관한다.

아프리카 곳곳을 누비며 오랜 세월 사자들을 관찰하여 사자 연구의 권위자로 인정받는 미국의 행동연구가 크레이그 패커는 놀랍게도 늘 같은 암사자가 다른 암사자를 책임진다고 말한다. 칭송을 받았던 암사자들의 동맹은 사실과 다른 것이다.

계산적인 침팬지

우리와 가장 가까운 친척들도 협동을 못하기는 매한가지다. 서아프리카에 사는 야생 침팬지는 덩치가 작은 콜로부스원숭이를 잡기 위해 정식 몰이사냥을 한다. 침팬지 한 마리가 사냥감을 나무로 몰면 다른 침팬지들이 나뭇가지로 올라가 원숭이들의 도주로를 차단한다. 하지만 겉보기엔 협동 작전 같아도 자세히 보면 그렇지 않다. 사냥은 어떤 수컷 침팬지가 원숭이 한 마리를 추격하면서 시작된다. 그러면 우연히 옆에 있던 다른 침팬지들이 합류한다. 그들의 목적은 함께 사냥감을 잡는 것이 아니다. 그저 사냥을 시작한 동료의 자발성에 빌붙어 놀라 달아나는 원숭이를 자기 손으로 잡는 것이다. 어차피 원숭이를 잡으면 들고 달아나 혼자서 다 해치울 테니까 말이다.

그렇지만 대부분은 사냥에 성공한 침팬지 주변으로 한 무리의 거지 떼가 몰려든다. 원숭이를 잡은 침팬지는 하는 수 없이 먹잇감을 나누어준다. 그런데 먹이를 제일 많이 얻어먹는 놈은 사냥에 협조한 동료가 아니라 제일 집요하게 치근덕대는 놈이다. 그러니까 먹잇감의 주인에게 정의감이 있을 리 없고, 다음번 사냥을 위해 도와준 동료에게 보상을 해주려는 마음이 있는 것도 아니다. 공격적인 동료와 싸우는 게 겁이 나서 폭력에 굴복하는 것일뿐이다.

침팬지는 절대로 자발적으로 나누지 않는다. 새끼를 키우는 어미조차 새끼에게 아량을 보이지 않는다. 무엇이든 새끼가 구걸을 해야 마지못해 나눠준다. 그마저 세 번에 두 번은 거절하고 항상 하찮은 음식을 준다. 예를 들어 과일의 과육을 맛있게 먹는 어미 옆에서 새끼는 과일 껍질을 씹고 있다.

유인원의 행동 레퍼토리에서 나눔이 빠진 건 이들이 과일과 나뭇잎을 실컷 먹을 수 있기 때문이라는 것이 영장류 학자들의 설명이다. 각자가 자기 먹이를 구할 수 있으니 같이 다녀봤자 득이 안 된다. 실험실에서 침팬지에게 같이 밧줄을 잡아당길 때만 먹이를 주었더니 먹이가 두 무더기로 나누어져 있을 때에만 협력했다. 같은 양의 먹이를 한 무더기로 주었더니 밧줄에 손도 대지 않았다. 먹이를 못 먹을지도 모른다는 예상을 견딜 수 없는 것 같았고, 협력의 문제가 넘을 수 없는 벽인 듯했다.

이들의 실패 이유가 상대의 관점에서 상황을 보지 못하기 때문일까? 나눔의 능력을 테스트한 실험에서도 이들은 다른 동료들의 행복에 전혀 무관심한 듯 행동했다. 자기만 맛난 것을 먹을지, 추가로 동료에게 먹을 것을 나누어줄지 선택하게 했더니 양쪽을 선택한 비율이 동일했다. 호불호가 있는 게 아니라 그냥 우연인 것이다. 동료를 기쁘게 하기 위해 자기 것을 포기할 필요가 없는 상황에서도 동료의 기쁨에는 전혀 관심을 보이지 않았다.

그 밖에도 침팬지의 행동은 경제학자들이 인간의 이상형이라고 생각하는 완벽한 이기주의자, 즉 호모 에코노미쿠스를 떠오르게 한다. 예를 들면 호모 에코노미쿠스는 자부심을 모른다. 보통 사람들 같으면 화를 벌컥 내며 거절했을 정말 보잘 것없는 물건도 넙죽 받는다. 침팬지 역시 마찬가지다. 자루 한가득 감긴 건포도 중에서 기껏 다 썩은 건포도 한 알을 던져준다 해도 빈손으로 돌아가는 것보다야 썩은 포도 한 알이 낫다고 여긴다. 따지고 보면 합리적인 판단이지만 침팬지들의 장사꾼 이성은 한계를 보인다. 세계를 정복하고 달로 날아간 쪽은 침팬지가 아니라 인간들이니까 말이다.

열대 우림의 생존 법칙

인간의 도약은 침팬지가 인간보다 근본적으로 더 멍청하기 때문이 아니다. 세 살짜리 어린아이와 다 자란 침팬지, 오랑우탄에게 지능검사를 실시했더니 대부분의 항목에서 큰 차이가 없었다. 숫자, 크기, 원인 결과, 공간 내 사물의 배열 같은 이해력 문제는 어린아이도 원숭이들도 잘 해결했다. (이 테스트에서 언어는 아무런 역할을 하지 않았다.) 특정 기억력 테스트에선 오히려 침팬지가 성인 인간을 뛰어넘기도 한다.

단 하나, 사회지능만큼은 어린아이들이 침팬지와 오랑우탄을 능가했다. 침팬지와 오랑우탄이 풀지 못한 문제를 인간 아이들이 함께 힘을 합쳐 풀 수 있는 건 오로지 이들이 상대의 입장에서 상황을 바라보고 상대의 입장에서 생각하며 상대의 행동을 예측할 수 있기 때문이다.

그렇다면 우리의 사회지능은 어떤 상황 덕분일까?

흔히 인간은 뇌가 커서 지능이 높고, 상호관계가 더 좋다고 말한다. 하지만 뇌 용량 하나로 똑똑해지는 건 아니다.

몸무게와 비교한 뇌 용량의 비율을 본다면 뾰쪽뒤쥐가 인간보다 훨씬 더 유리하다. 두 살짜리 아기의 뇌 무게는 침팬지의 뇌 무게보다 두 배 더 무겁다. 그렇지만 아기는 모든 면에서 침팬지를 뛰어넘는 게 아니다. 인간관계와 학습 면

183

에서만 침팬지를 능가한다.

그러므로 우리 조상들이 이런 능력을 키우게 된 특수한 상황이 분명 있었을 것이다. 높은 사회지능이 무조건 득이 된다면 침팬지도 사회지능 향상에 힘을 썼을 테니 말이다. 그렇지만 침팬지들은 전혀 그럴 의욕이 없고 인간들만 열심히 사회지능을 키웠다.

10만 년보다 훨씬 이전에 아프리카에서 무슨 일이 있었는지는 알 방도가 없다. 하지만 코트디부아르의 타이 국립공원에 사는 침팬지의 놀라운 관습은 어떤 상황이 그런 발전을 촉진시켰는지를 짐작하게 한다.

타이 숲에 사는 원숭이는 항상 표범 무리의 습격을 받을까 봐 노심초사한다. 이들이 표범의 습격을 막아내는 유일한 방법은 뭉치는 것이다. 따라서 각자의 생명이 아주 소중하다. 집단의 개체 수가 줄어들면 표범에게 유리하다.

아마도 이 항상적 위험이 타이 숲의 침팬지가 서로 협동하는 이유를 설명해줄 수 있을 것 같다. 이들은 표범의 공격이 있을 때 서로를 보호해줄 뿐 아니라 부상당한 동료를 보살펴주기도 한다.

독일 라이프치히의 유인원 학자 크리스토페 뵈슈는 침팬지가 정식으로 간호를 하는 장면을 목격했다. 침팬지는 동료의 상처를 몇 시간 동안 핥아주고 청소해주고 파리를 쫓으며 심지어 상처에 꼬인 파리 알을 집어내주기도 한다. 어떤 땐 몇 주씩이나 환자를 보살핀다. 그사이 집단이 이동하면 부상자가 따라올 수 있도록 속도를 늦춘다.

하지만 간호도 소용없을 때가 있다. 그럴 땐 남은 동료들이 죽은 동료의 새끼를 거둔다. 대부분의 입양모는 죽은 어미의 자매지만 전혀 혈연관계가 없는 동료의 새끼를 보살피는 경우도 드물지 않았다.

놀라운 건 수컷이 새끼를 입양하는 경우도 있다는 사실이다. 보통 침팬지는 부성애를 모르는 동물이다. 수컷은 짝짓기만 끝나면 모르쇠로 일관한다.

심지어 다른 무리와 싸움이 벌어질 땐 자기 새끼를 물어 죽이기도 한다. 그런데 이곳의 침팬지 수컷은 남의 새끼를 데려다 보살피고 그 새끼가 다른 동료들과 싸울 때 옆에서 지원해준다. 심지어 먹이를 나누어줄 때도 있었다. 유전자 검사를 실시해보니 네 건 중 세 건은 입양한 새끼와 혈연관계가 없었다.

이 열대 우림에서 벌어지는 간호와 입양은 자기밖에 모르는 침팬지도 집단 전체의 생존이 이타적 행동에 좌우될 경우 얼마나 남을 위해 헌신할 수 있는지를 보여준다. 결국 희생은 희생하는 자신에게도 이익이 된다. 집단의 수가 많을수록 표범의 공격에서 자신도 안전하기 때문이다.

이렇듯 타이 국립공원 침팬지의 상호 배려는 혹독한 생활 조건이 타고난 헌신의 성향을 꽃피울 수 있다는 멋진 사례다. 침팬지들은 특별히 높은 사회지능이 없어도 동료의 상처를 핥아주고 남의 새끼를 입양했다. 굳이 상대의 속마음을 탐구하지 않아도 무엇을 해야 할지 뻔하기 때문이다. 특별한 자제력도 필요 없다. 공감의 능력과 모성본능이면 충분하다.

그 타고난 성향을 특별히 많이 활용하여 동료의 고통을 같이 느낄 뿐 아니라 그 고통을 잠재워주려 노력했다. 심지어 수컷들이 갑자기 어미 노릇까지 했다. 표범의 항상적 공격 위험은 협동 정신을 강화시킬 뿐 아니라 개별 구성원의 새로운 측면까지 발굴했던 것이다.

인간은 지금도 비슷하게 행동한다. 호시절엔 제 잇속 챙기기에 여념이 없다가도 먹을 것이 부족하거나 적이 공격할 경우 숨은 협동심을 한껏 발휘한다. 독일 전투기가 쉬지 않고 런던을 폭격하던 그 몇 달 동안 평소 냉랭하기만 하던 런던 거리엔 친절이 넘쳐났다. 제2차 세계대전의 종식을 독일의 도시에서 경험한 사람들은 독일 재건에 앞장섰던 여성의 자발적 노동을 기억할 것이다. 2001년 9·11테러의 충격 속에서 뉴욕 시민은 유례없는 협동심과 희생정신을 발휘했다. 인종 간의 갈등도 평소보다 훨씬 누그러졌다.

사바나에서 살아남기

표범이 우글거리는 열대 우림도 사바나에 비하면 천국
이나 다름없다. 탁 트인 초지의 생활 조건은 훨씬 더 가혹하
고 잔혹하다. 먹을 것은 부족하고 적들의 행동은 훨씬 더 탐
욕스럽다. 몸을 숨길 곳도 없다. 사자나 자칼, 표범이 멀리
서부터 먹잇감을 지켜볼 수 있으니 영장류가 맹금류를 피해
도망칠 기회는 그리 많지 않다. 기후 역시 사바나 주민들을
괴롭힌다. 그늘은 드물고 건기는 몇 달 씩 계속된다. 풀을
마르고 곳곳에서 화재가 끊이지 않는다.

이것이 300만 년 전 우리 조상들이 거주하던 환경이다.
사바나가 이런 힘든 여건에도 여러 가지 장점을 제공했기
때문이었다.

당시 오스트랄로피테쿠스 속의 대표 주자들은 오래전에
직립에 성공했다. 그리고 숲에 살 때부터 달리기 기술을 습
득했다. 그러니 탁 트인 초지에서도 그들의 적응력은 다른
원숭이들에 비해 월등히 뛰어났다. 처음엔 가끔씩 숲의 빈
터나 물가로 피신을 갈 수 있었다. 하지만 약 250만 년 전에
발생한 동아프리카의 기후 변화로 건기가 날로 길어졌다.
강은 말라붙고 숲은 황폐해졌다. 살아남으려면 스텝에 적응
하는 수밖에 없었다.

인간은 예전보다 더 서로에게 의존했다. 이런 환경에서 개인은 패배할 수밖에 없다. 충분히 큰 집단만이 보호막이 되어준다. 우리 조상들의 생활 조건은 타이 국립공원의 침팬지의 그것과 비슷했지만, 인간이 극복해야 할 도전은 훨씬 더 다양했다. 따라서 더 많이 삶을, 자기 자신을 변화시킬 수밖에 없었다.

무엇이 우리를 연대하게 하는가

과거의 인류는 늘 멸종의 위험에 시달렸다. 심해와 그린란드 얼음 덩어리의 퇴적물을 분석한 결과 석기시대 초기와 중기, 그리고 그 이전에도 기후는 자주 급격한 변동을 보였다. 예를 들어 지금으로부터 약 11만 5000년 전 마지막 간빙기가 끝날 무렵에 느닷없이 건기가 들이닥쳤다. 중부 유럽의 숲은 불에 타고 메말랐다. 침엽수와 활엽수로 뒤덮였던 땅엔 스텝을 지나는 모래 폭풍만 몰아쳤다. 그 후 다시 숲이 돌아왔지만 금방 또다시 빙하기의 툰드라에 자리를 물려주고 만다.

최초의 현대인이 생존 투쟁을 벌였던 아프리카에도 적지 아니 갑작스러운 기후 변화가 찾아왔다. 우리 조상들은 생활공간을 포기하고 신천지를 찾아 나서지 않을 수 없었다. 기아와 긴 행군이 얼마나 큰 희생을 요했는지는 지금까지도 우리 인간의 유전자에 기록되어 있다.

분자고고학은 석기시대의 혼란을 거치면서 인류가 거의 멸종했다고 주장한다. 여러 사람의 유전자를 비교하면 이들이 서로 얼마나 가까운 혈연관계인지를 알 수 있을 뿐 아니라 오래전에 살았던 과거 인류의 수가 얼마였는지도 알 수 있기 때문이다. 즉 현재 인간의 유전자 차이가 심할수록 석기시대에 살아남았던 우리 조상의 수자가 많았다는 이야기가 된다.

반대로 현대인의 유전자가 유사할수록 우리는 적은 수의 조상에서 뻗어 나온 가지들이다. 실제로 지구상에 살고 있는 모든 인류의 유전자는 엄청나게 유사하다. 가장 멀리 떨어져 살았던 두 부족인 에스키모와 오스트레일리아 원주민에게서조차 큰 차이가 발견되지 않는다.

따라서 인류는 역사의 오랜 기간 동안 아주 수가 적었다. 분자고고학의 최근 연구 결과로는 10만 명을 넘지 않았을 것 같다고 한다.

우리 조상들이 자손을 번창시킬 수 있었던 건 약 4만 년 전 신석기시대에 들어와 예리한 돌칼을 제작하는 신기술이 탄생하면서 인구 폭발이 일어난 이후였다. 그전까지 인류는 확률 낮은 행운에 불과했다. 적어도 세 차례의 멸종 위기가 있었다.

첫 번째는 약 200만 년 전 인류가 오스트랄로피테쿠스와 분리되면서 인구가 급감했을 때였다.

그다음은 석기 시대 초기와 중기에 일어난 급격한 기후 변화가 원인이었다.

세 번째 멸종 위험은 최초의 현대인이 전 지구를 정복하기 위해 치러야 했던 무시무시한 대가였다. 약 7만 년 전 아프리카를 떠나 각지로 흩어지는 와중에 수많은 사람들이 생을 마감했던 것이다.

서로가 서로를 보호하는 집단들만 살아남을 수 있었다. 모든 차원에서 연대가 필요했다. 다른 가족보다 잘 뭉치는 가족이 더 많은 자손을 남겼다. 이웃의 신뢰를 얻은 씨족이 자신들에게 부족한 것을 교환할 수 있었다. 각 씨족들이 전체를 위해 개별 이익을 포기한 부족이 내분에 힘을 덜 낭비했다.

반대로 각자가 자기 잇속부터 챙기는 집단은 역사의 소용돌이에서 헤어 나오지 못했다. 집단의 상당수가 목숨을 잃으면 남은 숫자도 충분한 지원을 받지 못하기 때문에 집단 자체의 생존율이 매우 낮아진다. 그러니 남은 집단마저 사라지는 건 시간문제일 뿐이었다.

공동 육아와 사회지능

진화가 어떤 순서로 걸림돌들을 제거했는지는 알 수 없다. 확실한 건 오스트랄로피테쿠스에서 후계자인 호모 루돌펜시스로 넘어가는 길에 인간의 뇌 용량이 50퍼센트 더 증가했다는 사실이다. 동아프리카에 처음으로 심각한 기후 변화가 밀어닥친 건 지금으로부터 250만 년 전이었다. 그 시기는 호모 종의 첫 대표주자인 호모 루돌펜시스가 조상들보다 고기를 더 많이 먹기 시작한 시점과도 겹친다. 처음엔 뱀장어가 주요 영양 공급원이었을 것이다. 아직은 튼튼한 송곳니도 발톱도 없었기에 사냥을 잘하지 못했을 것이다. 우리 조상들이 이런 불리한 조건을 극복한 건 무기를 이용하고 힘을 합쳐 사냥하기 시작하면서부터였다. 뛰어난 지능덕분에, 하지만 무엇보다 협동력 덕분에 인간은 실력 좋은 사냥꾼으로 거듭났다.

이 혁명이 정확히 어떤 결과를 가져왔는지는 불분명하다. 미국의 인류학자 세라 블래퍼 허디의 가설에 따르면 우리 조상들의 사회지능은 공동 육아를 통해 형성되었다. 몇 년 동안 현장 연구가로 야생 원숭이들과 함께 생활했던 허디는 못 보고 지나치기 쉬운 인간과 다른 영장류의 차이점을 발견했다. 거의 모든 원숭이가 어미 혼자 육아를 책임지는 데 반해 인간은 대부분의 문화권에서 평균적으로 엄마가 아이와 관련된 일의 절반만 떠맡는다는 것이다. 나머지는 아빠나 조부모, 다른 친척들, 나아가 친구나 이웃, 전문 교육가와 같은 외부인들이 나누어 맡는다. 그러니 우리 인간들은 태어나는 순간부터 많은 사람들의 보살핌을 받게 되는 셈이다.

허디는 다음 세대를 위한 그런 식의 공동 노력을 우리의 유일한 능력인 협동력의 원천으로 본다. 공동 육아의 장점은 명확하다. 엄마가 아기를 잠시라도 다른 사람에게 맡길 수 있으면 그 시간을 이용해 자신과 아기의 먹을 것을 구할 수 있다. 헐벗은 스텝에서 중요한 생존 조건이 아닐 수 없다. 또 산고에 지친 몸을 쉬어 더 빨리 재임신의 신체조건을 갖추게 되므로 번식력이 높아진다. 오늘날의 원시 부족들은 3~4년에 한번 꼴로 아기를 낳지만 유인원들은 4~8년 만에 새끼를 낳는다. 출산으로 인한 체력소모가 인간보다 덜하고 새끼도 훨씬 빨리 자라는 데 말이다. 사치스러울 정도로 긴 인간의 유년기 또한 공동 육아의 공이다. 예를 들어 아직도 석기를 사용하는 원시 부족 중 하나인 동아프리카 하즈다족의 아기들은 엄마 손에 있는 시간이 거의 없다. 아기를 돌보는 시간의 85퍼센트를 다른 사람들이 맡아준다. 고고학자들의 자료에 따르면 다른 원시 부족들의 경우도 크게 다르지 않다.

그런데 이렇게 많은 사람들이 육아를 거들면서 아기도 바뀐다는 것이 허디의 주장이다. 원숭이의 경우 주로 어미가 새끼를 보살피지만 인간의 아기는 태어나는 순간부터 자신을 둘러싼 많은 얼굴을 보게 된다. 아빠, 형제자매, 할머니, 할아버지, 이모, 고모, 삼촌, 가족의 친구들까지 모두가 아기에게 감탄하고 아기를 보살핀다. 하지만 이 많은 어른들의 관계는 밤낮으로 먹을 것과 온기를 제공하는 어미와 새끼 원숭이의 결속에 비해 훨씬 허약하다.

이런 딜레마를 해결하는 방법은 한 가지뿐이다. 아기가 최대한 빠른 시간 안에 타인의 기분과 욕망을 추측하고 그에 적응하는 법을 익혀야 하는 것이다. 이것이 진화에 새로운 압박을 가한다. 먹이와 애정이 부족한 경우 아기가 주변 사람들을 잘 이해할수록 그 아기의 생존 확률도 커질 것이다. 우연히 유전자 돌연변이를 통해 사회지능이 남들보다 뛰어난 아기가 태어났다면 그 아기는 사회지능이 떨어지는 아기들보다 더 성인으로 성장하여 번식할 확률이 높았을 것이다. 그러니 우연히 탄생한 유전자가 확고하게 뿌리를 내리게 되었을 것이고 집단 내 사회지능은 지속적으로 증가했을 것이다.

이렇듯 사회지능은 언어 능력과 마찬가지로 인간의 유전자에 새겨져 있다.

하지만 허디는 타고나는 사회지능도 발현되려면 훈련이 필요하다 말한다. 나이가 많은 형제자매와 같이 자라거나 대가족에서 성장한 아기의 사회지능이 대부분의 시간을 엄마와 보내는 외동아이보다 훨씬 잘 발달한다. 허디는 이 사실을 자기 이론을 입증하는 증거로 본다.

먼저 친절하게 그다음으로 똑똑하게

하지만 공동 육아는 인류를 탁월한 협동력으로 인도한 여러 갈래 길 중에서 한 갈래에 불과하다. 어쩌면 모든 것이 공동 사냥과 더불어 시작되었을 수도 있다. 암사자는 꼭 필요할 때만 힘을 합치지만 우리 조상들은 날로 많은 일을 함께했다. 참여한 사람은 보상을 받았고, 동시에 게으름뱅이를 벌하는 분위기가 형성되었다.

어쨌든 협동심이 강한 사람들이 그렇지 않은 사람보다 유리했고 더 많은 자손을 퍼트릴 수 있었다. 아마 최초의 인류가 타인을 돕는 법을 배우는 데는 이 모든 요인들이 함께 작용했을 것이다.

오늘날의 우리는 단순한 봉사 정신을 훨씬 뛰어넘는 착한 마음씨를 타고난다. 어린아이만 봐도 침팬지와 다르게 행동한다. 침팬지는 자기만 바나나를 얻어먹고 옆 친구는 못 얻어먹어도 전혀 아랑곳하지 않는다. 어린아이는 다르다. 물론 자기만 사탕을 얻더라도 아이가 사탕을 먹지 않는 건 아니다. 하지만 두 살만 되어도 친구와 나란히 사탕을 얻어먹을 때 더 기분 좋은 표정이 된다. 아이에게 두 가지 중 하나를 선택하라고 시켜도 마찬가지 결과가 나온다. 이렇듯 인간의 정의감은 아주 이른 나이부터 나타나기에 유전적으로 타고날 가능성이 지극히 높은 것이다.

인간의 이런 감정은 아주 일찍부터 발달한 것으로 보인다. 어쨌거나 호모 사피엔스가 7만 년 전 아프리카를 떠나기 훨씬 전부터 발달한 것 같다. 타인의 입장에서 생각하는 공감과 나눔 정신, 협동심이 세계 모든 민족에게서 공통적으로 발견되는 것을 보면 말이다. 1만 년도 더 된 클라시스 동굴의 들소 뼈나 그보다 더 오래된 공동 사냥의 증거들 역시 당시의 인류가 복잡한 공동 행동을 할 줄 알았다는 사실을 입증한다.

그 원인이 공동 육아였건 사냥이었건 우리 조상들은 다른 이성의 능력보다 먼저 사회지능을 개발한 것이 분명하다. 지금껏 많은 고생물학자들은 반대의 주장을 펼쳤다. 먼저 추상적 지능과 언어가 발달하고 그다음으로 타인의 욕구를 이해하는 감각이 성장했다고 말이다.

하지만 우리의 뇌가 얼마나 많은 에너지를 집어삼키는지를 생각한다면 이 순서는 신빙성이 떨어진다. 뇌는 우리가 섭취한 영양소의 거의 4분의 1을 필요로 한다. 더구나 어린 호모 사피엔스는 뇌가 다 자라고 자식을 낳을 수 있을 때까지 최소 15년이 걸린다.

이런 기나긴 유년기를 위해 치러하 하는 대가는 막대하다. 아들, 딸은 소중한 음식을 먹어 치우고, 부모의 행동을 제약하는 데다, 질병과 굶주림, 적의 공격에 희생될 위험에 항시 노출되어 있기에 극도로 불확실한 투자다.

그러므로 모든 정황으로 보건대, 인간은 우리 조상들이 힘을 합쳐 존재의 위험을 줄일 줄 알게 된 후에야 큰 뇌를 갖게 되었을 것이다. 사촌인 침팬지보다 똑똑해지기 전에 일단 단결력을 향상시켰던 것이다. 지능과 언어, 문화, 이 모든 성과는 우리의 공감할 줄 알고 입장 바꿔 생각할 줄 아는 능력 덕분이다. 먼저 가장 친절한 원숭이가 되고 난 후 가장 똑똑한 원숭이가 되었던 것이다.

그리고 이제 우리는 되돌아갈 수 없다. 아기를 키우는 데 드는 비용은 엄마 혼자 감당하기에는 너무 벅차다. 뇌의 에너지 소비는 힘을 합쳐 필요한 영양분을 마련하지 않을 수 없을 정도로 늘어났다. 협력과 신뢰와 우정은 충분조건인 동시에 필수조건이 되었다. 씨족에서 출발하여 부족을 거쳐 민족에 이르기까지 집단은 점점 더 커졌다. 그리하여 번식을 위해 투쟁하는 개인들 옆에 또 하나의 단위가 결정적인 역할을 맡게 되었다. 그 단위는 다름 아닌 집단이다.

7장

착한 사람들의 보호막

야훼께서 대답하셨다.
"소돔 성에 죄 없는 사람이 50명만 있으면,
그 죄 없는 사람을 보아서라도 다 용서해줄 수 있다."

- 창세기 -

☺☺☺

어떤 사람이 당신에게 1000유로를 주겠다고 한다. 그런데 조건이 하나 있다. 그 돈의 일부를 나한테 나눠주어야 하는데, 내가 그 액수에 동의해야 한다. 만일 내가 거부하면 당신도 한 푼도 못 받는다. 당신이라면 얼마만큼의 돈을 나한테 주겠는가?

절반? 당신은 마음씨가 고운 사람이다. 그렇지만 우리는 모르는 사이고 앞으로도 두 번 다시 볼 일이 없을 것 같다. 그러니 굳이 그렇게 많이 줄 필요는 없을 것 같다. 400유로만 주어도 나는 만족할 테니까. 200유로만 주면? 20유로만 주면? 그럼 당신은 980유로를 가질 수 있다. 내가 승낙하기만 하면 된다. 내가 당신을 짠돌이라고 생각하거나 말거나 아무 상관없다.

당신이 내 입장이라면 나의 제안을 받아들이겠는가? 왜 내가 당신보다 많이 가져야 하는 건지 짜증이 날지도 모르겠다. 나는 멋진 외투를 살 수 있는데 당신은 달랑 싸구려 티셔츠 한 장이라니! 같이 게임할 의욕이 사라진다. 그래서 당신은 나의 제안을 거부한다.

당신이 주는 입장에서 이성적으로 계산하려면 얼마까지 허용할 수 있을지 자문해야 한다. 내가 호모 에코노미쿠스의 입장에서 완전히 합리적인 행동을 한다고 가정할 때 대답은 뻔하다. 정확히 1유로다. 내가 당신의 제안을 거절하면 우리는 둘 다 한 푼도 못 건진다. 하지만 1유로는 0유로보다는 낫다. 그러므로 내가 거절하면 그건 오로지 당신을 벌하기 위해 나 스스로 손해를 입는 것이다. 그 얼마나 어리석은 짓인가. 하지만 당신은 정확히 알고 있다. 내가 호모 에코노미쿠스가 아니라는 사실을. 당신 역시 호모 에코노미쿠스가 아니다. 그래서 당신은 나한테 그런 인색한 제안을 하겠다는 생각조차 하지 않았을 것이다.

당신의 행동은 지극히 정상적이다. 수천 명이 이 게임을 했지만 대부분은 1000유로를 받아 400에서 500유로를 상대에게 주겠다고 제안했다. 그리고 그들의 선택은 옳았다. 돈을 받는 쪽의 절반이 300유로 이하의 제안은 거절했기 때문이다. 오가는 돈의 액수를 높였을 때는 상대의 제안이 공평하지 못하다는 이유로 거절한 액수가 무려 석 달치 월급일 때도 있었다.

이 게임의 이름은 '최후통첩'이고 1981년 독일의 경제학자 베르너 귀트가 고안했다. 이 게임은 정의감이 우리에게 얼마나 깊이 각인되어 있는지, 다시 말해 정의감을 짓밟은 사람을 벌하기 위해 우리가 얼마만큼 대가를 치를 수 있는지를 측정한다. 공평하지 못하다는 생각에 상대의 제안을 거절한 사람의 행동이 바로 그런 목적이기 때문이다. 우리는 정의를 원한다. 비록 그 대가로 내가 피를 흘려야 한다 해도 말이다.

정의와 이타심의 관계

철학자들은 정의를 각자가 요구할 수 있는 이익에 대한 적절한 보상이라고 해석한다. 일반적으로 우리는 도움이 필요한 사람에게 도움을 주는 사람을 이타적이라고 칭찬한다. 하지만 정의를 요구하는 사람이 이타주의자인가의 문제를 두고는 의견의 통일을 보지 못한다. 정의는 자비심보다 더 많은 도덕을 요구하기 때문이다. 자비심을 베풀지, 말지는 자유롭게 선택할 수 있다. 오늘은 자선을 베풀지만 내일은 그렇게 하지 않고 다시 모레 자선을 베풀 수 있다. 하지만 정의가 넘치는 곳에선 분배의 기준이 있다. 그 기준을 거부한 사람은 스스로 그 사실을 체감한다. 그렇지 않으면 기준이란 것이 금방 소용없어져 버릴 테니까. 정의에 대한 요구는 외부에서 오는 압박과 비슷한 영향을 공동체에게 미친다. 이기주의자가 정의를 거부하기 힘들도록 만들어 결속력을 강화시킨다.

하지만 정의를 지키기 위해서도 대가를 치러야 한다. 무언가를 내놓는 사람만 비용을 치르는 게 아니다. 피해자도 정의를 지키기 않는 사람들을 벌하라고 요구한다. 최후통첩 게임에서처럼 현실에서도 제제 조치는 비용이나 노력을 요한다. 게다가 벌을 받은 사람들이 적의가 따라온다. 그러므로 정의를 위해 투쟁하려면 항상 이타심이 필요한 것이다.

경제학자들은 인간이 정의를 추구하는 건 자신에게 이득이 되기 때문이라고 반박한다. 정의를 위해 단기적인 이익을 포기한다면 그건 오로지 장기적으로 이득이 되기 때문이라고 말이다. 상대가 우리를 함부로 대하면 안 되겠다는 깨달음을 얻어 다음번에는 더 괜찮은 제안을 할 테니까.

하지만 상대를 두 번 다시 볼 일 없는 최후통첩 게임은 말할 것도 없고 일상생활에서도 우리의 행동은 이 이론과 맞지 않는다. 기업의 인사과장은 공정한 임금을 지불하는 것이 기업을 위해서도 유익하다는 사실을 잘 알고 있다. 최후통첩 게임의 주는 쪽처럼 기업은 직원들의 업무 활동에 의존한다. 그 무엇도, 그 누구도 직원들에게 규정보다 더 많은 일을 하라고 강요할 수 없다. 오로지 공정한 임금을 받는다고 느끼는 사람만이 책임감에서 더 열심히 일을 한다. 학자들의 연구 결과로도 알 수 있듯, 심지어 하루만 일하고 말 일용직원도 급여가 많아지면 더 열심히 일한다. 그러니 힘든 시기가 닥쳤다고 임금을 삭감하자는 생각은 치명적인 결과를 초래한다. 직원들은 서둘러 노동의 질과 양을 줄인다. 그것이 최후통첩 게임에서 낮은 액수의 제안을 거절한 피실험자의 행동처럼 자기한테도 손해가 되는 행동인데 말이다. 직원들이 임금 삭감을 용인하는 경우는 회사가 파산 직전에 놓였을 때뿐이다.

원칙이 중요한 이유

독일의 법원에 하루만 있어보면 우리가 정의를 요구하

는 것이 오로지 자기 이익 때문이라는 주장을 완전히 뒤엎
어버릴 수 있다. 그곳에 온 사람들은 (손해를 감수하고서라도) 자
신을 부당하게 대접한 사람들에게 처벌을 내려달라고 요구
한다. 문제 있는 상품을 판 판매업자를 고소한 사람이 있는
가 하면, 버스 투어를 했는데 약속과 달리 에어컨을 틀어주
지 않았다고 피해보상을 요구한 할아버지에, 시공비를 못
받았다는 인테리어 업자도 있다. 하지만 송사가 끝나도 이
긴 쪽이 받는 금액은 변호사와 법원 수입의 몇 분의 일에 불
과하다. 그러니 그들의 행동을 제 실속 차리기로만 설명하
는 건 부당하다. 그들에게 중요한 건 원칙이다.

변호사조차도 호모 에코노미쿠스처럼 행동하는 건 아니
다. 사회심리학자 올런드 린드가 엄청난 양의 법원 서류를
검토하고 평가한 후 내린 결론이다. 피고와 원고가 대기업
의 대표라 해도, 소송에서 오가는 돈이 수백만 유로에 육박
한다 해도 그들의 마음을 움직인 건 정의감이었다. 소송 당
사자가 상대의 합의안을 받아들이는 기준은 자신에게 얼마
나 득이 되느냐가 아니라, 협상과 합의 제안의 공정성 여부
였다. 공정하지 않다고 생각되면 산더미 같은 소송비용으로
파산할 지도 모를 위험을 무릅쓰면서까지 소송을 멈추지 않
았다.

정의를 위해 희생을 감수하는 건 법원에서만 볼 수 있는

광경이 아니다. 피부색 때문에 멸시받는 이웃을 위해 발 벗고 나선 용기 있는 시민의 행동 역시 인상적이다.

미국 시민권 운동의 아이콘으로 부상했던 로자 파크스의 이야기가 대표적이다. 그녀가 버스에서 백인 승객에게 자리를 양보하지 않았다는 이유로 감옥에 갇히자, 이듬해인 1956년 내내 4만 명이 넘는 그 도시의 흑인들이 항의의 뜻에서 버스를 타지 않았다. 아무리 멀어도 걸어가거나 비싼 돈을 내고 택시를 탔다. 결국 최고법원은 로자 파크스의 손을 들어 주었고 관청도 구태의연한 인종정책을 바꿀 수밖에 없었다.

미얀마 민주화 운동의 대표주자 아웅 산 수치 역시 정의를 향한 갈망이 가족애보다 더 강할 수 있다는 사실을 보여 준다. 노벨 평화상을 수상한 그녀는 지난 20년간 가택 연금 상태에 있다. 두 아들조차 그녀가 사는 집으로 들어갈 수 없다. 영국인 남편 마이클 아리스는 불치의 암 선고를 받기 직전인 1995년 크리스마스에 마지막으로 아내를 만났다. 유엔 사무총장과 교황까지 나서서 외교적인 노력을 기울였지만 미얀마 양곤의 군사정권은 끝내 불치병에 걸린 남편에게 비자를 내주지 않았다. 대신 수치에게 미얀마를 떠나라고 종용했다. 하지만 일단 나라 밖으로 나가면 두 번 다시 돌아올 수 없기에 그녀는 결국 남편과의 작별 인사를 포기하고 말았다. 1972년 아웅 산 수치와 결혼한 아리스는 1999년에 사망했다. 마지막 10년 동안 그는 아내를 겨우 다섯 번밖에 보지 못했다.

스위스 작가 막스 프리슈는 정치 행동가들은 결코 추종자들에게 행복을 약속하지 않는다고 말했다. 사람들을 거리로 내모는 건 행복의 약속이 아닌 정의를 향한 갈망이다.

세상에서 가장 친절한 사람들

그렇다면 과연 정의란 무엇인가? 우리는 무엇을 정의로 느끼나? 어디에서 행복을 찾는지 물으면 모두가 대답을 할 수 있겠지만 정의에 관해서는 의견이 일치되지 않을 때가 많다. 항상 관건은 분배다. 버스 좌석이건 국가 권력이건, 케이크건 각자에게 돌아가는 몫을 정하는 기준은 강제적이지 않다. 아무도 반발하지 않으면 분배는 이루어진다. 우리가 무엇을 정의로 생각하는지는 오로지 기준의 문제다. 한 사회에서 통과된 합의의 문제인 것이다.

그렇지만 그 기준을 누가 혹은 무엇이 결정하나? 세계 각지의 학자들이 이 질문의 답을 찾았다. 그들이 사용한 도구는 최후통첩 게임이다.

이 게임을 이용하면 간단하게, 또 남들과 비교하면서 공정함을 바라보는 자신의 입장을 캐물을 수 있다. 더구나 대답은 솔직할 수밖에 없다. 정의를 지키고자 하는 사람일수록 게임에서 그 정의를 위해 더 비싼 대가를 치러야 하니까 말이다. 그 결과 이타심은 어디에서 활짝 피어나는지, 어떤 환경에서 탐욕이 넘쳐나는지가 드러난다.

'여러 민족의 이기주의와 이타주의 비교 연구' 중 가장 대규모 연구를 이끈 주인공은 인류학자 요제프 하인리히다. 그는 직접 세계 구석구석을 찾아다니며 실험을 실시했다. 미국 로스앤젤레스, 일본 도쿄, 이스라엘 예루살렘, 인도네시아 자바 섬에서 대학생을 상대로 실험을 실시했는가 하면 동아프리카의 농부, 몽골 유목민, 칠레 안데스 산맥과 페루 아마존의 원주민도 빠뜨리지 않았다. 파푸아뉴기니의 우림에 있는 한 마을에서만 실패했는데, 그곳의 한 여성이 실험을 '악마의 짓'이라고 비난하며 칼을 빼들고 그들을 위협했기 때문이었다.

그는 세계 곳곳에서 이틀치 임금에 해당하는 금액을 걸고 최후통첩 게임을 실시했다. 모든 실험 참가자들이 상당한 아량을 베풀었다. 문명세계에서는 선진국이나 개발도상국이나 같은 결과가 나왔다. 평균적으로 주는 쪽은 돈의 절반을 나누어주었고, 받는 쪽은 원래 금액의 5분의 1보다 낮은 액수일 경우 제안을 거절했다.

　사실 이런 결과만도 놀라운 것이다. 언어와 종교, 사람을 대하는 방식이 그렇게 다른 사람들이 정의에 대한 생각만은 놀랄 정도로 동일하니 말이다.

　하지만 원시 부족의 경우 양쪽이 공평하다고 생각하는 금액의 차가 심했다. 하인리히의 연구 결과 지상에서 가장 마음씨가 착한 사람들은 인도네시아 라마레라 고래잡이들이었다. 이들은 자기가 받은 돈의 3분의 1을 상대에게 주었다. 가장 인색한 부족은 페루 우림에 사는 마치구엔가족으로, 받은 금액의 4분의 1만 상대에게 주었다. 하지만 상대 역시 그 태도에 이의를 제기하지 않았다. 이 모두가 정통 경제학의 예언과는 일치하지 않았다. 마치구엔가족 조차도 순수한 이기주의자와는 거리가 멀었다. 그 정도로 사회본능은 우리 인간의 마음에 깊이 뿌리는 내리고 있는 것이다.

　실험에 참가한 사람들은 거의 언제나 자기 민족의 관습에 따른 결정을 내렸다. 아우족과 그나우족은 파푸아뉴기니의 두 원주민족으로, 행동연구가들이 라마레라 사람들과 마찬가지로 '하이퍼페어(hyperfair)'라는 평가를 내렸다. 다시 말해 상대에게 받은 금액의 절반 이상을 주는 경우가 허다했다. 그런데 라마레라 사람들과 달리 돈을 받은 쪽이 거부하는 경우가 많았다. 아우족과 그나우족의 경우 큰 선물을 하는 것이 신분의 상징이기 때문이다. 그러니 거꾸로 선물을 받는 것은 굴종의 의미다. 반대로 페루의 아체족은 거의 모두가 받은 돈의 절반을 나눠 주었고 받는 쪽도 절대 거절하지 않았다. 이 사냥꾼들에겐 잡은 고기를 가족끼리 나누는 풍습이 있는데, 이때 자기에게 배분된 몫은 절대 거절할 수 없다.

거래가 자비심을 키운다

라마레라 사람들은 왜 그렇게 마음씨가 착하고, 마치구엔가는 왜 그렇게 인색할까? 두 종족의 차이를 설명하기 위해 하인리히와 그 동료들은 거주민 수에서부터 사회 형태, 비밀을 지키는 능력에 이르기까지 온갖 가능한 요인들을 조사했다. 하지만 다 소용없었다. 그러다 마침내 거래의 활성화 정도, 가족 외부인과의 협력 정도가 결정적 원인이라는 것을 알게 되었다.

마치구엔가족은 개인주의자다. 각 가족은 자급자족을 하기 때문에 다른 가족의 기쁨과 근심에 거의 관심이 없다. 아주 드물게 다른 가족을 만날 기회가 있는데, 바로 물고기를 잡을 때다. 이때는 힘을 합쳐 둑을 쌓아 강물을 막고 물이 썩기를 기다린다. 하지만 죽은 물고기가 물 위로 떠오르자마자 다들 미친 듯 달려가서 어서 빨리 고기를 잡겠다고 야단법석이다. 침팬지가 원숭이 사냥을 할 때처럼 아무도 타인의 이해관계에는 관심이 없다.

그렇지만 만일 라마레라 사람들이 그렇게 이기적으로 행동했다가는 굶어죽기 십상이다. 그들이 사는 비탈진 화산 암벽엔 경작지가 없기 때문에 이들은 고래를 잡아서 먹고 산다. 그런데 이 고래잡이는 처음부터 끝까지 공동작업이다. 노와 종려 잎으로 만든 돛으로 나아가는 배는 최소 아홉 명의 선원이 있어야 움직인다. 경험 많은 선원이 필요한 터라 선원 전원을 한 가족으로 충당하기는 힘들다. 게다가 항해사와 사수, 선원들의 손발이 척척 맞아야 고래에 맞설 수 있다. 바다 한 가운데서 배 한 척이 뒤집히는 경우도 잦다. 그럴 때면 다른 배들이 달려가 도와준다. 고래를 잡으면 배에 탄 사람들만 고기를 나누는 게 아니다. 육지에서 배를 만든 사람과 돛을 만든 사람도 정확히 계산한 기준에 따라 제 몫을 받는다. 규칙을 어긴 사람은 당분간 고래사냥에서 제외되어 굶을 수밖에 없다.

이곳 사람들은 마음씨가 후한데 저곳 사람들은 짠돌이인 건 그들이 몸담은 공동체의 생활 방식 탓이다. 마치구엔가족의 경제는 아주 원시적이다. 페루의 원시림에선 각 가족이 알아서 배를 채워야 한다. 그래서 교환을 해본 적이 없다. 여러 가지 물건의 가치를 비교하는 방법도 모르고, 협력이 모두에게 득이 된다는 경험을 해 본 적도 없다. 정의감을 갈고닦는 데에도 그런 경험이 필요한 것이다.

라마레라 사람들이 후한 것은 어릴 때부터 서로가 얼마나 필요한 존재인지를 배웠기 때문이다. 더구나 이들은 외부인과도 거래를 히고 시장에 나가 상품을 판매하기도 한다. 하인리히의 비교 연구는 일반적으로 (장사를 하건, 집단으로 생활을 꾸려 나가건) 의존하는 외부인의 숫자가 많을수록 나눔 정신도 커진다는 사실을 밝혀냈다.

연습이 정의를 만든다

고도로 발달한 현대 사회 역시 정의의 기준이 없으면 안 될 정도로 거래와 교환에 익숙하다. 우리의 공정함을 결정하는 것이 우리 문화가 꿈꾸는 이상세계가 아니라 경제 방식이라는 말이다.

전 세계의 대도시 주민들은 다 비슷한 방식으로 살아간다. 독일 프랑크푸르트에 살건 인도네시아 자카르타에 살건 대부분 노동력을 팔아 받은 임금을 상품과 교환한다. 따라서 유럽의 도시에서도 자바 섬에서도 중동에서도 동일한 정의관이 자리를 잡게 되었다.

하지만 그 기준은 사람들의 다수가 어떻게 행동하는지만 결정할 뿐이다. 언제나 그렇듯 위로도 아래로도 일탈이 있다. 특별히 이기적인 사람과 특별히 이타적인 사람이 있는 것이다. 이런 차이는 개인의 생활 상황과도 관련이 깊다. 예를 들어 경제학을 공부하는 대학생들은 평균적으로 이기적이다. 이 미래의 경영자 또는 은행가들은 최후통첩 게임에서 낮은 금액을 제공하고, 다른 사람 같으면 화를 내며 거절했을 쥐꼬리 같은 액수도 선뜻 받아들인다. 다른 실험에서도 이들은 자기 이익을 위해 상대를 속이는 데 별 어려움이 없었고 기부에 인색했다.

물론 천성적으로 인색한 사람이 경제학을 전공으로 택했을 수도 있다. 그렇지만 이런 주장을 반박하는 몇 가지 증거가 있다. 일반적으로 대학생들은 학교생활이 오래될수록 이타적으로 바뀐다. 대학 생활과 공부를 통해 남을 위해 무언가를 하면 자기한테도 좋다는 사실을 배우는 것이다. 유독 경제학과 학생만은 정의감이나 협동심의 성장이 목격되지 않았다. '지갑을 주우면 주인한테 돌려줄 것인가?'라는 질문에 대한 답에서도 드러나듯 오히려 냉소만 늘어난다. 이것은 강의를 통해 전달된 인간상에 대한 그들의 반응인 듯하다. (1993년 이와 관련된 최초의 연구 결과가 발표되자 몇 개 학과가 격렬하게 반발했고 결국 이 연구의 책임자인 미국의 경제학자 로버트 프랭크가 나서서 해명할 수밖에 없었다. 자신이 주장하고자 하던 것은 경제학 공부가 젊은이들은 잠재적 연쇄살인범으로 돌변시킨다는 말이 아니라고, 그저 특정한 사회 갈등이 학생들의 행동에 영향을 미친다는 말일 뿐이라고 말이다.)

정의감은 다리 근육과 비슷하다. 얼마나 훈련하느냐가 중요하다. 이런 결론은 스위스 자전거 택배기사를 대상으로 한 독창적 연구의 결과와도 일치한다. 이들 택배기사 중에는 시급을 받는 사람과 도급을 받는 사람이 있다. 실험을 해보니 시급을 받는 기사가 도급을 받는 기사보다 훨씬 이타적이었다.

기회주의자의 유혹

정의의 본질을 두고는 의견이 분분하지만 이 모든 입장을 관통하는 하나의 공통분모가 있다. 다른 사람이 대가를 지불한 것을 명백한 이유도 없이 받는 것은 부당하다는 생각이다. 그 때문에 우리는 무임승차한 사람을 비난의 시선으로 바라본다. 같은 이유로 우리는 회사 경영은 엉터리로 하면서 엄청난 연봉을 받는 경영자에게 분노한다. 당연히 그 돈은 고객과 회사 직원들(혹은 납세자)의 주머니에서 나온 것이기 때문이다. 한마디로 우리는 타인에게 기만당하는 것을 부당하다고 생각한다.

집단의 협력이 어려운 것도 정확히 그런 이유이다. 이런 사실을 가장 잘 확인할 수 있는 실험이 바로 '무임승차 게임'이다. 각자 익명으로 공동의 통에 돈을 집어넣으면 그 돈이 불어나서 모든 참가자가 똑같이 나누어 갖는 게임이다. 여섯 명이 게임에 참가한다고 가정하자. 이들이 원하는 액수를 통에 집어넣는다. 게임이 1회 끝날 때마다 실험 리더는 모인 돈을 세 배로 불려서 각 참가자에게 똑같이 나누어 준다. 예를 들어 모두가 10유로씩 투자했다고 하면 나중에 각자 30유로씩 돌려받는 것이다. 그러니까 돈을 집어넣는 건 괜찮은 장사다. 하지만 당연히 한 푼도 안 넣고 돈을 돌려받는 쪽이 더 수익이 좋다.

경기자들이 통에 집어넣는 액수는 전철 차비나 직원들의 업무에 해당한다. 되돌아오는 돈은 그를 통해 만들어진 잉여가치에 해당한다. 승객들은 이동을 하고 회사는 돈을 벌어 직원들에게 급료를 지불한다. 하지만 내가 차비를 안 내도 전철은 운행을 하고, 직원이 일을 게을리해도 노동 계약을 맺은 기업은 매달 꼬박꼬박 직원의 계좌에 월급을 이체하기 때문에 통에 넣는 돈을 줄이고 싶은 유혹이 일어난다.

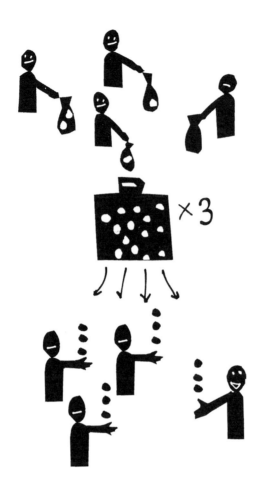

무임승차 게임: 네 명의 경기자가 공동의 통에 원하는 액수의 돈을 집어넣는다. 그러면 실험 리더는 통에 모인 금액의 세 배에 해당하는 돈을 모두에게 똑같이 나누어준다. 오른쪽 경기자처럼 한 푼도 안 집어넣은 사람도 게임이 끝나면 돈을 받는다. 그의 결정이 가장 수익이 높지만 대부분의 사람들은 돈을 통에 집어넣는다. 물론 다른 사람들도 다 그렇게 할 때까지 만이다.

무임승차 게임에서도 비슷하다. 여섯 명이 게임을 하는데 다섯 명만 10유로를 내면 통에 든 돈은 50유로가 된다. 이 돈을 세 배로 불려서 똑같이 여섯 명에게 나누어주면 각자에게 25유로가 돌아간다. 따라서 모두가 이익을 보지만 가장 이익을 많이 본 쪽은 무임승차한 경기자다. 지금 그의 계좌엔 35유로가 들어 있을 테니 말이다.

무임승차 게임의 역설은 모두가 돈을 내면 모두가 더 많이 벌지만, 개인의 입장에서 보면 돈을 내지 않고 돌아오는 몫만 챙기는 쪽이 더 유리하다. 물론 집단에게는 손해다. 실생활에서 무임승차하는 사람이 늘어나면 버스 회사가 수거하는 차비가 줄어들 것이다. 어쩔 수 없이 비싼 돈을 주고 차표 검사원을 고용해야 할 것이고, 그로 인해 다시 차비가 인상될 것이다.

다행스럽게도 제 잇속만 챙기자는 유혹에 넘어간 비율은 3분의 1이 채 안 되었다. 하지만 대다수(참가자의 절반 이상)는 기회주의자였다. 즉 공익을 위해 노력하고 싶지만 어떤 대가를 치르더라고 공익을 우선하는 건 아니다. 그래서 처음에는 후하게 돈을 집어넣고, 다른 사람들도 동참하면 계속 후한 태도를 버리지 않는다. 하지만 다른 참가자들이 기대보다 적은 돈을 투자하는 순간 순식간에 자린고비로 돌변한다. 바로 이것이 우리의 정의 기준이다. 타인과 공동체를 위해 봉사할 마음은 넘쳐나지만 절대 이용당하고 싶지는 않은 것이다.

나머지 5분의 1은 극단적인 이타주의자다. 이들은 온 사방이 사기꾼들 천지여도 집단을 위해 희생한다. 하지만 대부분의 사람들은 타인의 행동을 단순히 반사한다. 남이 자기 몫을 다하면 자기도 그렇게 한다. 하지만 남들이 이기적인 모습을 보이면 자기도 제 잇속을 먼저 챙긴다. 우리는 호모 에코노미쿠스가 아니라 호모 레시프로칸스다. 반응의 희망을 먹고 사는 인간들이다. 우리는 제한을 두고 이타심을 연습한다. 우리는 조건부 이타주의자다.

들으려 하지 않는 사람은

실생활에서도 그렇지만 무임승차 게임을 할 때도 경기자들은 실망할 때가 많다. 몇몇 이기주의자가 오로지 다수의 선의를 이용할 생각만 하기 때문이다. 이런 태도가 정의 기준에 부합하지 않기에 협력은 얼마 못 가 와해되기 시작한다. 한 사람이 반복하여 돈을 내지 않으면 다른 사람들도 돈을 내지 않는다. 따라서 대부분의 경우 게임은 몇 회를 넘기지 못하고 끝나고 만다. 각자가 자기 잇속만 따지느라 돈을 내지 않기 때문이다.

그렇지만 경기자에게 무임승차자를 처벌할 기회를 주면 상황은 돌변한다. 물론 처벌에는 비용이 든다. 예를 들어 한 참가자가 무임승차자를 적발하면 게임의 리더가 그 실제 무임승차자 혹은 추정상의 무임승차자한테서 3유로를 빼앗는데, 이때 적발을 한 사람도 1유로를 내야 한다. 그런데도 경기자들은 신이 나서 처벌의 권한을 열심히 사용하고 처벌은 효과를 발휘한다. 다시 모두가 착실하게 자기 몫을 지불하고, 심지어 회를 거듭할수록 지불하는 액수가 커진다. 갑자기 정의 기준이 통하게 되는 것이다. 덕분에 욕심쟁이가 착한 사람을 이용하지 못하게 되고, 다시 협력과 나눔이 가능해진다. 더구나 중요한 건 바로 이것이 인간이 침팬지보다 우월한 점이다. 침팬지들에겐 그런 규칙이 없다.

규칙을 지키지 않는 사람은 벌을 받아야 한다. 착한 사람이 욕심쟁이의 약점을 잡은 셈이다. 규칙을 어기려면 돈이 든다. 그러니 손해 보지 않으려면 공정하게 게임을 하는 편이 낫다. 정의는 이타주의자의 가장 강력한 무기다.

그런데도 이런 메커니즘이 작동한다는 사실은 놀랍기 그지없다. 사실 규칙은 무임승차 문제를 해결하지 못한다. 그저 (원시시대 들소 사냥꾼들의 경우처럼) 문제를 더 높은 차원으로 밀어 올릴 따름이다. 철저하게 자기만 생각하는 사람은 절대로 경찰이 되려고 하지 않을 테니 말이다. 무임승차자가 벌을 받으면 비용은 적발을 한 사람만 물지만, 이익은 나머지 모두에게 골고루 돌아간다. 골치 아픈 일은 남들에게 맡기는 편이 더 합리적인 행동이다. 이렇게 보아도 집단이 도덕을 지키기 위해 벌을 내리는 이유는 사리사욕일 수 없다. 벌을 내리는 사람은 오히려 이타주의자다.

탐욕의 균형

벌을 내릴 때 우리 안에선 무슨 일이 일어날까? 스위스의 신경경제학자 도미니크 드 케르뱅과 그 동료들이 이 질문에 대한 별로 기분 좋지 않은 대답을 찾아냈다. 이들은 피실험자들에게 신뢰 게임을 시켰다. 이때 한 사람이 남의 신뢰를 악용하면 다른 사람이 그를 벌할 수 있다. 그리고 벌을 내리는 쪽에게선 적은 금액을, 벌을 받은 쪽에게선 많은 금액을 압수했다. 학자들은 그 순간 벌을 내리는 쪽의 뇌에서 무슨 일이 일어나는지 살펴보았다. 그랬더니 보상시스템이 활성화되었다. 3장에서 설명했던 그 회로, 즉 음식이나 섹스같이 매혹적인 미래가 기대될 때 쾌감을 불러일으키는 바로 그 부위 말이다.

그러니 말 그대로 복수는 달콤하다. 상대에게 자기 능력을 과시하면 몇 유로쯤은 포기해도 좋을 만큼의 기분 좋은 감정이 일어난다. 보상 시스템의 신호가 강할수록 피실험자가 처벌을 내리기 위해 투자하는 비용도 늘어났다. (심지어 남자들은 앞에서 보았듯 부정한 상대가 고통스러운 전기충격을 받아도 흡족한 모습을 보였다. 여자들은 그렇지 않았다.)

여러 차례의 실험 결과 어떤 메커니즘이 처벌의 의지를 불러오는지도 밝혀졌다. 처음에는 상대의 불공정한 거래에 대한 분노로 시작된다. 이때에는 대뇌의 전방 섬피질이 활성화된다. 하지만 이 부위는 분노만 담당하는 게 아니다. 가장 격렬한 감정 중 하나인 혐오감 역시 이 부위가 담당한다.

쓴 약을 억지로 먹어야 할 때, 바퀴벌레가 손등을 기어갈 때 우리 얼굴에는 혐오감이 드러난다. 상대가 게임을 부정하게 할 때에도 이와 똑같이 우리의 윗입술이 일그러진다. 그런 순간 뇌는 소화계에게 구토의 명령을 내린다. 물론 계속되는 처리 과정에서 구토감은 억제된다. 그러니 설사 실제로는 메스꺼움을 느끼지 못한다고 해도 우리가 어떤 사람을 보고 '토할 것 같다'고 말할 때 그 말은 일상적 비유 이상의 의미를 갖는 것이다.

혐오감은 모든 다른 목적을 잊게 만든다. 예의범절도 잊게 만든다. 처벌의 충동을 느낀 사람이 가차 없는 모습을 보이는 것도 놀랄 일은 아닌 것이다. 섬피질의 활성도가 강할수록 처벌에 투자하는 비용도 늘어난다.

부정적인 감정의 원인은 상대의 부정 때문에 우리가 감수해야 할 불이익에 대한 걱정이 아니다. 타인의 규칙 위반 때문이다. 누군가 규칙을 위반하여 제3자에게 손해를 입히는 광경을 목격하기만 해도 우리 몸에선 반응이 일어난다. 예를 들어 어떤 사기꾼이 할머니의 돈을 갈취했다는 사실을 알게 되면 우리는 혐오감을 느낀다. 하지만 속임수를 쓰는 상대가 컴퓨터라는 사실을 알면 분노와 혐오감이 나타나지 않는다. 기계를 교육할 수는 없는 일이 아닌가.

두 번째 처리 단계에서 복수를 하고 싶다는 바람이 행동으로 옮겨진다. 그것을 담당하는 부위는 배외측 전전두피질이다. 오른쪽 이마 뒤편 대뇌피질의 이 부위는 정의의 이름으로 자기 이익의 추구를 억제한다. 이 메커니즘이 작동하지 않으면 순수 이기주의가 판을 친다. 하지만 인간의 정의감은 인위적인 조치를 통해 잊게 만들지 않으면 절대로 잊히지 않을 정도로 매우 강하다. 스위스 취리히 대학의 신경학자 다리아 크노흐는 피실험자들의 오른쪽 전두엽에 강한 자기장을 투여하여 그 기능을 의도적으로 억제했다. 그러자 갑자기 피실험자들이 최후통첩 게임에서 인색한 상대의 제안을 받아들였다. 부당하다고 느끼면서도 적으나마 이익을 보고 싶다는 바람을 거역할 수 없었던 것이다. 하지만 자기장을 거두자 정의감이 되살아났다.

그렇다면 인정사정없는 이기주의자는 혹시 뇌에 이상이 있는 것이 아닐까? 그럴 소지가 높다. 실제로 크노흐의 피실험자들이 보인 행동은 사고나 뇌졸중으로 배외측 전전두피질이 손상된 환자의 행동과 유사했다. 이들은 강박적으로 속이고 거짓말하고 훔치면서 그것이 규칙 위반이라는 사실을 또렷하게 인식하지만, 충동 앞에서 무력하다. 그들의 탐욕에는 균형이 부족한 것이다.

페어플레이를 위한 가장 쉬운 방법

그렇지만 아직까지도 왜 우리의 뇌가 부정을 보고 혐오로 반응하는지, 왜 정당한 처벌에 대해 기쁨을 느끼는지 그 이유는 확실하지 않다. 이용당하지 않기 위해 남이 협력하는 동안에만 같이 협력하는 건 이해할 수 있는 행동이다. 하지만 남의 부정행위를 벌하기 위해 우리가 비용을 치르는 이유는 설명하기 힘들다. 복수와 원한이 우리에게 득이 되는 건 틀림없다. 그렇지 않다면 이런 감정들이 진화의 세월을 견디고 살아남았을 리 없을 테니까.

한 집단에서 처벌이 통하는 보다 심오한 이유는 비용 대비 수익이 더 많기 때문이다. 가끔 제제 조치로 페어플레이 하게 만드는 편이 협력을 했을 때 상을 주는 것보다 비용이 적게 드는 것이다. 예를 들어 차를 주차장까지 끌고 가는 것보다는 주차 금지 구역에 그냥 세워두는 쪽이 돈이 더 적게 든다. 매일 적어도 비용의 5분의 1은 줄일 수 있다. 하지만 모든 사람이 원하는 곳에 차를 세우면 교통이 마비된다. 이제 이 혼란을 피할 대책은 두 가지뿐이다. 멋진 주차장을 지어서 운전자들을 주차장으로 유혹하든가, 아니면 세금을 투자해 불법 주차꾼을 처벌하는 것이다. 물론 두 번째 방법이 훨씬 싸게 먹힌다. 경찰 한 사람만 있으면 100명의 운전자를 감시할 수 있으니 말이다.

처벌은 사람들을 제제하므로 다수의 조건부 이타주의자들이 규칙을 준수하도록 이끌 강력한 동인이 된다. 앞에서 설명한 무임승차 실험에서도 같은 효과가 나타난다. 초반에 엄벌을 내리면 그다음부터는 알아서 규칙을 지킨다. 가끔 한 번씩 이탈자에게 여전히 규칙이 통한다는 사실을 상기시켜주기만 하면 된다.

그러므로 제제의 효과가 발휘되는 곳에서 벌은 이타적 행동을 불러오는 아주 저렴한 방법이다. 규칙 위반을 벌하는 사람은 무관심한 사람보다 돈을 적게 받겠지만, 둘의 차이가 미미하다 보니 벌을 내리겠다는 사람이 많다.

　이러한 이유로 사람들에게 선택권을 주면 체벌이 있는 집단을 선호한다는 사실은 그리 놀랄 일이 아니다. 독일의 경제학자 베티나 로켄바흐와 외츠귀르 귀레크는 무임승차 실험을 하면서 참가자들에게 매회 두 집단 중 하나를 선택할 수 있게 했다. 한쪽은 무임승차자를 처벌할 수 있고 다른 쪽은 처벌할 수 없다. 처음에는 자유분방한 팀이 인기를 누렸다. 사실 우리는 마조히스트가 아니니까. 그렇지만 모두가 규칙을 잘 지키면 모두가 더 많이 번다는 소문이 돌자마자 처벌의 위협이 마력을 발휘했다. 30회가 지나자 처벌이 없는 팀은 텅 비었다. 결국 마지막 남은 자유로운 영혼들도 무정부주의의 꿈을 접고 도덕 지킴이들의 진영으로 갈아탈 수밖에 없었다.

　그렇다면 정의를 위해서는 꼭 이익을 포기하고, 차 없는 인도를 확보하기 위해서는 꼭 자유를 희생해야만 하는가? 그렇지 않다. 그 반대가 맞다. 처벌이 집단의 도덕을 유지할 수 있는 경우는 구성원들이 자발적으로 그 처벌에 복종할 때뿐이다. 각자에게 엄격한 집단을 떠날 선택권이 있어야 하는 것이다. 그래야 악명 높은 무임승차자와 착한 사람들이 자동적으로 분리될 것이고, 남는 사람들은 협력의 의향이 높을 것이다.

그런데도 시간이 흐르면 도덕은 무너진다. 직접 처벌을 하겠다는 구성원의 숫자가 너무 적기 때문에 정의로운 사람들이 집단을 떠나는 것이다. 역설적이게도 처벌이 도움이 되는 곳에서는 처벌이 거의 필요가 없다.

처벌이 효력을 발휘하려면 전제 조건이 있다. 여러 개의 집단이 있어서 서로 경쟁을 해야 한다. 현재의 집단에 실망하더라도 옮겨갈 집단이 없다면 상황은 골치 아파진다. 무임승차자가 다른 사람들을 인질로 삼을 위험이 있는 것이다. 벌을 주지 않는 사람이 항상 득을 보게 되어 있기 때문이다. 도덕이 무너지면 정의로운 경기자는 탈퇴하겠다는 협박을 할 수가 없다. 따라서 착한 사람들의 비극이 벌어진다. 원래는 공정하게 게임을 하고 싶었던 참가자조차 불이익을 당하지 않기 위해 규칙을 위반하는 것이다.

남이 도우면 나도 돕는다

사람들은 조건부 이타주의자이기 때문에 상황에 따라 이타적 행동의 여부를 결정한다. 그리고 아주 사소한 일이 한 집단을 협력으로 이끌 수도, 각자의 길로 흩어지게 만들 수도 있다.

시민들이 세금을 낼 때는 세무서가 자기 수입의 얼마만큼을 요구하느냐는 중요하지 않다. 더 중요한 것은 세율과 세금의 지출 내역을 국민이 결정할 수 있느냐의 여부다. 스위스 취리히의 경제학자 브루노 프라이는 스위스 각 칸톤(주에 해당한다)의 세금 납부 현황을 비교한 후 이런 결론에 도달했다.

스위스의 칸톤은 독립성이 강하여 작은 국가라 부를만한 탄탄한 조직을 구비하고 정책도 약간씩 다르다. 제네바의 시민들은 몇 년에 한 번씩 의원 선거를 하지만 바젤란트 같은 칸톤의 주민들은 몇 달에 한번 씩 투표를 하여 학교 제도, 신규 우회도로 건설, 세법 같은 현안을 주민이 직접 결정한다. 정부가 큰돈을 지출할 때는 반드시 주민들에게 물어보아야 한다. 그런 칸톤에선 탈세 조사가 훨씬 간단하다. 그래서 세율이 다른 지방보다 높아도 거의 모든 주민이 자발적으로 세금을 낸다. 시민의 규제 권한이 정의감을 키우는 것이다. 공동체를 규제할 수 있는 시민들은 공동체에 이용당할지 모른다는 걱정이 없기 때문에 흔쾌히 자신이 해야 할 몫을 다 한다.

주변 사람들에 대한 판단도 협력에 큰 영향을 미친다. 이웃집에 아무 잘못도 없이 집에 불이 났다면 우리는 그들을 기꺼이 우리 집으로 받아들일 것이다. 하지만 그 집 가장

이 전 재산을 카지노에서 탕진하는 바람에 월세를 못내 쫓겨났다면 아무도 그들에게 동정심을 느끼지 않는다. 두 경우 모두 한쪽이 곤경에 빠지면 다른 쪽이 그 비용을 부담한다는 점에서 동일한데 말이다.

여기서 그치지 않는다. 우리의 인간관은 훨씬 더 많은 영향을 미친다. 평소의 인간관에 따른 우리의 협동적인 혹은 인색한 행동은 다른 사람들에게서 똑같은 행동을 유발한다. 무임승차 게임에선 한 참가자가 다른 사람들의 정직한 의도를 의심하기만 해도 충분하다. 그가 돈을 통에 넣지 않으면 곧 다른 사람들도 따라하고, 결국 선의의 경기자들까지 동참하게 된다. 부패와 탈세가 전염병처럼 사회 전체로 번져나가는 것도 같은 원리다. 다른 사람들이 그런 범법 행위를 저지른다는 생각이 들면 손해보고 싶지 않은 마음이 순식간에 집단에 대한 충성심을 잠식한다. 그럼 그가 다시 다른 사람들에게 이기적인 행동의 발판을 마련한다. 집단의 도덕은 신념의 문제이다. 신념이 사라지면 협력도 무너진다. 도미노처럼 공동체의 구성원이 차례차례 쓰러진다.

다행스럽게도 이런 효과는 거꾸로 협력을 촉진할 수도 있다. 상호성을 생각하는 인간 호모 레시프로칸스는 타인이 정직하다는 생각이 들면 자기도 정직하게 행동한다. 사람들이 이타적으로 행동했으면 좋겠다고 생각하는 사람은 이타주의자에게 둘러싸여 있다는 느낌을 사람들에게 전달한다. 예로부터 머리 좋은 목사들은 헌금통을 미리 가득 채워서 돌린다. 그 꾀가 얼마나 효과적인가는 경제학자들이 수천 명의 취리히 대학생들을 대상으로 실험한 결과로도 입증된다. 취리히 대학교 학생들에게 외국 유학생을 돕기 위한 기금 조성에 참여하겠느냐고 물었다. (참고로 스위스 대학은 수업료가 적지 않다.) 대부분의 대학생이 아르바이트를 해서 학비를 벌고 있음에도 기금에 협력하겠다고 답했다. 거의 3분의 2가 돈을 냈다. 학자들이 설문지에다 대부분의 학생이 돈을 냈다는 말을 슬쩍 언급하자 협력의 비율은 치솟았다. 반대로 참가 학생 수가 적다고 언급하자 참여도가 떨어졌다.

2007년 미국 미시간 주에서는 장기 기증 행렬이 이어졌다. 이름을 밝히지 않은 28세의 남성이 신장 기증 의사를 밝혔다. 그리고 아무런 보상도 받지 않고 자신의 장기를 익명의 환자에게 전달했다. 기증된 신장은 애리조나 주에 사는 53세의 여성에게 이식되었고, 그러자 그녀의 남편이 자신의 신장을 기증했다. (그는 아내에게 신장을 떼어주고 싶었지만 의학적 이유로 그럴 수 없었다.) 이번에는 오하이오 주에 사는 젊은 여성이 그 신장을 이식받았고, 그녀의 어머니가 다시 장기를 기증했다. 그렇게 선행의 행렬은 미국 전역을 가로지르고 인종의 벽을 뛰어넘었다. 여자 형제가 기증을 받았다는 이유

로 남자 형제들이 신장을 내놓는가 하면 친구의 수혜 소식
에 자기 장기를 기증한 사람도 있었다. 아무도 그들에게 강
요하지 않았다. 어떤 경우엔 맞는 수혜자를 찾을 때까지, 그
래서 신장을 줄 수 있을 때까지 몇 달씩 기다리기도 했다.
(22번째로 오하이오에 사는 젊은 흑인 여성이 이식 수술을 마친 후 긴 선행의
행렬은 잠시 멈추었다.) 그들 중 누구도 개인적으로 득을 보지 않
았다. 모두가 사랑하는 사람이 모르는 사람에게 큰 선물을
받았다는 감사의 마음에서 마음을 움직인 것이다.

보상은 협력을 가로막는다

　돈이 개입되었더라면 이런 선행의 물결은 절대 일어날
수 없었을 것이다. 보상은 자발적으로 혹은 의무감에서 타
인을 위해 무언가를 하고 싶은 사람의 의지를 꺾는다. 1960
년대 영국의 사회학자 리처드 티트머스는 건강보험에서 헌
혈을 한 사람들에게 돈을 주기로 하면서 나타난 현상에 깜
짝 놀랐다. 보상이 원하는 효과를 내기는커녕 오히려 헌혈
자의 숫자를 감소시켰기 때문이다.
　부모 역시 아이들이 지금까지 자발적으로 하던 집안일
에 대가를 지불하면 비슷한 경험을 하게 된다. 잔디를 깎아

용돈을 벌어본 딸은 돈을 주지 않으면 절대 기계를 잡지 않는다. 설사 돈을 주어도 예전보다 훨씬 성의 없이 잔디를 깎는다.

이스라엘에서 한 청소년 모임이 1년에 한 번씩 집집마다 돌며 자선 모금을 했다. 물론 그들에게 돌아오는 건 칭찬뿐이었다. 당시 이스라엘 하이파 대학에서 연구 중이던 경제학자 우리 그니지가 이 청소년들을 격려하는 차원에서 모금한 금액 중 소액을 나눠 주겠다고 약속했다. 그랬더니 모금액이 3분의 1 이상 줄어들었다. 이타심에서 출발한 자원봉사가 형편없는 임금을 받는 노동으로 변질되었기 때문이다. 그니지가 임금을 모금액의 10퍼센트로 올리자 모금액이 조금 늘어나긴 했지만 그래도 돈을 주지 않았을 때보다는 훨씬 적었다. 이타적 행동을 할 때 우리는 칭찬과 인정을 기대한다. 그리고 무엇보다 자부심을 느낀다. 그것과 비교하면 몇 푼 안 되는 돈은 너무 약한 동기부여책이다. 그니지는 이런 결론을 내렸다. "듬뿍 주든가, 아니면 아예 한 푼도 주지 말든가."

돈은 메시지를 전달한다. 돈은 공동체의 규칙을 바꾼다. 돈이 오고 가는 곳의 사람들은 다른 구성원들도 무보수로는 일을 하지 않는다고 생각할 수밖에 없다. 그 결과 자발적 협력이 사라진다. 그 자리를 많건 적건 이익이 남는 거래가 차지한다. 이런 새 기준에서 발을 빼기란 쉬운 일이 아니다. 우리의 정의감은 다른 사람들은 돈을 버는 데 우리만 빈손인 경우를 배제한다. 나아가 노동의 위상이 달라진다. 자발적으로 떠맡은 일에서 의무로 바뀐다. 우리가 즐거운 마음에서 자발적으로 하는 일에 왜 누군가가 돈을 지불해야 한단 말인가?

우리가 다른 사람들을 이기주의자로 취급히면 그들은 그렇게 될 것이다. 똑똑한 유대인 재단사의 일화는 좀 기괴하지만 이런 사실을 아주 실감 나게 보여준다. 그가 도시의 광신도들을 추방하려고 했다. 그랬더니 광신도들이 매일 아침 그의 가게 앞에 모여 욕설을 퍼부었다. 상황이 심각해지자 재단사가 아이디어를 냈다. 가게 밖으로 나가 욕을 하는 사람 하나하나에게 '적으나마 수고한 대가로' 1탈러씩을 줘어주었던 것이다. 다음 날 그들이 다시 모여들어 돈을 요구했다. 재단사가 말했다. "애석하게도 재정상황이 허락하지 않군요. 오늘은 1인당 1헬러밖에 못 주겠어요." 사람들은 약간 실망하여 푼돈을 손에 들고 욕을 하기 시작했다. 그 다음날 다시 그들이 찾아오자 재단사가 오늘은 1크로이처밖에 못 주겠다고 했다. 무리의 우두머리가 벌컥 화를 냈다. "이런 푼돈을 받고 우리 목청을 괴롭힐 수는 없지!" 이들은 두 번 다시 나타나지 않았다.

8장

이타주의자는 관계에서 자란다

그들 가운데 가난한 사람은 하나도 없었다.
땅이나 집을 가진 사람들이 그것을 팔아서
그 돈을 사도들 앞에 가져다 놓고
저마다 쓸 만큼 나누어 받았기 때문이다.
- 사도행전 -

☺☺☺

조지 프라이스는 지난 세기가 낳은 가장 독창적이면서도 가장 수수께끼 같은 학자 중 한 사람이다. 순탄한 학자의 삶은 이 미국 화학자의 것이 아니었다. 그는 세계 최초의 원자폭탄 제조 사업인 맨해튼 프로젝트에 참여했고, 대학과 재계를 오가며 학술서 저자로도 이름을 날렸다. 1955년 컴퓨터가 아직 0과 1을 뱉어내고 있을 당시 이미 그는 컴퓨터 마우스와 실물과 구분이 안갈 정도로 정교한 모니터 영상을 예언했다. 정부에 헝가리 땅에서 순순히 물러난 러시아군을 칭찬하는 의미에서 러시아 사람 모두에게 괜찮은 신발 한

켤레씩을 사주라고 충고하기도 했고, 사제들의 초감각적 인식을 심하게 욕하기도 했다. 프라이스가 독실한 가톨릭 신자였던 아내와 헤어진 이유도 그가 그 정도로 투쟁적인 무신론자였기 때문이었다. 1967년 가을 그는 퀸엘리자베스호에 올라 런던으로 향했다. 갑상선암 수술이 잘못되어 위자료를 듬뿍 받게 되자 모든 것을 버리고 새 출발을 강행한 것이다.

영국 런던의 도서관에 파묻혀 살던 그는 이미 다윈이 제기했던 질문, 즉 진화론이 이타주의를 허용하는지의 문제와 만나게 된다. 이타적인 행동은 친척 간에만 유익하다는 주장을 제법 상세한 계산으로 입증한 유전학자 윌리엄 해밀턴의 책 두 권이 수중에 들어온 것이다.

프라이스도 계산을 해보았다. 그리고 오로지 혼자 힘으로 해밀턴이 수학 잡동사니 틈에서 미처 못 보고 지나쳤던 사실을 발견했다. 친척 간에 이타심이 통할 수 있다면 모든 임의의 집단에서도 그럴 수 있다는 사실을 안 것이다. 프라이스는 새 방정식을 만들었다. 그의 공식은 간단하고도 아름다웠으며, 생물학뿐 아니라 경쟁이 지배하는 어디서나 먹힐 정도로 포괄적이었다. "이 공식은 로마 제국의 흥망성쇠처럼 우리가 왜 타인의 결정을 선호하는지 그 이유를 설명한다." 프라이스는 당당하게 이렇게 주장했다.

경쟁이 이타심을 키운다

그의 말은 과장이 아니다. 프라이스는 인간 사회가 어떻게 작동하는지, 공생이 우리 본성을 어떤 모양으로 만들어놓았는지를 이해하는 데 결정적인 계기를 제공했다.

진화에서 이타심의 문제는 두 개의 부분 문제로 쪼개어진다는 사실은 이미 다윈도 알고 있었다. 첫째, 이타주의자가 한 집단 내에서 얼마나 번식의 기회가 좋은지 조사해야 하며, 둘째, 이타주의자가 많은 집단이 그렇지 않은 집단에 비해 얼마나 전도유망한지 조사해야 한다. 하지만 진화론의 아버지는 첫 번째 효과에만 집중하여 이타적인 인간은 약삭빠른 구성원보다 불이익을 당하기 때문에 우위를 점하지 못한다는 불만스러운 결론에 도달했다.

프라이스는 다윈의 우려가 잘못되었다는 수학적 증거를 잡아냈다. 이타주의자가 집단에 선사하는 이익은 그들이 집단에서 감수해야 하는 불이익을 상쇄하고도 남음이 있기 때문이다. 이타적 성향이 강한 집단이 이기적 성향의 집단보다 우위를 점하기에 이 세상에서 이타심이 널리 퍼져나갈 수 있는 것이다. 하지만 조건이 있다. 집단 간의 경쟁이 집단 내부의 경쟁보다 심해야 한다. 그러면 집단 차원의 이익이 개인 간의 차이보다 우선된다. 도태가 동시에 여러 차원

233

에서 일어나는 것이다. 앞에서 설명한 두 집단의 경쟁이 실례가 될 수 있겠다. 한 쪽에선 모두가 원하는 대로 할 수 있고 다른 쪽에서 나쁜 짓을 하면 벌을 받는다. 개인의 입장에서 보면 첫 번째 집단이 더 좋지만 시간이 갈수록 점점 더 많은 경기자들이 두 번째 집단으로 옮겨간다. 이 집단이 더 단결이 잘되기 때문이다.

축구 경기 역시 프라이스가 발견한 원칙을 입증하는 증거이다. 한 선수의 이력에는 팀의 성적이 무엇보다 중요하다. 그가 팀의 서열에서 어디 쯤 위치하는지는 덜 중요하다. 이기주의자의 팀은 절대 챔피언이 되지 못한다. 설사 모든 선수가 크리스티아누 호날두의 능력을 갖추고 있다 해도 안 된다. 모든 팀에는 그런 스타가 필요하지만 (그들이 기대를 충족시켜준다면) 그 스타들이 제 역할을 하기 위해서는 공격수처럼 스포트라이트를 받지는 못하지만 팀의 성공으로 득을 보는 수비수가 절대적으로 필요하다. 수비수들이 전부 나가 공격을 하려 들면 시스템이 붕괴된다. 그럼 협동이 잘 되는 팀에게 패할 것이고 설사 호날두라 해도 시장가치가 떨어질 것이다. 덕분에 상위리그로 올라온 다른 팀의 이타적인 선수들이 오히려 기회를 얻게 된다.

축구팀은 이타주의가 세력을 얻으려면 충족시켜야 하는 또 하나의 조건을 가르쳐준다. 구성원들이 축구팀들처럼 서로 경쟁하는 개별 집단으로 나누어지는 것만으로는 충분하지 않다. 이 집단들의 구성이 다양해야 한다. 모두가 어디서나 똑같이 협동적으로 행동하면 집단 차원의 경쟁이 실효를 거두지 못한다. 모든 팀이 똑같이 경기를 잘할 테니 말이다. 그럼 다시 집단 내부의 장점만 중요해지고, 그런 곳에선 이기주의자들이 세력을 뻗어나간다. 이 역시 조지 프라이스가 설명한 내용이다.

어느 이타주의자의 죽음

프라이스에게 영감을 주었던 유명한 유전학자 윌리엄 해밀턴도 프라이스의 주장에 동의했다. 해밀턴은 지금까지의 입장을 완전히 바꾸어 혈연관계 바깥에서도 이타심이 득이 된다는 주장을 펼쳤다. 덕분에 다른 전문가들까지 학계의 이방인 프라이스에게 찬사를 아끼지 않았다. 프라이스는 국비 연구 지원금을 받았고 런던 대학의 유명한 유전학 연구소에 연구실을 배정받았다.

하지만 그의 삶에 다시 극적인 변화가 찾아왔다. 1970년 여름 그는 종교적 깨달음을 고백한다. "6월 7일 나는 기권했다. 신이 존재한다는 것을 깨달았다." 그는 그 증거가 하필이면 과거의 무신론과 수학이라고 보았다. 그가 종교를 갖게 될 가능성은 거의 없다. 따라서 정말로 더 높은 힘이 개입한 것이 틀림없다고 여겼다. 이것이 그의 논리였다. 다음 해 그는 성서의 4대 복음서 재해석에 매달렸고 부활절 사건의 새로운 연표를 작성했다.

더불어 프라이스는 게임 이론에 심취했고 또 한 편의 센세이셔널한 논문으로 이 책의 앞부분에서 다루었던 많은 아이디어의 기초를 닦았다. 하지만 아직 그 논문을 집필 중이던 1972년 가을 그는 이미 학계에 등을 돌리기 시작했다. 연구보다, 심지어 신학 연구보다 가난한 사람들에게 봉사하는 것이 더 의미 있다는 생각이 들었던 것이다.

그는 노숙자들에게 집을 내주고 자신은 연구실에서 잠을 잤다. 심지어 외투와 시계까지 줘버렸다. 산상수훈을 글자 그대로 받아들였고, 내일을 걱정하지 않았다.

마지막 학술서의 공동 저자 존 메이너드 스미스에게는 이런 편지를 썼다. "지금 내 수중에 정확히 15펜스가 있어. 이 15펜스마저 없어지면 어떻게 될까 상상이 안 돼." 하루 종일 우유 한 잔밖에 안 마시며 살다가 영양실조로 병원 신세까지 졌다.

집에 재워준 알코올 중독자들이 얼마 남지 않은 그의 돈을 훔쳐갈 때가 있었다. 그러면 프라이스는 우울증에 빠졌다. 한 번은 한 알코올 중독자가 자기 아내를 프라이스가 돌봐주었다는 이유로 연구소에 난입해 행패를 부리는 바람에 동료들과 마찰을 빚은 적도 있었다.

1973년 가을, 살던 집을 비워줄 수밖에 없게 되자 그는 남은 재산을 전부 나누어주고 떠돌이 생활을 시작했다. 밤에는 청소 회사에서 일했고 낮에는 양로원 일을 도왔다. 1973년 연말에 그가 한 양로원에 예기치 않게 나타났다. 그 양로원의 원장은 그날의 그를 "천사가 들어오는 것 같았다"고 기억했다. 나중에는 그마저도 버리고 아예 폐가에서 지냈다.

1974년 말 그는 해밀턴에게 보낸 편지에서 "예수께서 나더러 다른 사람들을 돌보기 전에 내 문제부터 해결하라고 하셨다"라고 썼다. 해밀턴의 설득까지 보태져 그는 다시 학술 연구에 혼신을 다하기로 결심했다. 하지만 크리스마스 무렵 또 다시 정신적 위기가 찾아왔다. 훗날 친구들은 당시 그가 노숙자들에게 실질적인 도움을 주지 못하는 자신의 무능함에 절망했었다고 말했다.

1975년 1월 6일 프라이스는 폐가에서 시신으로 발견되었다. 시신 옆에는 자신의 목 동맥을 가른 손톱가위가 놓여 있었다.

진화는 협력의 결과

　프라이스의 깨달음은 그의 죽음과 더불어 망각의 늪으로 빠지고 말았다. 해밀턴이 죽은 친구의 사상을 알리기 위해 노력했지만 소용없었다. 이타심은 혈연관계에서만 가능하다는 그의 초기 견해가 이미 너무도 확고하게 자리를 잡았던 것이다.

　대부분의 생물학자들은 해밀턴 스스로가 오래전에 과거의 주장을 철회했다는 사실을 모르는 것 같았다. 그들은 도취에 빠진 사람들처럼 진화는 유전자의 유전자에 대한 끊임없는 학살이라는 가설의 새로운 사례들을 찾아 다녔다. 이 가설은 친척 간의 이타심을 아주 간단하게 설명한다. 자기 가족을 위해 희생하는 사람은 가족이 아니라 자기 유전자에게 선행을 베푸는 것이다. 이렇게 해밀턴의 과거 연구를 토대로 이타심의 배경이 유전자의 이기주의에 불과하다고 선언한 신생 학문이 바로 사회생물학이다.

　물론 사회생물학은 소중한 인식들을 선사했다. 예를 들면 사회생물학 덕분에 우리는 개미 떼의 혈연관계가 어떻게 개미 한 마리 한 마리의 희생을 촉진하는지 설명할 수 있다. 하지만 이들이 쌓은 사상의 건물은 온갖 억측들을 낳았다. 남성에겐 강간 유전자가 있다는 미국 생물학자 랜디 손힐의 주장도 그런 억측들 중 하나다. 손힐은 강간 유전자를 가진 남자가 더 많은 자손을 낳았기 때문에 강간의 기질이 진화를 견디고 살아남았다고 주장했다. 그가 제시한 증거는 모시밑들이의 난폭한 짝짓기 습관이었다.

하지만 진화가 개별 유전자들 중에서만 선별을 한다는 가정은 의문의 여지가 많다. 유전자 그 자체는 무력하다. 그것은 유전질 DNA의 한 조각, 박테리아가 순식간에 먹어치우는 죽은 물질에 불과하다. 유전자가 살아남기 위해서는 생명체가 필요하다. 사실 따지고 보면 단세포생물, 식물, 동물, 인간은 생명의 무대에 선 배우나 다름없다. 자원을 얻기 위해 싸우고 번식하거나 죽는다. 한 생명체가 살아남아 번식에 성공할 때에만 그 생명체의 유전자에게도 미래가 있다. 하지만 이때에도 유전되는 것은 개별 유전자가 아니다. 수천 개의 유전질이 패키지로 후손에게 전달된다.

분자생물학이 발전하면서 비로소 진화가 개별 유전자의 생존 투쟁과는 거리가 멀다는 사실이 밝혀지고 있다. 유전 정보를 읽고 처리하는 과정은 학자들이 생각했던 것보다 훨씬 복잡하다. 톱니바퀴가 한 무더기 있다고 해서 시계가 아니듯 유전질 역시 단순한 유전자의 총합 이상이다. 결정적인 역할을 하는 것은 유전자 상호 간, 그리고 다른 세포 구성 요인들과의 협력 관계다. 어떤 특징이 사라질지 혹은 살아남을지는 그런 수천 가지 요인들의 협력에 달린 것이다.

프라이스의 방정식을 이용하면 이런 고민의 차원을 한 단계 높일 수 있다. 개별 유전자는 결합하여 다른 개체와 싸워 이겨야 하는 한 개체의 유전질이 되고, 이 수많은 개체는 다시 비슷한 방식으로 집단을 형성하여 함께 최고의 번식 기회를 두고 다른 집단과 경쟁한다. 그렇게 진화는 어디서나 진행 중이다. 개별 유전자들은 유전질에서 제자리를 확보하기 위해 경쟁을 벌이지만, 개체에게 최대의 번식 기회를 제공하기 위해 서로 협력한다. 개체들은 집단 내에서 자원을 얻기 위해 투쟁하지만 다른 집단과 맞서기 위해서는 서로 힘을 합친다.

이타주의자가 살아남는 이유

이런 시각에 동의하는 유전학자들과 행동연구가들이 늘고 있는 건 사실이지만, 아직 모두의 동의를 얻은 건 아니다. 자연이 유전자 중에서 선별을 하는지 아니면 전체 생명체와 집단 중에서도 선별을 하는지의 문제는 지금까지도 생물학의 큰 논란거리 중 하나다. 학자들은 자기 종교를 지키는 전사들처럼 격렬하게 싸우고 있다. 한쪽에선 조지 프라이스처럼 집단 도태의 원칙을 유통기한 지난 개인주의의 극복 방안으로 찬양한다. 다른 쪽에선 그런 생각을 비과학적인 헛소리로 낙인을 찍으며 집단은 신화에 불과하다고 주장한다.

하지만 사실 이렇게 싸울 이유가 없다. 두 입장은 전혀 모순되지 않기 때문이다. 수학에 뛰어났던 유전학자 해밀턴이 이미 1975년에 입증했던 대로 몇 가지 공식만 있으면 쉽게 양 진영을 이을 수 있다. 개인과 집단의 경쟁은 항상 유전자의 경쟁으로도 해석할 수 있기 때문이다. 물론 '유전적 근친성'이 정확히 무슨 의미인지 유념할 필요가 있다. 유전적 근친성은 혈연관계만 지칭하는 게 아니다. 다른 조상을 둔 후손들도 유전적으로 근친일 수 있다.

해밀턴의 과거 이론이 놓친 지점이 바로 이런 표면적 모순이다. 예를 들어 눈동자가 초록색인 사람들은 홍채 색깔을 담당하는 이 유전자 변이를 공유한다는 점에서 유전적으로 근친이다. 유전적 근친성은 한 사람이 어떤 유전인자를 가지고 있는지만 따질 뿐, 그것을 어디서 얻었는 지에는 관심이 없다. 그리고 특정 유전자 변이가 성공할 수 있는지의 여부는 오로지 유전적 근친성에 달려 있다.

해밀턴이 입증했듯 진화의 과정에서 이타심은 해당 유전자를 가진 사람들이 (다른 가족 구성원이라 할지라도) 서로 힘을 합쳤을 때 이미 승리했다. 조지 프라이스의 집단 이론도 정확히 이런 내용이다.

물론 계산을 계속해보면 집단 도태는 유전자들이 적정 정도 서로 섞일 때에만 장기적으로 이타적 행동을 후원할 수 있다는 결론이 나온다. 한 집단 내에서는 진화의 압박이 이기주의자에게 유리한 쪽으로 진행되기 때문이다. 이타주의자가 많은 집단이 다른 집단에 비해 훨씬 번식률이 높다 해도 전체 인구 중의 이기주의자의 비율은 어쩔 수 없이 상승한다. 일정 정도의 교체가 허용되어야만 (한 무리의 사람들이 너무 커져버린 집단에서 나가 다른 집단으로 들어가든지 아니면 자체 집단을 형성하든지) 이타심이 인구 전체로 퍼져나간다.

약간 골치 아픈 이런 관계를 가장 간단하게 설명할 수 있는 사례가 있다. 규모가 동일한 두 이웃 마을이 있다고 가정해보자. 첫째 마을 사람들은 상당히 이기적이다. 네 명에 한 명만 자기 가족이 남들보다 먹을 것을 많을 때 가끔씩 나누어준다. 두 번째 마을은 정확히 반대다. 네 명 중 세 명이 마음씨가 곱다. 따라서 두 마을의 주민을 합하면 인구의 50 퍼센트는 이기주의자, 나머지 50퍼센트는 이타주의자다.

어느 날 이 두 마을에 심각한 가뭄이 밀어닥친다. 이타적인 마을의 주민들은 단결을 잘하기 때문에 어려운 시절을 잘 견뎌내고 4분의 3이 살아남는다.

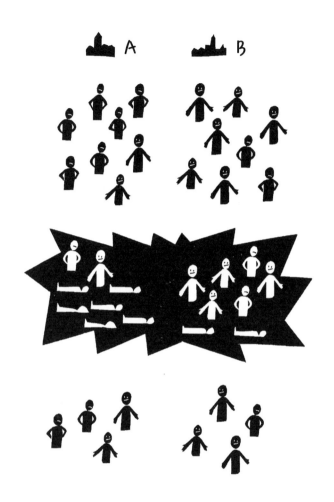

착한 사람이 이긴다 : 이기적인 사람과 이타적인 사람의 숫자가 동일한 집단이 있다. 그런데 A마을의 주민들은 다수가 이기주의자고, B마을은 주로 이타주의자다(위 그림). 힘든 시절이 닥치자 이타심이 힘을 발휘한다. A마을에선 여섯 명이나 죽지만 B마을에선 두 명만 죽는다(가운데 그림). 불행이 지나가자 이타적인 사람들이 다수를 점하게 된다. 생존자들이 다시 두 마을로 나누어 살면서(아래 그림) 번식을 하면 게임은 다시 시작된다. 이런 "집단 도태"를 통해 시간이 갈수록 이타주의자들의 비율이 늘어난다.

반대로 이기적인 마을은 기아에 대처하지 못해 주민의 4분의 1밖에 살아남지 못한다. 전체 인구에서 이타적인 사람과 이기적인 사람이 차지하는 비율도 달라진다. 이기주의자는 37.5퍼센트밖에 안 되고 이타주의자는 62.5퍼센트나 된다. 생존자들이 두 마을의 빈집과 주인 잃은 경작지를 나누어 가지면서 다시 이타주의자의 비율이 다른 두 마을이 형성된다. 역시 또 힘든 시절이 닥치면 이기주의자가 적은 마을이 잘 견딜 것이므로 결국 전체 인구에서 이타적인 사람의 비율은 꾸준히 상승한다.

적정량의 희생

재앙이 닥칠 땐 이타주의자의 집단이 살기 좋지만 풍요로울 때는 무임승차자에게 호기다. 장기적으로 볼 때 어떤 집단도 이타적인 사람들로만 구성되는 경우는 없다.

처음엔 이타주의자의 천국이었어도 조만간 거지들과 권력형 인간이 등장한다. 한때 이상주의자들이 창설한 조직이 시간이 가면서 속물 관료들에게 점령당하는 경우가 얼마나 많은가.

최악의 경우 이타주의자는 완전히 종적을 감출 것이고,

최선의 경우 이타심과 이기심이 균형을 이룰 것이다. 이런 역동성 역시 조지 프라이스의 방정식으로 계산이 가능하다. 그가 이런 깨달음의 결과를 스스로 인정하고 싶지 않아 의심을 품었다는 사실은 비극적인 아이러니가 아닐 수 없다. 그의 공식은 결정적인 두 힘을 일목요연하게 정리한다. 즉 개인의 경쟁은 이기주의를 장려하고 집단의 경쟁은 이타심을 장려한다는 것이다. 그러므로 이타주의자가 존재하려면 이웃에 대한 그들의 봉사가 적정량이어야만 한다. 너무 소극적이면 그들의 희생이 실효를 거두지 못해서 이기주의자에게 시달리던 공동체가 망할 것이다. 반대로 너무 희생이 과하면 집단 내부의 이기주의자에 비해 불리한 상황이 된다. 그래서 시간이 갈수록 이기주의가 팽배해지고 역시 결국에는 공동체가 망한다.

프라이스의 방정식을 이용하면 희생의 적정 정도도 계산할 수 있다. 미국의 경제학자이자 인류학자 새뮤얼 볼스는 앞에서 설명한 두 마을의 생존 경쟁과 비슷한 구조지만 더 현실에 가까운 모델을 이용했다. 무덤의 발굴 유물과 현재 원시부족의 생활방식에서 얻은 원시 시대 인구 조직에 관한 데이터를 통해 놀라운 결과에 도달한 것이다. 그의 주장에 따르면 모든 구성원이 공동체를 위해 평균적으로 단 3퍼센트의 번식 능력만 포기해도 이타주의가 우세해진다.

이때 이런 희생이 집단 내에서 어떻게 분배되는지는 중요하지 않다. 이상적인 정의가 지배하는 사회라면 모두가 3퍼센트씩 포기할 테지만, 주민 둘 중 하나가 이타주의자여서 그들만 6퍼센트를 희생하고 나머지는 전혀 포기하지 않을 수도 있다. 이 경우 이타주의자는 그렇지 않은 동료들에 비해 각 세대를 거칠 때마다 6퍼센트의 자손을 덜 낳는다. 따라서 재앙이 닥치지 않으면 10여 세대만 거쳐도 이타주의자들은 멸종하고 만다. 하지만 기아나 폭풍, 타민족과의 전쟁에선 단결력이 강한 집단일수록 생존 비율이 높으므로 이타주의자들이 계속 살아남을 수 있는 것이다.

이런 두 특성의 영원한 투쟁은 인간의 유전자에도 흔적을 남겼다. 미국 오하이오 주의 소도시 트윈스버그는 해마다 8월 첫째 주말에 전 세계의 쌍둥이와 다둥이를 초대하여 축제를 연다. 트윈스버그라는 이름 역시 이 축제 덕분에 얻은 훈장이다. 쌍둥이들에게서 인간 본질의 유전적 기초를 알아내고 싶은 학자들도 축제에 끼어 천막을 설치하고 쌍둥이들의 혈액과 타액 샘플을 채취하며 살아온 이야기를 묻거나 치아를 살핀다.

미국의 정치학자 제임스 파울러는 쌍둥이들을 따로 나누어 낯선 사람과 심리 게임을 시켰다. 그리고 쌍둥이들이 어느 정도 상대를 신뢰하고 상대의 친절에 보상하는지 관찰했다. 결과는 쌍둥이들이 일란성인지 (유전적으로 동일한지) 아니면 이란성이어서 평범한 형제자매 정도의 근친성밖에 없는지에 따라 달랐다. 일란성 쌍둥이들의 행동이 훨씬 더 유사했던 것이다. 쌍둥이들에게 최후통첩 게임을 시킨 스웨덴의 학자들 역시 동일한 결론에 도달했다. 일란성 쌍둥이들이 아량과 상대의 부정을 처벌하는 태도에서 훨씬 더 유사성을 보였다. 총 600명의 스웨덴과 미국의 쌍둥이들을 연구한 자료는 우리가 주변 사람들에게 얼마나 봉사할지를 우리의 유전질이 결정한다는 사실을 보여준다. 이타심 역시 유전자에 새겨져 있는 것이다.

수치심과 이타심

이타주의자들이 이기주의자들과 맞서기 위해 포기해야 하는 번식력이 3퍼센트밖에 안 된다고? 뜨거운 돌에 떨어진 물방울 수준인데 그걸로 한 집단이 경쟁에서 유리해진다니 선 듯 이해가 가지 않는다.

하지만 그렇게 주장하는 사람들은 이타주의자의 강력한 무기를 보지 못하는 것이다. 바로 이타주의자가 처벌을 할 수 있다는 사실 말이다.

앞에서 설명한 대로 처벌은 전체 조직을 바꾼다. 제제 조치는 공익을 이용하여 자기 이익을 추구하는 것을 어렵게 한다. 극단적인 경우 범법자들은 집단에서 추방되어 적대적인 자연에 홀로 내던져진다. 그러므로 자기 몫을 다하여 남들의 눈에 띄지 않는 편이 더 낫다. 또 모든 집단 구성원이 제 몫을 하는 규칙이 일단 자리를 잡으면 부담이 모두의 어깨로 골고루 분산되므로 개인이 짊어져야 하는 부담은 크게 많으면서 전체 집단의 적응도가 상승한다.

우리 조상들의 경우도 이타주의자가 벌을 내리게 되면서 진화에 새로운 압박이 가해졌다. 규칙을 준수하는 개인이 그렇지 않은 사람들보다 성공적으로 번식했다. 그럼으로써 집단생활이 인간의 유전자에게 다시 영향을 미쳤고, 사회가 우리 조상들의 본성을 좌우하기 시작했다. 이런 유전자와 사회 행동의 상호작용을 인상적으로 보여주는 사례가 바로 수치심이다.

인간의 수치심과 후회는 의심의 여지없이 타고나는 감정이다. 모든 문화권 사람들이 이 감정을 느끼고, 어린아이도 세 돌이 되기 전에 이미 이런 감정을 보인다. 동물은 다르다. 다른 모든 감정은 동물에게도 나타나지만 유독 수치심과 후회는 인간만의 특징이다. 이 사실은 인간이 집단생활에 적응하면서 비로소 그 두 감정이 탄생했다는 추측을 뒷받침하는 강력한 증거다.

개 주인 중에는 자기 개가 말썽을 부리고 나면 부끄러워한다고 믿는 사람이 많다. 꼬리를 내리고 낑낑거리는 것이 잘못을 아는 것 같다는 것이다.

하지만 실험 결과 그건 착각이다. 실제로는 화를 내는 주인 앞에 순종하는 것이다. 개가 실내화를 물어뜯었는데도 주인이 못 보거나 개의치 않으면 개는 전혀 후회의 자세를 취하지 않는다. 반대로 아무 잘못도 안 했는데 주인이 야단을 치면 낑낑거리며 불쌍한 척한다.

이런 개들의 태도야 말로 수치심의 기원을 말해주는 소중한 자료다. 수치심은 지배와 복종을 규제하는 감정에서 나온다. 인도네시아에 사는 많은 원시 부족은 지금까지도 족장이 나타나면 온갖 수치심의 증상을 보인다. 아무 잘못도 안 했는데 말이다. 개나 침팬지가 무리의 우두머리에 복종하듯 현대인은 집단의 비인격적 규범에 순종하는 것이다.

인간이 규칙을 준수하는 것은 누군가 자신을 지켜보고 있다고 착각하여 나쁜 결과를 두려워하기 때문이라고 비아냥대는 사람들이 있다. 하지만 한적한 도로에서 실수로 할머니를 치였을 때 당신이라면 어떤 기분이 들겠는가? 뺑소니를 칠 수도 있다. 할머니는 차 번호판을 기억하지 못할 것이다. 하지만 그런 행동을 하고 나면 거울을 제대로 쳐다보지 못할 것이다. 수치심은 우리가 자신에게 내리는 벌이다. 더불어 가장 효과적인 조기 경보 시스템이다. 실제로 아무도 우리를 못 보았다는 확신이 없기에 수치심은 규칙을 위반하지 못하도록 미리 막아주는 예방조치다. 우리는 규칙으로 가득한 세상에서 살도록 프로그래밍되어 있는 존재이다.

모든 게임에는 규칙이 있다

두 살짜리 우리 딸은 밤마다 잠옷으로 갈아입기 전에 이빨부터 닦는다. 순서를 바꾸어보려는 온갖 시도는 아이의 울음에 좌절되고 만다. 누군가 억지로 시킨 건 절대 아니다. 엄마 아빠가 무엇을 시켜도 일단 "싫어!"라고 말대꾸부터 하는 아이니까. 몇 주 후부터 딸이 이빨을 닦을 동안 내가 머리를 두 번 빗게 되면서 우리의 밤 의식은 더 코믹해졌다. 아이가 자기는 이빨을 닦을 테니 나더러는 머리를 빗으라고 주문을 한 것이다.

인형들도 규칙을 지켜야 한다. 독일 괴팅겐의 발달심리학자 하네스 라코치는 네 살짜리 아이들에게 '닥센'이라는 이름의 놀이를 가르쳤다. 막대기로 블록을 움직이는 놀이다. 한동안 아이들끼리 놀게 하다가 어릿광대가 등장하여 자기도 한번 해보고 싶다고 말했다. 그런데 이 어릿광대가 블록을 막대기 대신 손으로 잡으려고 하자 아이들이 벌떼처럼 달려들어 외쳤다. "닥센은 그렇게 하면 안 돼요. 다르게 해요."

규범은 공동체가 준수 여부를 감시하는 규칙이다. 그 규칙을 따르는 자에겐 상이 돌아오고 규칙을 위반하는 자에겐 벌이 내린다. 그렇게 본다면 꼬마 피실험자들 역시 게임의 규칙을 지키기 위해 노력했다. 닥센은 막대기로 하는 게임이니까 말이다. 또 아이들은 인간의 행동을 규칙에 비추어 점검하기가 얼마나 쉬운지도 보여준다. 이런 기질은 씨족과 부족 같은 집단에서 더욱 발달했다. 남을 위한 헌신은 상을 받았고 공동체에 해가 되는 행동은 벌을 받았다. 그런 식으로 인간은 친절한 성향을 키워왔다. 물론 결정적인 계기는 자연이었다.

규범의 역할

그렇다고 해서 모든 규칙이 협동력 향상에 도움이 되는 건 아니다. 독일 바이에른 지역 남자들은 백맥주를 마실 때 건배를 하고 잠깐 탁자에 잔을 내려놓았다가 다시 들어 쭉

들이킨 다음 만족의 표시로 "아하"하는 감탄사를 쏟아낸다. 그게 무슨 의미인지는 아무도 모른다.

심지어 인간관계에 해가 되는 규칙들도 있다. 독일의 운전자들은 주차하다가 다른 차의 범퍼를 살짝 건드리기만 해도 욕을 먹고, 심할 경우 벌금 딱지까지 떼인다. 하지만 프랑스 사람들은 범퍼의 용도가 그런 것인데 칠이 좀 벗겨졌다고 과도하게 걱정할 필요가 있느냐는 반응이다. 프랑스 사람들에게 독일의 주차 문화가 낯설 듯 다른 도시의 사람들에게 바이에른의 술 법도는 요상한 의식이다.

하지만 대부분의 규칙들은 세계 어디서나 비슷한 형태를 띤다. 각양각색의 문화권 사람들에게 최후통첩 게임을 시켜본 인류학자들은 어디서나 통하는 보편적 규칙을 만났다고 말한다. 물론 '공평하게 나눈다'는 의미는 씨족사회에 따라 달랐지만 세계 어디서나 첫 번째 경기자는 경제적 이성이 요구하는 이상의 금액을 모르는 상대에게 나누어줄 마음이 있었다. 두 번째 경기자 역시 모든 문화권에서 설사 자기한테 손해가 되더라도 인색하다고 생각되는 제안은 과감하게 거절했다.

이런 행동이 타고나는 것일 가능성은 거의 없다. 아이들은 학교에 갈 나이가 되어야 공정함의 감각을 익힌다. 그 전에 먼저 주변의 정의 규범을 받아들이고 나누는 법을 배워야 한다.

각 민족들은 그 비슷한 규칙을 따로따로 발전시켰다. 그렇게 본다면 공생의 게임규칙은 임의로 만들어지는 것이 아닌 것 같다. 진화가 해밀턴의 말대로 여러 차원에서 일어나는 과정이라면, 그 과정은 신빙성 있는 설명이 가능하다. 공동체 내부의 인간이 번식의 기회를 두고 투쟁하듯 공동체들끼리도 자원을 두고 경쟁을 벌인다. 개인의 생물학적 적응도는 유전자와 주변 환경 덕분이다. 하지만 어떤 공동체가 살아남느냐는 본질적으로 그 구성원들이 어떤 규칙에 따라 함께 사느냐에 달렸다.

도덕은 하루아침에 만들어지지 않는다

그러므로 정의와 같은 기본적인 문제들은 오랜 시간의 발전에서 그 답을 찾아야 한다. 이런 주장에 반발하는 사람들이 적지 않을 것이다. 보통 우리는 도덕적 확신을 의식적 합의, 유전적 각인의 결과이거나 신의 계시라고 믿기 때문이다. 하지만 이 세 가지 원인 중 그 무엇도 경험적 증거가 없다. 따라서 선과 악에 대한 우리의 관념은 문화의 진화를 통해 형성되었을 것이라는 추측이 매력을 발휘하는 것이다.

한 민족에게 통용되는 정의관을 (관대한 라마레라 사람들과 인색한 마치구엔가족의 경우처럼) 생활환경과 체계적으로 연결시킨 연구 결과 역시 이런 추측에 힘을 실어준다. 또한 역시 앞장에서 설명한 바 있는 에르푸르트의 행동 실험은 이런 메커니즘이 어떻게 작동하는지를 설명한다. 즉 이타주의가 힘을 얻는 이유는 참가자들이 무임승차자를 처벌할 수 있는 집단에 자발적으로 들어가기 때문이다. 반대로 느슨한 분위기의 집단에선 사람들이 빠져나간다. 그 결과 공동체를 위한 헌신이 저절로 어디서나 인정받는 규칙이 된다.

역사에서도 그런 식의 진행 과정을 입증하는 많은 사례가 있다. 특히 극적인 사례가 아테네와 스파르타 간의 갈등이다. 이 두 고대 공화국을 비교하면 같은 문명권의 공동체조차도 얼마나 규범이 다를 수 있는지를 알 수 있다. 이 두 그리스 도시의 주민들은 유전적으로도 거의 차이가 없었다. 하지만 아테네는 개인의 자유를 중시했고, 스파르타의 군사 사회에선 공동체가 전부였다. 그리고 그 차이는 그리스 도시국가들의 운명을 좌우했다. 영국의 역사학자 앤터니 블랙의 말대로 폴리스는 "시민들이 국가를 위해 죽을 의지가 있었기 때문에 진화에서 성공할 수 있었다."

스파르타에선 비교적 작은 집단의 자유 시민들, 즉 스파르티아테스가 국가를 지배했다. 엄격한 규칙은 스파르타를 헌신적 공동체로 만들었다. 전투에서 한 번이라고 비겁한 모습을 보인 사람은 시민권의 일부를 박탈당했다. 나중에 제아무리 영웅적인 행동을 보여도 그 한 번의 과오는 결코 용서받지 못했다. 경제적으로 어려워 매일의 공동 식사에 제 몫을 내지 못하는 사람도 2급 시민으로 강등되었다. 어쨌든 국민의 다수는 권리가 없었고 거의 노예 취급을 받았다.

스파르타의 극단적인 이타적 규범이 특히 빛을 발한 때가 펠로폰네소스 전쟁이었다. 스파르타와 동맹국들은 무려 25년의 전쟁 끝에 경제적으로 월등히 우세하던 아테네에게 승리를 거두었다. 페르시아의 지원을 받아 건조한 스파르타의 함선들이 아테네의 해군을 무찔렀다. 결국 기원전 404년 아테네는 항복했다. 그 후 몇십 년 동안 그리스의 패권은 스파르타에게로 넘어갔다. 하지만 스파르타식 규범의 한계는 금방 드러났다. 절대적 헌신을 각오하기에 최고의 전투력을 자랑하는 소수 엘리트식 성공 모델이 온 나라의 기준으로 전환될 수는 없었다. 동시에 한때는 그렇게도 영웅적이던 스타르타에도 서서히 이기주의가 팽배해지기 시작했다. 약탈한 재산 탓에 불평등이 초래되었기 때문이다. 재산을 쌓느라 정신이 없는 가문이 있는가 하면, 가난 때문에 사회적 지위마저 잃는 사람도 있었다. 배타적인 스파르티아테스의 소집단이 힘을 다 소진했지만 사람들은 이타주의의 장기적 성공을 위해 필수적인 개방과 혼합을 허용하는 대신 엄격한 규칙에만 매달렸다. 스파르타의 전투력은 주민의 강한 결속력과 마찬가지로 서서히 허물어졌다. 그리고 마침내 알렉산더 대왕의 아버지인 마케도니아의 필리포스 2세가 그리스를 정복하면서 스파르타의 이타적 규범도 종말을 고했다.

물론 폭력이 없어도 규범의 진화는 이루어진다. 첫째, 사회는 서로서로 배운다. 한 집단에서 협력과 나눔의 규칙이 자리를 잡으면 그 규칙은 순식간에 다른 곳으로 전파된다. 둘째, 번성하는 공동체는 시대를 막론하고 매력을 발산한다. 그리고 일단 그 공동체의 일원이 되면 그곳의 게임 규칙을 지켜야 한다. 그래서 점점 더 많은 사람들이 성공 규범을 따르게 되고, 반대로 소용없는 규범은 자취를 감추는 것이다.

그런 과정조차 조지 프라이스가 만든 공식으로 설명이 가능하다. 이미 프라이스도 알고 있었지만 그의 공식은 이타주의가 유전자를 통해 보급되건 규범을 통해 퍼져나가건 관계없이 유효하다.

중요한 건 개인이나 집단을 위한 이타적 행동의 비용 대비 효과와 집단의 구성이다. 어쨌든 집단 간의 심한 경쟁이 이타적 행동을 촉진시키는 것이 사실이다.

원한다면 종교의 성공과 그 종교 신자들의 도덕적 발전까지도 프라이스의 방정식을 이용해 분석할 수 있다. 원시 기독교와 인도 등지에서 이슬람교가 번창했던 것은 집단 내부의 단결이 다른 곳에 비해 강했기 때문이다. 그 집단에 합류한 사람은 믿음의 형제자매가 될 수 있었다. 앞에서 인용했던 사도행전의 구절대로 모두가 열렬히 이상을 좇았다. 하지만 그들의 신앙이 국가 종교가 되었을 때는 그 신앙 공동체를 무엇이라 지칭해야 했을까? 기독교를 믿는 서양 전체가 산상수훈의 규범을 신봉했음에도 (아니, 신봉했기에) 교회에는 로마 제국의 궁정에서도 보지 못했던 관습들이 횡횡했다. 집단이 무경쟁 상태가 되어버린 것이다.

9장

이타심의 두 얼굴

"……앞으로 하려고만 하면 못 할 일이 없겠구나.
당장 땅에 내려가서 그들의 말을 뒤섞어놓아
서로 알아듣지 못하게 해야겠다."
야훼께서는 사람들을 거기에서 온 땅으로 흩으셨다.
그리하여 그들은 도시를 세우던 일을 그만두었다.
- 창세기 -

☺☺☺

군인들이 고향도시 이즈미르의 해변으로 진군하던 그해 무자퍼 세리프는 열두 살이었다. 무장한 남자들은 그리스 말을 했고 그가 살던 그 지중해 도시를 스미르나라고 불렀다. 정복자들이 들어오자 사람들은 환호성을 질렀지만 이내 도시는 참혹한 학살의 현장으로 돌변했다. 군인들은 이즈미르의 이슬람교도들을 총검으로 위협하여 머리에 쓴 터키 전통 모자 페즈를 벗게 한 후 모자를 발로 밟고 마호메트에게 저주를 퍼부으라고 시켰다. 거부하면 살해되었다. 훗날 미국, 영국, 프랑스, 이탈리아의 조사 위원회가 밝혔듯 이날,

1919년 5월 15일 대학살이 벌어졌다. 군인들이 남녀노소를 불문하고 터키 말을 하는 사람들을 체포하여 일렬로 세우고 총살한 것이다.

무자퍼 세리프 역시 그 죽음의 행렬에 서 있었다. 차례차례 사람들이 총살당했다. 옆에 선 남자가 쓰러지자 무자퍼는 다음 차례는 자신이려니 생각했다. 군인이 총을 장전했다. 그런데 갑자기 군인이 머뭇거렸다. 꼬마를 죽이려니 동정심이 일었던 걸까? 어떤 연유로 목숨을 건졌는지 세리프는 모른다. 그리스 군인은 돌아서서 가버렸다.

그 후 몇 달 동안 이즈미르뿐 아니라 무너진 오스만 제국의 곳곳에서 사람들이 싸웠다. 그리스인은 터키인을 박해했고 터키인들은 아르메니아 사람들을 괴롭혔다. 기독교인은 이슬람교도의 집에 불을 질렀고 급진 이슬람교도는 기독교인을 살해했다.

하지만 세리프가 정말로 이상하다고 생각했던 건 폭력 그 자체가 아니었다. "모든 집단 마다 헌신적인 동지애를 목격하고 깊은 감동을 받았다. 집단 내의 이타주의는 적의, 분노, 증오하는 적을 향한 복수심에 필적했다. 인간은 공감을 느끼는 동시에 편견에 사로잡혔고, 극도로 헌신적이면서 동시에 야만적인 행동을 할 수 있는 존재였다." 그들의 마음에서 무슨 일이 일어났던 것일까? "그 시절 나는 그 문제의 원인을 규명하고 이해하는 데 남은 생애를 바치겠노라 결심했다."

나는 이타적이다, 우리 편에게만

22년 후 세리프가 독일에서 겪은 일들은 유년기의 기억과 다름이 없었다. 젊은 학자는 심리학 강의를 듣기 위해 베를린으로 갔지만 도시는 이미 SS(나치친위대), SA(나치돌격대), 경찰과 공산주의자들의 격전지로 변해있었다. 히틀러는 수상이 되었고 민족 공동체의 이름으로 정적과 유대인을 학살했다.

세리프는 미국으로 건너갔다. 그리고 1954년 6월 획기적인 실험에 성공했다. 그와 아내는 몇 주 동안 적당한 피실험자들을 찾아 학교 운동장을 헤맸다. 지극히 정상적이고 모든 관점에서 평균적이며 서로 처음 보는 열한 살짜리 사내아이들이 그들이 찾는 대상이었다. 아이들 스물두 명이 모아지자 부부는 그들을 열한 명씩 두 집단으로 나누고 두 대의 소형 버스에 태웠다.

목적지는 강변의 야영지였다. 세리프는 두 집단을 멀리 떨어뜨려 서로 만나지 못하게 했다. 그리고 야영지 리더로 위장하여 일어나는 모든 일을 기록했다. 처음 보는 열한 명의 아이들은 한 주가 채 지나지 않아 벌써 끈끈한 공동체를 형성했다. 각자의 팀에 이름까지 지어 붙였다. 한쪽은 '방울뱀'이었고 다른 쪽은 '독수리'였다. 양 집단 모두 우두머리와 부하들이 선발되었고 나름의 관습과 의례가 만들어졌다. 방울뱀은 표현이 거칠었고 독수리는 발가벗고 목욕을 했다.

원래 세리프는 일부러 두 팀 사이에 긴장을 조성할 예정이었지만 전혀 그럴 필요가 없었다. 서로 본 적도 없으면서 아이들은 멀리서 다른 집단의 목소리가 들리자마자 상대팀을 욕했다. 그리고 세리프에게 최대한 빨리 그들과 경기를 하게 해달라고 졸랐다. 상대 팀이 목소리가 들릴 정도로 가까이 있다는 사실을 알게 되자 집단 구성원끼리의 관계도 돌변했다. 서로 챙겨주고 나누었다. 지금까지 수영 못하는 친구를 멸시하던 아이들이 갑자기 교육자로 돌변했다. "우리 팀은 전부 다 수영을 할 줄 알아야 해." 그렇게 말하면서 말이다.

세리프가 마침내 줄다리기나 보물찾기 같은 경기를 시키려고 아이들을 한데 모으자 아이들은 서로에게 욕을 퍼부었다. 미워할 이유가 전혀 없었는데도 독수리와 방울뱀은 서로를 혐오하는 것 같았다. 상대 팀의 일원이 다가오면 코를 쥐었고 같이 밥을 먹지 않겠다고 우겼다.

이튿날 독수리 팀이 방울뱀 팀의 깃발을 불태웠고, 그러자 방울뱀 팀이 독수리 팀의 숙소를 습격하여 엉망으로 만들었다. 다음 날 방울뱀 팀은 독수리 팀 숙소에서 훔쳐 온 우두머리의 청바지에 '독수리의 꼴찌'라는 글자를 적어 깃대에 매달아 게양했다. 당연히 모욕을 당한 독수리 팀이 가만히 있을 리 없었다. 야구방망이를 들고 방울뱀의 숙소로 우르르 달려갔지만 다행히 숙소에는 아무도 없었다.

적의가 심해질수록 집단 내 이타심은 커져갔다. 특히 서열이 아래인 아이들은 집단을 위한 영웅적 행동으로(상대에 대한 증오로) 두드러져 보이려 애를 썼다.

화해시키려는 세리프의 노력은 실패로 돌아갔다. 공동 영화 관람도, 미국 건국기념일 불꽃놀이도 방울뱀과 독수리를 가깝게 만들지 못했다. 화해를 위해 마련된 식사자리는 전투로 끝났다. 아이들은 스테이크와 닭다리를 상대 팀에게 집어 던졌다.

결국 독창적인 아이디어로 두 팀을 화해시키기는 했지만, 그는 이 현장연구를 통해 심란한 결론을 내렸다. 집단이 전쟁을 하는 건 히틀러의 매를 맞은 정신질환자들이 전쟁을 하라고 부추기기 때문이 아니다. 밖에서 보아 무의미한 공동체의 갈등은 누구 때문이 아니라 저절로 발생한다. 평균 시민 몇 사람만 뭉쳐도 족하다. 더 이상 아무 짓도 하지 않아도 이들은 자신을 타인과 구분하고 외부인을 거부할 이유를 찾아낸다.

타 집단에 대한 적의감이 클수록 자기 집단 내의 이타심과 결속력은 자란다. 이스라엘의 학자들이 오렌지 농장에서 오렌지 따는 일꾼들을 팀으로 묶어 경쟁을 시켰다. 어차피 임금은 팀별로 받는 것이라서 굳이 열심히 안 해도 똑같은 임금을 받지만 아무도 자제하지 못했다. 평균 작업 성과가 30퍼센트나 올랐다.

이타심이 변하는 순간

그렇다면 증오심, 복수심, 전쟁은 이타심을 얻기 위해 치러야 하는 대가일까? 예로부터 정치 지도자들은 국민을 단합시키기 위해 타 민족과의 갈등을 부추겼다.

협력이 대립을 필요로 하는 것은 이타심의 본성 때문이다. 이타주의자는 이용당할지 모른다는 두려움에 시달린다. 잘못된 사람에게 너무 많이 주게 되면 자멸할 것이기 때문이다. 그러므로 살아남으려면 희생을 불균등하게 나누어주는 수밖에 없다. 우선 자기와 같은 사람, 그러니까 자기와 마찬가지로 이타적인 사람의 행복을 고려해야 한다. 이타주의자들이 서로 단결하면 협력의 성과가 모조리 그들에게로 흘러올 것이고 그들이 이기적인 개인들보다 우위를 점하게 될 것이다.

하지만 이기적인 개인에게 무차별적으로 희생을 쏟아붓는다면 에너지가 낭비될 것이다. 이기주의자는 득을 보고 좋아할 테지만 그것뿐, 그는 절대로 남을 위해 봉사하지 않을 테니까 말이다.

따라서 올바른 수혜자를 찾는 문제가 대두된다. 가장 간단한 방법은 잘 알고 친한 사람들, 즉 친구를 택하는 것이다. 독일의 일자리 중 거의 3분의 1이(소기업이나 금융업계 같은 일부 부문에서는 심지어 절반이 넘는다) 인맥으로 채워진다고 한다. 실용적인 방법이고, 당사자들로서는 불만이 있을 리 없다. 하지만 그 인맥의 바깥에 있는 구직자들은 불이익이 이만저만이 아닐 것이고 또 최고의 자질을 갖춘 구직자를 고용하지 못하는 회사로서도 큰 손해다.

이타주의와 도덕은 별개의 문제다. 무능한 지인에게 자선을 베푸는 사람은 정말 이타적으로 행동한 것이다. 그리 자질이 뛰어나지 않은 오랜 친구의 아들을 자기 회사에 취직시켜주면서 보상을 바랄 리 없다. 그냥 묵은 정 때문이다. 그렇지만 그의 회사는 손해를 본다.

물론 나중에 자기가 도움이 필요할 때 되돌려받을 수 있을 것이라는 희망으로 자선을 하는 사람들도 많다. 하지만 대부분은 도움을 받은 당사자가 아니라 제3자를 통해 도움이 돌아온다. 이것이 소위 인맥 네트워크다. 언제라도 지원받을 수 있다는 확신의 대가로 헌신을 바치는 집단이다. 독일 정계의 유명한 인맥 네트워크로는 안데스 동맹을 들 수 있다. 1979년 함께 남미를 여행했던 독일기독교민주동맹(CDU)의 남성 정치인들이 모여 만든 계파로, 자기들끼리는 절대 공격하지 않고 선거전도 하지 않는다는 규칙이 있었다. 덕분에 이들은 상당수가 정부 고위직에 오르는 등, 몇십 년 동안 독일 정치를 자기들 마음대로 주물럭거렸다.

그들의 성공은 앞장에서 설명했던 집단 도태의 완벽한 사례다. 인맥 네트워크 역시 이타심을 먹고 살기 때문이다. 지원이 필요한 회원은 반드시 그 지원을 얻는다. 그를 돕는 것이 바람직한가의 여부는 문제가 되지 않는다. 이것이 집단의 규범이다. 규범을 거부하면 집단에서 퇴출된다. 하지만 그런 집단의 일원이라고 전부 다 정상에 오르는 건 아니라는 진리를 (그사이 해체된) 안데스 동맹의 몇몇 회원들도 뼈아프게 경험한 바 있다. 다른 회원들이 자신의 지원을 받아 권력의 핵심으로 승승장구하는 동안 정작 자신들은 이름 없는 변방의 정치인으로 남아야 했으니 말이다.

이타심이 도덕적 원칙과 별 상관이 없다는 것은 파푸아

뉴기니의 석기시대 공동체를 연구한 결과로도 입증된다. 스위스의 학자들이 그곳에서 사이가 좋지 않은 두 부족민을 뽑아 실험했더니 그들의 정의감은 자기 부족 사람들에게만 통했다.

상대 부족민이 속임수에 넘어갔을 때는 속인 범인을 처벌할 마음이 별로 없었다. 만일 범인이 자기 부족 사람이라면 아예 처벌을 원치 않았다. 자기 조합원 일이라면 눈에 불을 켜고 달려들면서 실업자들의 어려움에는 전혀 무관심했던 근대의 노동조합을 보는 기분이다.

마피아의 성공 역시 그들의 (극단적으로) 이타적인 규범 덕분이다. 마피아의 조직원이 되면 오메르타의 규약(조직의 비밀은 발설하지 않는다는 마피아 조직원의 계율—옮긴이)에 복종해야 할 뿐 아니라 부당하게 살인죄를 뒤집어쓰는 한이 있어도 절대 침묵해야 한다.

2007년 11월 시칠리아 경찰이 체포된 보스 살바토레 로 피콜로의 은신처에 발견한 '10계명'을 보면 마피오소는 모든 면에서 자신보다 (설사 아내가 아이를 낳더라도) 조직을 우선해야 한다.

훌륭한 마피아 조직원은 절대 거짓말을 해서는 안 되며 '다른 조직원이나 그 가족의 돈'을 착복해서도 안 된다. 물론 상대가 역시 '명예로운 조직'의 조직원일 때만이다.

너 혼자 잘사는 건 안 돼

마피아의 규약이 유별스럽기는 하지만 안데스 동맹의 규칙 역시 조직원끼리의 경쟁 금지에 초점을 맞춘다. 한 집단이 성공하여 이타심을 꽃피우려면 자원을 둘러싼 투쟁을 외부로 전이해야 한다. 자기들끼리 싸울 것이 아니라 조직원들이 힘을 합쳐 (타 집단을 밟고) 최대한 큰 조각의 케이크를 낚아채야 하는 것이다.

모두가 평등하여 조직 내 경쟁이 필요하지 않으면 조직은 저절로 이런 상태가 된다. 실제 우리 조상들은 그런 상태에서 살았던 것 같다. 근대에 이르기까지 생존하여 학자들의 조사를 받았던 거의 모든 사냥꾼과 채집꾼 사회는 평등한 집단이다. 동아프리카 스텝에 살건, 아마존의 숲에 살건, 파푸아뉴기니의 고원에 살건 그들은 중요한 결정을 함께 내렸고 누군가 자기들보다 우위에 있으려고 하면 격렬히 반응했다.

생물학적으로 가장 가까운 친척 원숭이와 달리 그들에겐 위계질서가 없었다. 너무 과도하게 우두머리 역할을 하거나 너무 과도하게 많은 소유물을 독차지 하려고 하면 다른 사람들의 격렬한 저항을 받았고, 심지어 집단에서 퇴출될 수도 있었다. 우리 조상들은 집단의 협력을 위해 일체의 신분 차이를 억제해야 한다는 강한 진화의 압박에 시달렸던 것이 분명하다.

그 결과 평등의 욕구는 우리 본성의 일부가 되어 버린 것 같다. 그 욕망이 지금까지도 질투의 형태를 띠고 우리를 괴롭힌다. 상대를 나와 동급으로 만들기 위해 상대의 것을 뺏고 싶은 욕망, 동물은 그런 감정을 모른다. 뇌 활동을 측정한 결과로도 알 수 있듯 질투는 통증을 동반한다. 니보다 더 좋은 위치에 있는 사람을 보면 우리 뇌에선 누군가 우리 몸에 칼로 상처를 냈을 때와 비슷한 과정이 진행된다.

그러니 질투는 엄청난 파괴력을 발휘할 수 있다. 사람들은 자기 월급의 일부를 포기해서라도 남들이 더 적은 돈을 받기를 원한다. 그런 사회심리학의 연구 결과가 어이없기도 하지만, 거꾸로 그만큼 질투의 힘이 강하다는 증거이기도 하다. 심리 테러로, 기물 파괴, 심지어 신체적 폭력으로 터져 나올 만큼.

"질투가 추악한 잘못을 일으키면 변혁이 찾아오고 혼란이 시작된다." 윌리엄 셰익스피어는 『헨리 4세』에서 질투의 이중적 본성을 이렇게 요약했다. 질투의 파괴력은 질투를 받는 사람은 물론이고 질투를 하는 사람에게도 해가 된다. 진화의 시각에서 보면 이타적 행동은 집단이 이타주의자들을 희생시켜 득을 보는 동안에는 유익하다. 하지만 동유럽

오지 마을의 농부들은 지금까지도 너무 돈을 잘 번다 싶은 이웃이 있으면 그 집에 불을 질러버린다. 그럼으로써 공동체 전체의 발전을 가로막는다.

그런 행동은 원시시대의 잔재로밖에는 설명이 안 된다. 분쟁이 곧 모든 구성원의 몰락인 씨족사회에서 불평등의 싹은 실존의 위협이다. 그에 맞서기 위해서는 심지어 일시적으로 전 집단의 자원을 훼손할 필요까지 있는 것이다.

집단에 충성하라

공동체의 단결을 위해 위험한 희생을 요구하는 건 질투만이 아니다. 음식과 관련된 터부 역시 먹을 수 있는 음식의 종류를 제한하기 때문에 부작용을 낳을 수 있다. 예를 들어 기아가 잦은 인도의 최고 카스트들은 고기를 먹지 못하므로 중요한 단백질 공급원을 섭취할 수 없다. 그들보다 더 이상한 사람들이 그린란드에 살았던 바이킹족이다. 바이킹족의 마을을 발굴한 고고학자들은 낚싯바늘, 그물추 등의 어로 도구를 전혀 발견하지 못했다. 그린란드 해변에 살았던 이 해양 민족이 정말로 물개와 북극의 소수 동물들만 먹고 살았던 걸까?

지질학자이자 진화생물학자인 제레드 다이아몬드는 그게 사실이라고 추측한다. 이들이 아이슬란드와 스칸디나비아에 살았던 해양 민족들과 달리 터부 때문에 물고기에 손을 대지 않았다고 말이다. 따라서 이들은 기후가 더 혹독해지자 극지방 환경을 견디지 못했다. 이들보다 덜 까다로운 에스키모는 더 혹독한 시절도 견디고 살아남았다.

세계 거의 모든 사회에서 행해지는 성인식 중에는 진혹한 것들이 많다. 아프리카와 오세아니아 민족들은 아이의 몸에 깊은 상처를 낸 다음 재를 뿌린다. 아무는 속도를 최대한 늦추어 흉터를 남기기 위해서다. 통증은 말할 것도 없고 감염 위험이 엄청나다. 성기에 손을 대는 부족도 많다. 오세아니아와 오스트레일리아 원주민들은 사춘기가 된 남자아이의 성기를 칼로 가르고, 인도네시아에선 페니스에 공모양의 작은 대나무를 박아 넣는다. 아프리카의 일부 지역에선 지금도 여자아이의 할례 풍습이 남아 있다. 할례를 받은 아이들은 엄청난 고통을 느끼는 것은 말할 것도 없고 일생동안 섹스를 할 때 쾌감을 느끼지 못하며, 훗날 출산을 할 때 산모와 아이가 사망할 위험도 높다. 또 대부분이 위생 상태가 엉망이기 때문에 상처로 인해 생명이 위태로울 수 있다. 그러므로 이런 의식을 치르는 민족들은 개인은 물론이고 사회 전체적으로 생물학적 적응도가 떨어진다.

그런데도 왜 이런 짓을 하는 걸까? 금기 음식, 신체 훼손, 위험한 성인식, 비용이 많이 드는 제물 의식, 이 모든 것들은 집단의 결속력 강화뿐 아니라 구분 짓기에 이용된다. 흉터는 집단에 소속 여부를 표시한다. 한 번 흉터가 난 사람은 평생 해당 씨족 혹은 부족의 일원으로 남는다.

의식과 금기는 한 집단의 구성원과 '타인'의 경계를 확고히 한다. 그래서 이타적 행위의 열매가 자기 사람들에게만 돌아가도록 만든다.

골치 아픈 규정이 얼마나 한 집단을 결속시킬 수 있는지는 미국의 인류학자 리처드 소시스의 연구 결과가 말해준다. 그는 19세기에 새 삶을 찾아 미국으로 떠난 생활 공동체의 200개의 운명을 분석해보았다. 사회주의나 무정부주의 이념을 추구하는 공동체가 많았고 종교적 신앙에 따라 사는 공동체도 많았다. 이 공동체들이 얼마 동안 유지되었는지 조사해 보니 종교 공동체의 생존 가능성이 네 배나 더 높았다. 나아가 구성원에게 부가하는 제약이 많을수록 존속기간이 길었다. 금식 규칙, 순결 서약, 사유 재산과 현대 기술의 포기 같은 제약이 개인적인 생활 기회를 축소시켜 공동체의 성공을 촉진했던 것이다.

하지만 개인이 희생하는 생물학적 적응도가 적정 수준을 넘어서면 안 된다. 즉 전체적으로 보아 공동체에게 돌아가는 수익을 초과해서는 안 된다. 스스로 부과한 강제가 몰락을 자초할 수도 있는 것이다.

또 다른 차별의 무기, 언어

파푸아뉴기니에선 지금도 800개 이상의 언어가 사용되고 있다. 개중에는 독일어와 중국어처럼 도저히 서로 알아들을 수 없는 언어도 많다.

창세기 구절에 따르면 언어는 인간의 오만함을 응징하기 위한 신의 벌이었다. 바벨탑 축성과 같은 오만함이 두 번 다시 일어나서는 안 되겠기에 신이 인간을 작은 집단으로 나누어 전 지구에 흩뿌렸다는 것이다.

성경의 저자들은 인간의 불화와 인간이 함께 이룩한 가장 위대한 업적의 연관관계를 정확히 짚어냈다. 다만 우리의 지식 수준에서 볼 때 진행 과정은 달라야 할 것 같다. 대규모 공동 작업은 인류가 작은 집단으로 잘게 쪼개진 다음에야 가능했다고 말이다. 집단의 경쟁이라는 압박이 있어야만 개인들은 공익을 위해 개인의 이익을 포기한다. 그러니 일단 언어의 혼란이 있고 그다음에 바벨탑을 세웠어야 옳다. 인류가 서로 떨어진 다음에야 기자의 피라미드도, 마야

272

의 피라미드도, 아크로폴리스도, 나아가 맨해튼과 상하이, 두바이의 마천루도 탄생할 수 있는 것이다.

현대 사회는 다행스럽게도 정체성 확립을 위해 제물 의식이나 신체 훼손을 동원하지 않지만, 언어를 기준으로 무의식적으로 적과 동지를 구분하는 것은 우리 본성의 일부인 듯하다. 어쨌든 신생아마저 자기 민족과 타민족을 예민하게 구분한다. 생후 5개월만 되어도 익숙한 모국어를 쓰는 사람을 더 선호한다. 아기의 부모가 독일어를 쓰는 경우 처음 보는 사람이 아기 앞에서 완벽하게 독일어를 쓰면 아기는 다른 나라 말을 하는 사람보다 그 사람과 더 자주 눈을 마주친다. 아직 말의 의미는 몰라도 독일어 특유의 소리들과 그 소리의 결합을 기억하기 때문이다.

아이들이 선호하는 건 단순히 익숙한 소리만이 아니다. 아기는 상대가 한참 동안 말을 하지 않아도 모국어를 쓰는 사람에게 더 긍정적인 반응을 보인다. 심지어 똑같이 독일어를 해도 유창하지 않는 사람은 알아보고 거부한다. 생후 10개월 된 아기에게 모국어를 유창하게 말하는 사람과 나중에 어른이 되어서 배운 사람이 각기 인형을 주었더니 아기는 전자의 인형을 받았다. 솔직히 독일어를 잘하는 외국인과 진짜 독일인의 차이는 아주 미미하다. 러시아인은 'r'을 너무 굴리고 그리스인의 'ch'는 긁는 소리가 난다. 하지만 대부분의 음은 아주 유사하다. 그런데도 아기들이 그런 미세한 차이를 간파하는 걸 보면 인간은 태어날 때부터 남을 구분하는 센서를 갖고 있는 것 같다.

테러리스트의 두 얼굴

외국인혐오증이 인간이 타고나는 이타심과 긴밀한 관계가 있다는 사실은 소소한 일상에서도 관찰이 가능하다. 코스모폴리탄에게는 우울한 소식이겠지만 인간은 처음 보는 사람이라도 자기 나라 말을 하거나, 적어도 문화가 같다는 사실을 확인하고 나면 상대에게 더 잘해준다. 벨기에 대학생들을 상대로 실험한 결과가 있다. 이들에게 신뢰게임을 시켰더니 플랑드르(벨기에 북부 중심의 네덜란드어권 지역—옮긴이) 출신 학생들은 상대가 왈롱(벨기에 남부 중심의 프랑스어권 지역—옮긴이) 지역 출신이라는 사실을 알고 나더니 돈을 덜 주었다. 왈롱 출신 대학생들 역시 똑같았다. 당연히 그런 행동은 벨기에에만의 특수 현상도 아니고 언어의 문제도 아니다. 이스라엘 경제학자 카임 페르슈트만이 예루살렘에서 같은 실험을 해봤더니 비슷한 결과가 나왔다. 독실한 유대인은 다른 정통 종교인들에게만 나눔을 베풀었다. 상대의 신앙에 대해

모를 때는 지갑을 닫았다.

이 스펙트럼의 극단에는 인간이 공동체의 이름으로 저지르는 범죄가 자리하고 있다. 2001년 9월 11일의 테러범들은 우리 기대와 달리 특히 폭력적 성향이 강한 사람도, 도착적인 인간도 아니었다. 사건이 일어난 후 범인들의 심리를 분석한 자료들이 봇물처럼 쏟아져 나왔다. 아주 소소한 이야기들까지 낱낱이 공개되었다. 당시 UA 93호기를 조종했던 지아드 자라의 이력은 전형적이다. 그는 레바논의 유복한 가정에서 자랐고 가톨릭 학교를 다녔다. 학교에 다니는 동안에는 장애 아동과 마약 중독자 봉사 활동에 참여했고 고아원에서도 봉사했다. 독일 함부르크 대학 시절엔 집주인과 사이가 좋았다. 집주인이 그의 유화 초상화를 그려주기도 했다. 그의 인생이 변한 건 함부르크 대학에서 급진 이슬람주의자들과 접촉하면서부터였다. 그는 아프가니스탄에서 우사마 이븐 라딘(오사마 빈 라덴)에게 피의 맹세를 올렸다. 전사로 교육받는 동안에도 약혼녀와의 관계는 계속되었다. 2001년 9월 10일 그는 그녀에게 지난 5년 동안 함께 해주어 고맙다는 내용의 감동적인 작별 편지를 썼다.

팔레스타인의 자살 폭탄 테러범과 생존한 테러범들의 가족을 분석해봐도 별다른 점이 눈에 띄지 않는다. 테러범들은 한결같이 지극히 평범한 사람들이었다. 남들보다 더 신앙심이 깊었던 것도 아니었다. 가자 지구에서 실시한 다른 연구는 이들이 자부심이 강하고 공동체에 대한 애정이 남다르며 사회적 입장이 두드러진다는 결론을 내렸다. 거의 모두가 다른 조직원에게 보급품을 공급했고 죽은 조직원의 가족을 돌보고 부상자를 간호했다.

미국의 인류학자 스콧 애덤스는 자살 폭탄 테러범을 대상으로 한 연구에서 자신의 공동체기 부당한 일을 당했다는 감정이 젊은이들을 급진 이념에 빠져들게 만들었다고 주장했다. 하지만 이들이 극단 조직에 빠지게 되는 경로는 대부분 친구나 친척이었다. 그들의 유대 관계는 그 이후의 과정에서도 결정적인 역할을 한다. 알 카에다나 하마스 같은 단체는 친척이나 친구를 한데 묶어 훈련한다. 즉 3~6명이 하나의 단위로 움직이며 함께 죽음을 준비하는 것이다.

이기주의가 우글거리는 세상에는 공동체를 위해 죄 없이 죽음을 택하는 사람들이 없을지 모른다. 하지만 이타적 행동의 무시무시한 결과는 구약의 판관기에도 이미 나왔을 정도다. 이스라엘의 지도자 삼손은 신전의 기둥을 무너뜨리면서 3000명의 불러셋인을 죽게 했다. 성경은 "삼손이 죽으면서 죽인 사람이 살아서 죽인 사람보다도 더 많았다."라고 말한다.

고대의 대학살과 9·11 테러보다 더 많은 희생을 요구한 경우가 일본 가미가제 특공대의 자살 테러였다. 이 광기의 행동에도 역시 불굴의 이타적 규범이 숨어 있다. 일본 해군 중장 오니시 다키지로가 1944년 1차 가미가제 공격의 자원병을 모집할 당시 23명의 공군 조종사 모두가 손을 들었다. 다들 겁쟁이로 낙인 찍히고 싶지 않았던 것이다. 대부분이 아주 어린 나이였지만 치욕스럽게 사느니 차라리 명예로운 죽음을 택했다. 1945년 4월 6일 오니시의 특공대는 역사상 가장 치명적인 자살 공격을 실행에 옮겼다. 1500대의 비행기가 일본 남부의 오키나와 섬 상공에 나타나더니 그곳에 정박 중이던 미군과 영국군 전함을 향해 돌진했다. 30척 이상의 배가 침몰하거나 심한 손상을 입었다. 미국의 전략가들이 한 달 후 일본의 저항에 쐐기를 박고자 원자폭탄 투하를 결심한 데에는 오키나와 공격의 영향도 없지 않았다. 일본이 항복하고 며칠 후 오니시는 조국을 위해 목숨을 버린 젊은이들의 가족에게 용서를 구하고 자살했다.

무아한 화해의 해법

이타심의 어두운 자매들이 설사 강제적 논리를 따를지라도 우리는 그에 저항할 수 있다. 무자퍼 세리프는 야영지의 작은 세상에서 방울뱀과 독수리를 화해시킬 우아한 해법을 찾아냈다. 공격적 충동의 물길을 새로운 공동의 목표를 향해 돌린 것이다.

세리프는 야영지에 마실 물을 공급하는 수도관을 아이들 몰래 막았다. 아이들이 상황을 알아차리자 물탱크와 야영지 사이의 수도관 전체를 점검해야 하기 때문에 20명 이상이 필요하다고 설명했다. 방울뱀과 독수리는 사이좋게 수도관을 점검했다. 서로 수리 도구를 빌려주기도 했다. 하지만 물이 다시 나오자마자 원래의 대결 구도로 되돌아갔다.

두 번째로 영화의 밤 행사를 열어 두 팀이 함께 영화 대여료를 마련하게 했고, 마지막으로 모두 함께 떠나는 소풍을 계획했다. 하지만 사전에 아이들을 싣고 갈 트럭의 시동 장치를 건드려 한 팀이 밀어서는 차가 출발하지 못하게끔 만들었다. 독수리와 방울뱀은 서로가 없으면 안 되겠다는 사실을 깨닫자마자 힘을 합하여 차를 밀었다. 목적지에 도착하니 이번에는 양쪽 팀의 텐트 부속품들이 뒤죽박죽 섞여 있었다. 어쩔 수 없이 천막용 말뚝과 노끈, 봉을 다른 팀과 바꾸어야 했다. 또 식사가 도착했는데 4킬로그램짜리 고깃덩어리여서 잘게 자를 수밖에 없었다.

이런 식의 문제들은 양 팀을 협력하게 만들었다. 야영지의 마지막 밤, 방울뱀과 독수리는 함께 파티를 열었고 자발적으로 같은 버스에 올랐으며, 중간 휴게소에서 독수리 팀이 돈이 없는 걸 보고 방울뱀 팀이 22개의 우유를 사서 함께 나누어 마셨다.

오늘날 세리프의 과감한 실험은 전통적인 화해의 방법으로 인정을 받고 있다. 경쟁 관계의 집단에게 상위의 목표를 부여하면 라이벌 의식을 극복할 수 있다. 새로운 공동의 투쟁 앞에선 과거의 적도 동지가 된다. 롬바르디아, 토스카나, 시칠리아 등 반목이 극심한 이탈리아의 여러 지방들이 서로에 대한 혐오감을 잊고 하나로 똘똘 뭉칠 때가 있다. 바로 유럽 챔피언스리그와 월드컵에서 스콰드라 아주라(이탈리아 국가대표 축구팀의 별칭-옮긴이)가 경기를 할 때다. 2주 동안 모두가 이탈리아 국민이 된다. 프랑스, 브라질, 독일과 경기를 할 때면 온 국민이 축구팀과 희로애락을 함께 한다. (물론 경기가 끝나면 나라는 다시 원래의 작은 전쟁 상태로 돌아간다.)

실제 갈등에선 중재자의 어려움이 적절한 임무를 찾는 것으로 끝나지 않는다. 세리프의 꼬마들은 묵은 원한이 있는 사이가 아니었다. 하지만 대부분의 실제 상황에선 영혼의 인내력을 이겨내야 한다. 수십 년 전, 수백 년 전에 겪었던 부당한 일의 기억을 지워야 하는 것이다.

물론 용기를 주는 사례도 적지 않다. 프랑스 군인과 독일 군인들이 불과 몇십 년 전 서로를 향해 총부리를 겨누었다는 사실을 기억하는 사람은 많지 않다. 실제로 제2차 세계대전이 끝나고 불과 몇 년 안에 해묵은 적개심은 극복되었다. 소련이 핵을 보유한 열강으로 부상한 것도 한몫했다. 붉은 군대가 불과 며칠 안에 전 유럽을 덮칠 수 있다는 두려움이 엘베 강 서편의 사람들을 하나로 통합시킨 것이다. 앞으로 늘어나는 무역량, 얽히고설킨 경제망, 휴가 여행 등으로 공동의 이해관계는 더욱 공고해질 것이다. 나아가 일자리, 시장, 자원을 둘러싼 날로 격해지는 세계 경쟁 앞에서 유럽인은 뭉쳐야 지금의 복지 수준을 유지할 수 있다. 그러므로 중세 이후 늘 그래왔듯 서로를 향해 총부리를 겨누는 상황은 이제 더 이상 상상할 수 없게 되었다.

10장

이기심 버리기 연습

네 이웃을 사랑하라. 그 이웃이 너와 같기 때문이다.
- 마르틴 부버 -

☺☺☺

   도움의 손길이 없었다면 잉게 도이치크론은 스물세 번째 생일을 맞이하지 못했을 것이다. 열 명이 넘는 사람들이 그녀의 편이 되어 주었다. 그들 모두 그녀에게 일자리와 잘 곳을 마련해주고 부족하나마 식사와 근심을 나누었다. 그럼으로써 어떤 위험이 따를지 잘 알고 있었는데도 말이다. 덕분에 지금 도이치크론은 85세의 나이에도 우아한 자태를 잃지 않은 채 베를린 뒷마당에 앉아 자신을 도와주었던 사람들의 이야기를 들려주고 있다.

   이곳은 그녀가 한때 숨어 지내던 은신처다. 베를린의 전형적인 가내공업 공장! 외지인은 도저히 상상할 수 없을, 멋진 주택 뒤편에 숨겨진 초라한 공장들이다. 어찌나 다닥다닥 붙어 있는지 햇볕도 잘 들지 않는다. 맹인인 오토 바이트의 공장도 그중 하나였다. 이 공장은 비와 솔을 생산하여 군대에 납품했는데 제2차 세계대전이 발발하면서 꽤 괜찮은 수입을 올리고 있었다. 바이트는 어려운 환경에서 자랐고 원래는 맹인이 아니었지만 어느 날부터 눈이 보이지 않게 되었다. 베를린의 유대인이 강제노동에 처하게 되자 그 역시 유대인들을 고용했다. 하지만 그는 여느 공장주들과 달리 유대인에게 좋게 대우했다. 잉게 도이치크론도 이 공장에서 일자리를 얻었다. 당시 바이트는 말했다. "사실 네가 할 일은 없어." 유대인을 사무실에 앉히는 건 나치가 금지시켰다. 그런데도 바이트는 그 젊은 여자에게 일자리를 주었고 위조 신분증을 마련해주었다.

베를린에 거주하는 유대인의 식량 사정이 점점 나빠졌기 때문에 그는 거의 35명에 이르는 직원들에게 생필품을 조달했다. 그의 공장이 군수물자를 생산했으므로 직원들은 한동안 강제수용소를 피할 수 있었다. 하지만 1942년 마침내 게슈타포가 그의 눈멀고 귀먹은 직원들을 강제수용소로 데려가려고 했다. 그러자 바이트는 비밀경찰 본부를 찾아가 책임자들을 매수했다. 몇 시간 후 그곳의 전철역에서부터 하케셔 광장을 지나 로젠탈러 거리까지 천천히 움직이는 이상한 행렬이 목격되었다. 그날의 광경을 한 여성은 이렇게 회상했다. "별을 가슴에 단 솔 공장 맹인들이 바짝 붙어서 서로에게 의지하며 베를린 공장으로 돌아갔어요. 오토 바이트가 앞장을 섰고요."

이제 '바이트 아빠'는 최대한 많은 은신처를 마련하려 동분서주했다. 몇 명은 베를린의 다른 시구에 있는 옛날 공장에다 재웠고 다른 몇 명은 가게 하나를 세내어 지내게 했다. 공장에도 대피소를 마련했다. 베를린 게슈타포 본부에서 돌을 던지면 날아올 만한 곳에 자리한 창문 하나 없는 보일러실에서 네 명의 유대인 가족이 숨어 살았다. 후원자 집단도 결성됐다. 이들 역시 유대인을 숨겨주었고 위조 증명서를 만들었으며 수송인 명단을 조작하거나 은신처에 환자가 생기면 달려와 치료해주었다. 하케셔 광장의 경비소에 근무하던 경찰 몇 명도 위조된 증명서에 도장을 찍어주었고 기습 수색이 있으면 바이트에게 알려주었다.

잉게 도이치크론과 어머니는 한동안 계속 거처를 옮겨 다녔다. 빨래가게 뒷방으로, 주말 농장으로, 비좁은 노동자 주택으로, 교장 사택으로, 반제의 보트하우스로, 염소 우리로. 두 여인에게 숙소를 제공해주었던 모두는 자기 손님은 물론이고 자신도 얼마나 위험한지 잘 알고 있었다. 이들 모두는 용기를 내어 두 여인을 지켜냈다. 이들에게 일자리를 준 사람들도 있었다. 잉게 도이치크론은 종이가게에서 점원으로 일했고, 어머니는 빨래 가게에서 다림질을 했다.

바이트가 구해주려 애썼던 모든 유대인이 두 여인처럼 행운을 누렸던 건 아니다. 처음 8개월 동안은 무사했다. 그런데 어느 날 창문 없는 뒷방에서 살던 유대인 하나가 거리에게 지인을 만나 별 생각 없이 사실대로 털어놓았다. 하지만 그 남자는 스파이였다. 이틀 후 게슈타포가 나타나 공장 종업원들을 모조리 데려갔다.

다행히 공장 주인에게는 손을 대지 않았는데 아마도 뇌물을 먹었다는 것이 알려질까 봐 겁을 냈던 것 같다. 바이트는 당장 생필품 꾸러미를 만들어 수용소로 보냈다. 그 후 몇 달 동안 총 150회의 소포가 테레지엔슈타트에 도착했고 무사히 수신인들에게 전달되었다.

그 이후 일어난 일은 너무나 비현실적이지만 정확히 기록으로 남아 있다. 한때 그의 비서였던 연인 알리스 리히트가 가족과 함께 아우슈비츠로 이송되었는데 가는 도중 화물열차에서 엽서를 던졌다. 지금까지도 남아 있는 그 엽서엔 바이트의 주소와 '수취인 부담'이라는 글자가 적혀 있었다. 엽서는 무사히 수취인에게 도착했다. 즉시 바이트는 수용소에 솔을 팔겠다는 핑계를 대고 아우슈비츠로 달려갔다.

연인이 브로추아프 수용소로 이송되었다는 사실을 알고는 다시 그곳으로 향했다. 그리고 한 폴란드 노동자를 통해 리히트에게 소식을 전달했다. 그가 몇 달 동안 근처 동네에 방을 하나 세내서 옷과 약, 돈을 놓아둘 테니 탈출해서 베를린으로 오라고 말이다. 그의 말은 현실이 되었다. 붉은 군대가 입성하기 직전 그녀는 탈출에 성공했고, 베를린에 도착하여 바이트의 집에서 지냈다. 잉게 도이치크론과 어머니 역시 전쟁의 막바지를 수도 베를린에서 보냈다.

그렇게 목숨을 부지한 그들은 전쟁이 끝난 후 이민을 결심했다. 하지만 바이트는 끝까지 베를린에 남아서 유대 어린이집 재건에 힘썼다. 수용소에서 부모를 잃은 유대인 고아들을 돌보겠다는 생각이었다. 그러나 그의 노력은 결실을 맺지 못했다. 1947년 그는 베를린에서 세상을 떠났다.

평범한 사람의 비범한 행동

나는 잉게 도이치크론에게 바이트와 다른 후원자들이 무엇 때문에 그런 비범한 행동을 한 것 같으냐고 물었다. 그녀의 대답은 간결했다. "사람을 분류하는 걸 못 참은 거죠." 그녀의 짧은 대답은 한동안 곰곰이 생각하면서 의미를 되새

겨볼 필요가 있는 말이다.

도이치크론은 죽게 생긴 사람들을 구하려고 위험을 감수하는 것이 왜 이상하냐는 반응이었다. 더 중요한 건 바이트와 그의 친구들이 누구를 위해 위험을 감수했느냐다. 자식이나 식구가 나치에게 쫓긴다면 누구든 그들을 보호하려 할 것이다. 가까운 친구라도 위험을 감수할 것이다. 심지어 같은 공동체의 구성원을 위해 목숨을 내놓겠다는 사람들도 의외로 적지 않다. 이들의 각오는 인간 본성이다.

실제 도이치크론 모녀의 생명을 구한 많은 사람들의 동기는 한 집단 내부의 연대감으로 설명할 수 있다. 그녀의 아버지는 체육 교사였고 적극적인 사회민주주의자였다. 그가 나치를 피해 영국으로 탈출한 후 정당의 동지들이 비자를 받지 못해 독일에 붙들려 있던 아내와 딸을 몇 년 동안 보살폈다.

하지만 모든 사람들이 다 정치적 벗은 아니었다. 오토 바이트도, 세탁가게 여주인 굼츠도 그들 모녀를 본 적이 한 번도 없었다. 굼츠는 1942년 처음으로 도이치크론 모녀에게 은신처를 제공한 사람이다. 동부전선에서 돌아온 이웃 사람한테서 나치가 폴란드 유대인에게 저지른 만행을 전해 듣고 난 후였다.

이들의 이타심은 자기 공동체의 경계를 뛰어넘는다. 굼

츠도, 오토 바이트에게도 이들 모녀가 정치적 입장이 다르며 사회 계층과 종교가 다르다는 사실을 문제 삼지 않았다. 또 독일 유대인을 다른 인종과 구분하려던 정부의 여러 조치에도 전혀 휘둘리지 않았다. 나치는 유대인에게 노란 별을 달게 했고 스포츠 협회, 카페, 전철에 입장을 금지했으며, 비누도 살 수 없게 했다. 어쩔 수 없이 몸을 씻지 못해 더러워지면 혐오감을 유발할 테니 말이다. 하지만 굼츠와 바이트는 유대인을 '다른 사람'으로 보지 않았다. 그저 도움이 필요한 사람으로 생각했을 뿐이다. 그러니 행동하지 않을 수가 없었던 것이다.

우리는 다르지 않다

이타적 인성이 존재할까? 지금까지 이 주제를 가장 철저하게 연구한 사람은 미국 캘리포니아의 사회학자 새무얼 올리너다. 그는 어떤 성격과 인생사가 구원자를 만드는지를 밝혀냈다. 그가 이 주제에 매달린 데에는 그의 인생사도 한몫했다. 올리버 역시 폴란드에서 홀로코스트를 견디고 살아남은 사람이다. 나치 수용소에서 죽은 부모의 친구들이 그를 숨겨주었다.

아내 펄과 함께 올리너는 매우 조직적인 방법을 사용했다. 몇 십 년에 걸친 노력 끝에 유대인을 가스실에서 구출해낸 230명을 찾아내 그들의 이력을 상세하게 캐물었다. 또 도울 수도 있었지만 그렇지 않았던 동시대인의 이력을 철저하게 분석한 후 그 두 정보를 비교했다.

올리너 부부는 모든 것을 설명할 수 있는 공통분모를 찾았지만, 그들이 발견한 건 설문 대상자만큼이나 많은 행동 원인이었다. 어떤 사람은 잔혹한 나치의 박해 소식에 괴로워했고, 또 어떤 사람은 희생자를 보고 충격을 받았다. 나치의 정치적 견해에 반대한 경우도 있었고, 종교적, 도덕적 신념 때문에 유대인을 도운 사람도 있었다. 다양한 동기만큼이나 이력과 인성도 달랐다.

도움을 주지 않았던 사람들의 자료와 비교 분석한 결과는 더 혼란스러워 보인다. 왜 다른 종교인은 무관심했는데 기독교인은 위험을 감수할 수 있었을까? 왜 이 무시무시한 장면을 보고 도움의 손길을 내민 사람이 있는가 하면, 그렇지 않은 사람이 있는 걸까? 도움을 준 사람들이라고 해서 성격이 특별하거나 인생사가 눈에 띄지 않았다. 특별히 공감이 뛰어나거나 지능이 높았던 것도 아니었다. 올리너 부부가 좇았던 것은 신기루였다. 구원자의 인성 같은 건 없었다. 그래서 새무얼 올리너의 논문 한 편은 이런 제목을 달고 있다. 「평범한 사람들의 비범한 행동」.

딱 두 가지 점에서 예외를 확인했다. 첫 번째, 도움을 준 사람들 중에는 도덕심이 투철한 부모 한쪽과 자신을 동일시하는 경우가 많았다. 그래서 일찍부터 주변의 의견에 관계없이 윤리적 원칙에 따라 행동하는 습관이 몸에 밴 것이다. 두 번째는 일부 첫 번째 원인의 결과일수도 있지만 더 확실하게 드러나는 차이점이다. 도움을 준 사람은 조금 더 남의 입장에서 생각하는 사람이었다. 행동하지 않은 사람은 유대인이 자기와 다르다고 강조했지만 구원자들은 그들과 자신의 유사성에 더 주목했다. 유대인과 비유대인의 차이를 명확하게 인식하지 못했고 도움이 필요한 사람에겐 도움을 주어야 마땅하다는 생각이었다. 어떤 공동체에 속하느냐를 옳고 그름의 판단 기준으로 삼지 않았다.

공자의 사랑

적어도 15만 년은 될 호모 사피엔스의 역사를 생각하면 도덕적 원칙이 만인에게 미친다는 사상은 정말 최근의 사건이다. 그 사상을 대표하는 최초의 인물들 중에 중국 철학자 공자가 꼽힌다.

기원전 5세기 초 그는 인(仁)을 학설의 핵심으로 삼았다. 두 글자, 사람 인(人)에 두 이(二)를 합친 이 글자를 공자는 '이웃 사랑'을 의미하는 사랑으로 해석했다.

그리고 왜 이웃 사랑이냐는 질문에 공자는 실용적인 답을 던진다. 한 제자가 '인'이 통치자에게 어떤 의미인지를 묻자 이렇게 대답했던 것이다. "문밖에 나가면 만나는 모든 사람들을 큰손님 만나듯이 하라. 내가 백성을 부릴 때는 마치 큰 제사를 받들듯이 하라. 내가 하고 싶지 않은 일을 남에게 시키지 마라! 그러면 나라에서든 집안에서든 어느 누구도 그 지도자를 원망하지 못할 것이다." 그로부터 약 200년 후 철학자 맹자는 공자의 사상을 한 걸음 더 발전시켰다. 그는 모든 인간에게는 똑같은 기본권이 있다는 점을 명백하게 밝혔다. "인간성과 정의가 우리 모두의 가슴에 뿌리 박혀 있기 때문이다."

공자의 시대, 중동에서도 비슷한 사상이 기록됐다. 기원전 5세기에 탄생한 것으로 추정되는 모세 3경의 저자들은 모든 인간이 인간적인 대접을 받아야 한다는 데 의심이 없었다. 세상의 지배자 스스로가 그렇게 요구했다고 한다. "너에게 몸 붙여 사는 외국인을 네 나라 사람처럼 대접하고 네 몸처럼 아껴라. 너희도 이집트 나라에 몸 붙이고 살지 않았느냐? 나 야훼가 너희 하느님이다." (레위기 19장 34절).

신의 자비심은 이스라엘 민족에게만 돌아가는 것이 아니라 모든 인간에게 해당되는 것임은 바빌로니아 망명 후 탄생한 시편이 설명하고 있다. "모든 임금이 그에게 경배하고 모든 민족이 그를 섬기게 하소서. 그는 하소연하는 불쌍한 이를, 도와줄 사람 없는 가련한 이를 구원합니다."

불과 얼마 후 최초의 그리스 철학자들이 서양 윤리학의 기초를 닦았다. 소피스트인 리코프론은 모든 인간에겐 자연적으로 동등한 권리가 주어지며 국가는 강자에게서 약자를 보호해야 한다고 주장했다. 그의 동료 알키다마스는 더 대담한 사상을 펼쳤다. "신은 모든 인간을 해방했다. 자연은 그 누구도 노예로 만들지 않았다." 마침내 소크라테스가 등장하여 덕목을 철학적 인식의 대상으로 만들었다. 인간이 어떻게 행동해야 하느냐는 관습이 결정할 수 없다. 선은 세상에 대한 지식에서만 나온다. 이런 주장으로 그는 도덕적 원칙이 통용되어야 하는 이유를 앞선 철학자들보다 훨씬 더 급진적으로 해석했다. 올바른 행동의 추구는 곧 진리를 향한 접근이다. 기원전 399년, 재판을 받던 그가 펼친 논리도 이런 깨달음에서 나온 것이다. 그는 도망치라는 친구들의 권유를 뿌리치고 독배를 받았다.

인도에서도 모든 인간을 포괄하는 도덕이 설파되었다. 인도에서 비폭력 사상이 처음 등장하는 곳은 기원전 8세기에 탄생한 것으로 추정되는 베다경에서다. 공통의 영혼이 모든 생명체를 연결하기 때문에, 즉 인간뿐 아니라 동물, 식물까지도 같은 본성을 나누기 때문에 남을 해치는 사람은 결국 자신을 해치는 것이다. "모든 존재가 자기 안에 있고 자기가 모든 존재 안에 있다는 것을 아는 자는 누구도 미워하지 않는다." 힌두교의 경전 중 하나인 「아샤 우파니샤드」에 쓰인 말이다.

초기에는 힌두교도도 그런 구절을 형이상학적으로만 이해했다. 그래서 동물은 정해진 의식 이외의 방법으로는 잡지 못하게 하면서 전쟁은 인간 존재의 정상적인 현상으로 보았다. 하지만 기원전 450년 공자가 죽자마자 등장한 부처와 북인도의 왕자 마하비라 바르다마나는 힌두교의 교리를 더 급진화했다. 이들은 베다교의 교리에서 인간이든 동물이든 어떤 생명체에게도 고통을 가해서는 안 된다는 절대적 계명을 끌어냈다. 부처는 제자들에게 모든 생명체를 사랑과 연민으로 대하라고 설파했다. 거의 500만 명에 이르는 자이나교 신자들이 지금도 숭배하는 마하비라는 거기서 한 걸음 더 나아갔다. 자이나교 신자들은 평화를 사랑하고 채식을 해야 하며 벌레 한 마리도 해치지 않도록 모든 예방조치를 강구해야 한다. 마하비라의 서원을 엄격하게 따르는 사람은 (벌에게 식량을 뺏는 것은 폭력이므로) 꿀도 먹지 않고 (경작을 하면 작은 생명체들이 죽게 되므로) 땅을 갈지도 않으며 (모기가 불길 속으로 뛰어들 수 있으므로) 불도 피우지 않는다.

만인을 향한 원칙

유대교 계명의 저자들, 공자, 마하비라, 부처, 소크라테스 등 그들의 사상을 탄생시킨 배경은 다를지 몰라도 종교가 무엇이냐는 질문에 대해선 다들 같은 입장이다. 모두들 신이 아닌 인간의 관계가 먼저라고 외친다. 이런 변화를 한마디로 정리한 사람이 유명한 랍비 힐렐이다. 유대교의 정수가 무엇이냐는 질문에, 힐렐은 천국 이야기는 한마디도 꺼내지 않고서 그냥 이렇게 대답했다. "네가 싫은 짓은 네 이웃에게도 하지 마라. 그것이 토라(율법)의 전부다. 나머지는 그것에 관한 주석일 뿐이다."

기원전 약 50년까지 모든 종교는 신의 힘을 믿고 신에게 제물을 바치고 여러 의식을 통해 신의 마음을 풀어주었다. 하지만 이제 동서양의 현자들은 초자연적인 것을 부차적이라 선언했다.

부처와 공자는 신에 대해 사색하는 것조차 거부했고, 토라의 저자들은 야훼에 대한 어떤 식의 확정도 기피했다. 야훼는 번역하면 '나는 나다'의 의미 이상이 아니다.

이젠 신화의 자리에 예외 없이 통하는 윤리적 규범, 윤리적 행동이 들어섰다. 로마의 정치가이자 철학자인 키케로가 소크라테스에 관하여 쓴 글은 공자와 부처, 토라의 저자들에게도 해당되는 내용이다. "그는 철학을 하늘에서 지상으로 끌어내려 인간 사이에 거주시켰으며 삶의 방식과 도덕, 가치관의 문제로 만들었다." 미지막 진리에 대한 믿음보다 사람끼리의 행동이 더 중시되었다.

예로부터 모든 종교는 신자와 비신자를 구분하는 한편으로 자기들끼리의 이타주의를 장려했다. 물론 피부색과 언어, 재산 현황에 이르기까지 모든 것이 구분의 이유로 동원되었지만 유일한 진리를 소유했다는 믿음보다 더 깊은 불신의 골은 없었(고 지금까지도 없)다.

유대교와 힌두교, 유교와 불교의 철학자들은 바로 이런 '우리'와 '남'의 구분에 의문을 제기했다. 차이보다 공통점에 더 주목하라고 충고했다. 500년 후 신약에도 정확히 이런 모티브가 등장한다. 유대교 선구자들의 원칙을 '제거가 아니라 이행'하려던 예수는 사회의 아웃사이더 편에 섰다. 나병 환자를 치료하고 간통한 여인을 구해주고 미움 받는 로마의 세금 징수원과 창녀들까지 변호했다. "나는 분명히 말한다. 세리와 창녀들이 너희보다 먼저 하느님의 나라에 들어가고 있다." 성서 마태복음에서 예수는 이렇게 말한다.

선의 축

고대의 현자들은 왜 이웃사랑을 영적 행동으로 보았을까? 현대의 시각에서 보아도 그 이유는 쉽게 이해가 간다. 우리는 이타심의 기질을 타고나지만 진화는 그 범위를 자기 집단에 한정한다. 그러므로 모든 인간, 나아가 동물까지 구분 없이 사랑하는 사람은 자연을 이긴 것과 마찬가지이다.

신윤리학이 인도, 중국, 그리스, 중동처럼 멀리 떨어진 지역에서 거의 동시에 발생한 이유는 역사의 매력적인 수수께끼다.

철학자 카를 야스퍼스는 이 정신적 변혁의 시대를 '축의 시대'라 불렀다. 중동과 아시아, 지중해의 해당 문화권을 지성의 축에 그려진 여러 개의 점으로 보았기 때문이다.

물론 여러 민족의 과거를 비교하기란 쉬운 일이 아니다. 너무 많은 우연과 너무 많은 일회적 사건들이 일어났다. 하지만 이들 고도 문화권에서 기원전 5000년경에 일어난 정신적 변혁에는 공통되는 몇 가지 이유가 있다. 문화 교류의 가능성은 없다. 그건 한참 후의 일이다. 그런데도 대부분의 변혁은 동시에 일어났다. 기원전 1000년 인도, 지중해권, 중국에서 제철 기술이 발전했다. 사람들은 유례없이 효율성이 뛰어난 도구를 갖게 되었다. 무거운 철제 쟁기를 이용하면 더 많은 땅을 경작할 수 있었고 그 땅에선 참깨, 쌀, 기장, 밀, 과일 등 신작물이 자랐다.

부가 늘어남에 따라 노동 분업이 확대되고, 상인, 사제, 관료 등 정신노동을 하는 사람들의 숫자가 늘어났다. 이들은 사상을 고민할 시간적 여유가 있었고, 교육을 통해 과거의 신화를 따져 물을 능력이 있었다. 문자의 보급으로 철학 사상을 발전시킬 수단도 갖추었다.

도시는 성장했고 거래는 활발했다. 먼 곳에서 온 낯선 사업 파트너까지 포함하는 규범이 발전할 이상적인 토양이 마련되었다. 도시가 번성함에 따라 씨족과 부족의 결속력은 의미를 잃었다.

여기에 전쟁과 결혼 정책을 통한 국가의 성장까지 가세했다. 사람들은 한눈에 다 들어오는 작은 마을 대신 큰 도시에서 혈연관계가 거의 없는 사람들과 함께 살았다. 친척이 아니어도 사이좋게 사는 법을 배워야 했다. 모세 3경에 언급된 율법의 궤를 둘러싼 의식은 이스라엘 부족을 통합시키려는 목적이었다. 중국의 오랜 경전인 『예기(禮記)』 역시 같은 기능의 의례를 많이 담고 있다.

집단이 커질수록 남에게 빌붙어 살고 싶은 유혹이 커진다. 150명의 집단에서는 다른 사람이 뭘 하는지 누구나 알 수 있다. 그래서 무임승차자가 오래 못 가고 금방 벌을 받는다. 하지만 도시의 익명성에선 통제가 충분하지 못하다. 따라서 그런 공동체에는 보다 강력한 윤리가 필요하다. 종교에 기반을 둔 규범의 유용성이 부각된 이유다.

현대 사회에서 나온 자료들은 이런 추측을 뒷받침한다. 첫째, 사람들은 거주지가 커질수록 공정한 관계를 더 중시한다. 이 사실은 전 세계를 돌아다니며 부족사회의 사냥꾼, 마을 사람, 도시 사람에게 최후통첩 게임을 시킨 인류학자 요제프 하인리히가 입증한다. 도시 사람은 마을 사람에 비해 나쁜 짓을 한 모르는 사람을 희생을 감수하고서라도 처벌할 마음이 더 많았다. 물론 마을 사람도 부족 사회의 사냥꾼보다는 더 자주 제제 조치를 취했다. 역설적이게도 도시 사람의 행동은 훨씬 더 자기 이익을 해친다. 작은 마을에 살면 나쁜 짓을 하는 사람을 올바른 길로 인도하는 것이 유익할지 모르겠지만, 대도시에선 벌을 준 나쁜 사람을 다시 만날 확률이 희박하다. 그러니 대규모 주거 지역일수록 주민들에게 이타적 행동을 강제하는 더 강력한 규범을 갖추고 있다는 말이 된다.

둘째, 숫자가 많은 집단의 구성원일수록 자신의 선행과

악행에 관심 있는 신이 있다고 믿는다. 전 대륙에 분포된 186개의 문화권을 비교 분석한 결과다. 부족사회의 사냥꾼은 인간 사회의 질서를 잡아주는 정의로운 신의 존재를 믿지 않았다. 하지만 세계 종교들은 예외 없이 더 높은 원칙이 정의를 잡아준다고 설교한다. 착한 사람은 하늘에서 복을 누리지만 악인은 지상에서 처벌 받고 나중에 죽어서도 지옥에 가서나 하찮은 생명으로 다시 태어난다고 말이다. 그리고 그런 약속들은 큰 효과를 발휘한다. 하인리히의 최후통첩 게임에서도 지역과 관계없이 세계종교를 믿는 사회일수록 정의감이 높았다.

적을 위한 만찬

하지만 기원전 500년 경에 와서 갑자기 도덕이 강조된 이유가 대규모 집단의 출현 때문만은 아니다. 야스퍼스의 '축의 시대'는 정치적 혼란기이기도 했다. 빈부의 격차가 심해졌고 군인은 대량 철제 무기로 무장했다. 전쟁에서 지면 끝장이었다. 그리스에선 도시국가들이 패권 다툼을 벌였고, 페르시아 다리우스 대왕은 그리스 전체를 위협했다. 6세기 북인도에는 열여섯 개의 왕국이 생겨 군사력으로 백성을 지배했고 끊이지 않는 반란을 잔혹하게 진압했다. 모든 종류의 금욕 운동이 붐을 이루었다. 외부 세상의 잔혹함에 놀란 사람들이 점점 더 자기 안에서 평화를 찾았던 것이다.

중국에선 주나라가 망하고 춘추전국시대가 도래한다. 공자는 새로운 윤리만이 자기 파괴적 권력을 저지할 수 있다고 믿었다. 바빌로니아의 네부카드네자르 왕은 기원전 586년 예루살렘의 신전을 파괴하고 거의 모든 지배층을 자기 나라로 끌고 갔다. 노예가 된 유대인은 더 이상 야훼가 지금까지 믿었던 대로 이스라엘의 편에 서서 싸우는 전쟁의 신이냐고 묻지 않았다. 때로는 화해가 더 나은 전략이라는 사실을 몸으로 배우게 된 것이다.

기원전 500년경 성경에 원수에게도, 아니 원수일수록 더욱 자선을 베풀라는 충고가 등장한 것도 이런 연유였을 것이다. "원수가 배고파하면 먹을 것을 주고 목말라하면 마실 것을 줏비시오. 그렇게 하면 그의 머리에 숯불을 쌓아놓는 셈이 될 것입니다." 이 특이한 비유는 고문의 장면이 아니라 당시의 청동 제작 방식이다. 열기가 돌을 녹여 금속을 뽑아내듯 선한 행동이 적의 거부감을 녹여버릴 수 있다는 뜻이다.

바빌로니아 망명 시절이나 그 직후에 탄생한 것으로 추정되는 「열왕기」는 솔로몬 왕이 아랍인과 전쟁하던 중에 일어난 일을 기록하고 있다. 왕을 받들던 선지자 엘리사가 아랍인을 유인하여 군사가 매복하고 있는 사마리아 산으로 데려온다. 솔로몬 왕은 적군을 학살하려 하지만 엘리사는 왕에게 적군에게 잔치를 열어주고 자기 나라로 되돌려보내라고 충고한다. 덕분에 갈등을 해소되었다. "그러자 아람의 약탈자들이 다시는 이스라엘 땅에 쳐들어오지 않았다."

이타주의자가 극복한 것

엘리사가 제아무리 혜안이 높다고 해도 그 뜻을 따르기란 쉬운 일이 아니다. 원수를 사랑하자면 복수심을 억눌러야 할 뿐 아니라 적이 화해의 몸짓에 응답하리라는 확신이 있어야 한다. 반목의 역사가 없는 타인에게도 자선을 베풀기가 이렇게 힘든데, 하물며 원수라니!

공동체 밖의 사람에게 호감을 표하기가 얼마나 힘든지는 미국 뉴욕의 신경심리학자 엘리자베스 펠프스의 연구 결과로도 입증되었다. 그녀는 백인 미국인이 흑인에게 품고 있는 무의식적 편견을 연구했다. 피실험자들은 절대 보수적인 인종차별주의자가 아니었다. 지극히 자유주의적인 대도시 사람들이었다. 어쨌든 스스로는 그렇다고 생각했다. 실험을 실시하기 전 미국의 흑인에 대한 견해를 물었을 때도 긍정적인, 적어도 중립적인 의견이 많았다.

하지만 이어진 무의식적 반응의 테스트 결과는 그리 밝지 않았다. 펠프스는 피실험자들에게 얼굴과 단어를 번갈아가며 보여주었다. 얼굴은 흑인 아니면 백인이었고 단어는 긍정 아니면 부정과 관련된 내용이었고, 피실험자들은 두 개의 버튼 중에서 하나를 누르면 되었다. 첫 실험에선 흑인의 얼굴과 '사랑', '평화', '아름답다' 같은 단어가 나오면 한 버튼을, 백인의 얼굴과 '증오', '추하다' 같은 단어가 나오면 다른 한 버튼을 누르게 했다. 두 번째 실험에선 정반대로 흑인 얼굴과 부정적인 내용의 단어를, 백인 얼굴과 긍정적 내용의 단어를 한 버튼에 집어넣었다. 그랬더니 두 번째 실험에서 버튼을 누르는 속도가 훨씬 빨랐다. 의식적으로는 편견을 타파했을지 몰라도 무의식적으로는 자기 피부색과 '선'을 다른 피부색과 '악'을 결합시켰던 것이다. 컴퓨터 단층촬영으로 백인 피실험자들의 뇌를 스캔한 결과는 더 명확하다. 흑인의 얼굴을 보는 순간 그들의 뇌에선 편도핵이 신호를 보냈다. 편도핵은 부정적 감정을 유발하는 뇌 부위로, 항상 의식적 이성보다 빨리 반응한다. 이 경우 이성이 할 수 있는 일이라고는 피어오르는 두려움과 증오의 감정을 최대한 억누르는 것뿐이다.

하지만 펠프스의 실험을 인종주의가 타고나는 것이라는 증거로 활용할 수는 없다. 오히려 그 반대다. 흑인에게 같은 실험을 한 결과 백인과 반응이 다르지 않았던 것이다. 흑인도 흑인의 얼굴을 보면 편도핵이 두려움과 적의의 신호를 보냈다. 백인 다수의 편견이 그 정도로 깊게 흑인의 머리까지 잠식한 것이다. 그러므로 펠프스의 실험은 이런 습득된 거부감이 어느 정도의 힘을 발휘하는지도 가르쳐준다. 인종차별을 없애려는 지난 50년 동안의 노력은 국민의 생각을 표면적으로밖에는 바꾸지 못했다. 다른 피부색을 놀림거리로 삼을 수 없는 사회 분위기는 조성되었지만 인간의 감정은 여전히 피부색에 따라 변하니 말이다.

입장을 바꿔 생각하기

그럴수록 더더욱 상대의 출신을 가리지 않았던 오토 바이트 같은 사람들의 선행이 놀랍기만 하다. 어떻게 하면 그런 보편적 선행에 도달할 수 있을까? 고대의 현자들은 입을 모아 도덕을 설교하는 건 도움이 안 된다고 말한다. 이웃 사랑은 실천을 통해 배우는 것이며, 내면의 자세는 아주 서서히 형성되는 법이다.

인류의 스승들은 각자 나름대로 이런 저런 방법을 제안했다. 공자는 의례화한 엄격한 행동 규칙이 인간에게 자아를 되돌려 줄 것이라 기대했다. 유대 전통은 성서의 연구에 많은 가치를 두었고, 그리스 철학자들은 대화를 통한 진리탐구에 역점을 두었다. 불교는 만물에 대한 공감을 키우는 방법으로 명상을 권한다. 우선 자신과 가까운 사람에게 다정한 마음을 품으려 노력해야 하며 점점 더 나와 관계 없는 사람, 심지어 원수라고 생각되는 사람에게로까지 사랑을 확대해나가다 보면 마침내는 전 우주를 가슴에 품을 수 있을 것이다. 요가 같은 금욕의 길은 개인의 욕망보다 더 중요한 현존의 차원으로 인간을 인도하려 애쓴다. 기독교는 거듭 조건 없는 예수의 헌신을 잊지 말라고 당부한다.

개인에 따라 실천의 방법은 다를지라도 모두가 한 입으로 하나를 이야기한다. 상대의 입장이 되어 보아야 한다고. 그래야 우리의 상상력이 출신과 관계없이 다른 사람을 배려할 조건을 마련할 것이다. 실제로 상대의 입장이 될 수 있는 사람은 상대가 어떤 집단인지 묻지 않는다. 도덕은 타고난 공감의 능력을 활용하며 그것을 더 높은 차원, 의식의 차원으로 끌어올린다.

각 사상에 담긴 '황금률' 역시 구분할 수 없을 정도로 비슷하다. 이번에도 공자가 최초일 듯하다. "내가 하고 싶지 않은 일을 남에게 시키지 마라!" 부처는 말했다. "나한테 하기 싫고 불쾌한 일은 남한테도 하기 싫고 불쾌한 일이다. 그러니 나한테 하기 싫고 불쾌한 일을 어떻게 남한테 미룰 수 있을까?" 소피스트 철학자 이소크라테스는 이렇게 말했다. "네가 경험하면 화날 것 같은 일은 남한테도 하지 마라." 예수는 산상수훈의 말미에서 황금률을 언급했고, 인도의 마하브라타에는 "네게 고통이 되는 일을 타인에게 결코 시키지 마라"라는 계율이 있다. 이런 여러가지 표현의 황금률 중에서도 가장 감동적인 것은 아마도 유대 철학자 마르틴 부버의 구약성서 번역일 듯하다. "네 이웃을 사랑하라. 그 이웃이 너와 같기 때문이다."

누구나 이 말을 들으면 추가 설명이 없어도 '너와 같다'는 말의 의미를 금방 이해할 수 있다. 굳이 경고나 설교를 늘어놓지 않아도 된다. 단순한 진리를 상기시키는 것만으로 충분하다.

인간의 공통점에 비한다면 인간의 차이는 미미하기 그지없다. 상대가 무엇을 하건, 상대가 무슨 생각을 하건 우리에게도 낯설지 않다. 이미 우리도 다 경험한 일들이다.

모든 세계종교는 자기 인식에 가치를 둔다. 고대 철학의 합리주의도 마찬가지였다. 자기 인식이 폭넓은 이웃 사랑을 실천하는 중요한 발걸음이라는 것이다. 자신을 알면 자신의 입지도 달라진다. 자신을 집단의 일부로 생각하는 사람에서, 자신은 유일하지만 사람은 누구나 지극히 비슷하다는 것을 아는 개인으로 거듭나는 것이다. 타인을 증오하는 등의 암울한 부수 현상을 동반할 수 있는 집단 충성심은 그와 더불어 의미를 잃게 된다. 그 자리에 타인과의 개인적 관계가 들어선다.

'착한 사마리아 사람'은 그런 관점의 전환에 대한 이야기다. 「누가복음」에서 예수는 누가 이웃인지에 대한 질문에 이 이야기로 대답했다.

예수가 전하고자 하는 메시지는 분명하다. 부상당한 사람을 그냥 두고 지나가는 사제는 자기 공동체에서는 엘리트일지 모르나 도덕적으로는 유대인이 경멸하던 사마리아인보다 한참 못하다.

예수의 메시지는 거기서 끝나지 않는다. 강도를 당한 피해자에게 누가 이웃이었느냐는 예수의 질문에 율법 교사는 그에게 자비를 베푼 사람이라고 대답한다. 피해자는 자기 부족 사람보다 자기를 도와준 사람에게 더 감사를 느낄 테니 말이다. 사마리아인은 낯선 사람에게 도움을 손길을 건넴으로써 그 자신의 집단 충성심을 극복했을 뿐 아니라 피해자에게까지 집단 충성심을 극복하게 만들었다.

조건 없는 사랑

황금률은 서로를 이용하라는 말이 아니다. '남한테 잘해 주어야 남도 너한테 잘해 준다'는 원칙과 헷갈리기 쉽지만 절대 그런 호혜적 이타주의가 아니다. 황금률은 남들이 너를 실제로 어떻게 취급하든 사람들을 네가 취급받고 싶은 대로 취급하라는 말이다.

그런 규범을 다윈의 사상과 어떻게 합치시킬 수 있을까? 진화가 설사 여러 차원에서 일어난다(유전자, 개인, 집단이 각기 서로 경쟁한다)고 가정해도 모두에 대한 이타심을 장려하는 메커니즘은 없다. 앞에서 설명한 대로 이타심은 경쟁이 상위 차원으로 이동할 경우에만 효력을 발휘한다. 그 경우는 협력하는 편이 더 낫기 때문이다. 따라서 진화는 절대로 종 전체를 향한 이타심을 불러일으킬 수 없다. 종 전체는 최상위 차원이기 때문이다.

역사도 이런 이의에 손을 들어주는 것 같다. 공자, 맹자, 토라의 저자들, 소크라테스, 예수, 부처의 가르침은 동시대인들의 규범으로 자리 잡지 못했다. 그들은 고독한 연설가였다. 어떤 세계종교도 그들의 이상을 따르지 못했다. 기독교는 십자군 전쟁을 일으켰고 선교 과정에서 온갖 만행을 저질렀으며, 이슬람교는 성전(聖戰)을 외치고, 힌두교는 방화와 약탈, 살인을 일삼는 무리였다. 특히나 평화를 외치는 불교 역시도 폭력에서 완전히 자유롭지는 못했다. 16세기 몽골의 개종 과정이 그랬고, 최근 스리랑카의 신할리족과 타밀족의 분쟁도 그런 양상을 보인다. 신도를 사랑의 길로 인도해야 할 사제나 스승, 승려끼리도 경전에서 일러준 대로 평화롭게 지내지 못했고, 지금도 그러하다.

그렇다고 너무 절망할 필요는 없다. 우리가 사는 세상은 이미 자기 집단의 사람에게만 선행을 베푸는 세상과는 거리가 멀다.

더구나 조건 없는 사랑의 규범은 오래전에 종교의 뿌리에서 떨어져 나왔다. 황금률의 가장 유명한 발전으로 정언명령(칸트 철학에서 모든 행위자가 절대적으로 지켜야 하는 도덕률—옮긴이)을 들 수 있겠다.

칸트는 이 정언명령으로 두 가지 당연한 이의를 반박했다. 첫째, 규칙은 보통 부정적으로 표현된다. 즉 하지 말아야 할 것을 말하고 있다. 둘째, 개인의 관점 변화는 도덕적 판단을 내리기에는 충분하지 않다. 행동하는 사람이 바라거나 피하고 싶은 대로 모든 결정을 내려야 한다면 판사는 살인자를 감옥에 넣어서는 안 될 것이고, 만인을 괴롭히는 마조히스트도 정당할 것이다. 따라서 칸트는 개인의 입장 대신 입법자의 비개인적 입장을 받아들여야 한다고 말했다.

"언제라도 네 의지의 격률이 동시에 보편적 입법의 원칙으로도 타당하도록 행동하라."

로마의 성공 이유

그러므로 적어도 2500년 전부터는 보편적 규범이 통용되었을 뿐 아니라 널리 보급되고 발전했다. 어떻게 그런 일이 있을 수 있었느냐는 궁금증은 우리 사회의 복잡성에서 그 대답을 찾을 수 있다. 개미나 원숭이는 각 집단이 각자를 위해 일한다. 하지만 인간은 고대의 고도 문화 때부터 다양한 인간 공동체가 서로에게 의존하며 함께 살았다.

출신이 다른 사람들의 교류는 로마 왕국에서 와서 정점에 달했다. 역사학자 티투스 리비우스에 따르면 로마인들은 처음부터 여러 이주민의 혼합체였고, 훗날 제국 시절에도 유명한 나라들과 각종 교역을 했다. 지중해 너머의 나라와 물건을 주고받는 건 다반사였고, 심지어 차가운 게르만 땅에까지 진출했다. 하지만 모두들 자신이 문화적 정체성을 유지할 수 있었다. 로마는 모든 사람에게 각자의 종교를 허용했다.

철학자이자 정치가였던 키케로는 법과 도덕은 인간 상

호의 연대감(전 인류에 대한 애정) 위에서만 가능하다고 말했다. 인간은 신의 이성을 타고난다. 따라서 무엇이 옳고 그른지가 언어와 지위, 출신, 종교에 좌우될 수 없는 것이다,

부분적이나마 로마 제국은 이런 키케로의 보편적 법의 이상에 부합한다. 어쨌든 다른 고대 문화권보다는 그 이상에 가까웠다. 로마는 처음부터 끝까지 특이할 정도로 개방적인 사회였기 때문이다. 기원전 1세기부터 이미 로마 공화국은 포 강 이남에 있는 이탈리아 전 도시의 남자들을 원래의 로마인과 동등하게 대우했다. 훗날에는 식민지의 전 도시가 시민권을 받았다. 외부인도, 심지어 해방된 노예도 시민이 될 수 있었다. 물론 이런 새로운 시민들의 충성심은 국가에도 득이 되었다. 나라의 규범이 최대한 많은 사람을 단결시키지 못했더라면 그 거대 왕국의 경제력도, 군사력도 유지될 수 없었을 것이다. 한 사회의 다양성과 세계화가 보편적 규범을 촉진시킨 것이다.

평판의 역할과 중요성

만인을 포괄하는 도덕은 공동체 뿐 아니라 개인에게도 유익하다. 작은 집단에서는 어떤 사람이 예의 있게 행동하

는지 모두가 관찰할 수 있지만 대규모 사회에서는 대부분의 소식을 간접적으로 전해 듣게 된다. 그래서 소문, 평판이 중요해진다. 이 평판이란 것이 가끔은 불쾌할 수도 있지만, 그래도 덕분에 새로운 형태의 이타심이 가능해진다. 다른 사람들이 내 선행의 증인이 되어 나를 믿을만한 사람으로 평가해줄 때 선행을 하고픈 마음이 더 물씬 치솟을 테니 말이다. 셰익스피어의 『리처드 2세』에서 모브레이 공작은 이렇게 말한다. "인간의 진짜 보물은 흠잡을 데 없는 평판이다."

나에 대한 타인의 의견이 얼마나 소중한 것인지는 이베이에서 거래를 해 본 사람이면 금방 알 수 있다. 과거의 거래에서 공정하게 행동하여 별을 많이 받은 사람에게는 누구나 믿고 상품을 구매할 뿐 아니라 높은 금액도 믿고 지불한다. 실험에서도 피실험자들은 예의 바르다고 생각되는 사람을 더 많이 도와주었다. 그가 자신을 위해 직접 뭔가를 해준 적이 없었어도 마찬가지였다. 또 상대가 그 전에 자선 목적으로 기부를 한 적이 있다는 사실을 알고 나면 그 상대에게 더 많은 돈을 부쳐주었다.

이때 상대가 (누가 봐도 못된 놈에게 호의를 베푼 것이 아니라면) 누구를 후원했느냐는 전혀 관심의 대상이 아니다. 방금 언급한 실험에서 기부금은 제3세계에 돌아갔다. 또 이베이에서는 누가 좋은 점수를 주었는지는 대부분 알지 못한다.

평판은 집단의 경계선 너머에서 어떻게 이타심이 유지될 수 있는지를 이해하는 열쇠다. 평판은 집단 간 경쟁보다 더 교묘하게 작동한다. 이들 두 메커니즘은 이타주의자가 이용당하지 않고, 나아가 멸종되지 않도록 보호한다. 하지만 집단 도태는 공동체가 이타주의자들의 득을 보도록 요구하는 반면, 역사가 오래되지 않은 평판은 그런 선행과는 별 관계가 없다. 오히려 자발적인 포기가 의도의 순수성을 보여주는 신호로 해석된다. 그런 식으로 이타주의자는 자기 정체를 밝히고, 그런 식으로 남들이 그를 겪어보지 않고도 일단 믿어주게 되는 것이다. 한 사람의 인격에 대해 말해주는 모든 행동은 (누구에게 득이 되든 상관없이) 그런 신호로 적합하다.

그 때문에 좋은 평판을 얻기 위한 노력은 자기 공동체의 경계를 넘어서는 이타심을 촉진시킨다. 무엇을 신빙성의 신호로 해석할지에 대한 한 사회의 합의만 있으면 된다. 예를 들어 이웃과 어떻게 지내는지를 한 인간의 품성을 평가하는 기준으로 삼을 수 있다.

다만 그런 식으로 협소하게 설정한 규범은 속임수에 취약하다. 교활한 사기꾼들이 이웃에게 잘하는 척하면서 그렇게 얻은 평판으로 다른 사람을 이용할 수 있다. 그러므로 보다 폭넓은 규정은 그런 위험을 줄인다.

사회가 복잡해질수록 (이웃사랑의 종교 계명이나 정언 명령처럼) 예외 없이 통하는 규범이 바람직하다. 공정한 행동의 범위를 너무 협소하게 정해놓으면 아무리 좋은 평판도 그 작은 무리에서만 통할 테니 말이다.

물론 모든 사람에게 공정하고 친절하자면 비용이 많이 든다. 족히 2500년 전부터 포괄적인 이웃 사랑의 계명이 보급된 데에는 그런 이유도 한몫 하지 않았을까? 분명 그런 계명은 상대적으로 고도로 발달한 사회에서만 유지될 수 있을 것이다. 8세기부터 아프리카에서 이슬람교가 퍼져나간 상황도 한 종교가 강력한 규범을 갖춘 세계종교로 넘어가는 과정에서 얼마나 원거리 무역이 활짝 꽃필 수 있는지를 보여준다. 그 기회를 이용하고 싶은 사람이라면 새로운 종교에 귀의해야 했을 테니까 말이다.

모든 규범은 이익을 약속하기 때문에 발전한다. 하지만 일단 한 번 자리를 잡고 나면 자생력을 갖추게 된다. 앞에서 설명한 대로 사람들은 관례대로 행동한다. 설사 개별 경우에선 자신에게 득이 되지 않는다 해도 그렇다.

바로 그 때문에 우리는 휴가지에서 두 번 다시 볼 일 없는 웨이터에게도 팁을 준다. 잘사는 유럽인이 개발도상국의 아이들에게 돈을 기부할 때는 (세무서 말고는) 그의 기부를 알아주는 사람이 없다. 그러니 그는 좋은 평판을 얻으려고 기

부를 하는 것이 아니다. 모든 인간은 교육과 의료의 권리가
있다는 규범을 자신의 행동규범으로 삼았기 때문이다.

11장
미래는 이타주의자의 것이다

하나의 촛불이 다른 촛불을 밝혀도
그 빛이 줄어드는 것은 아니다.
- 작자 미상 -

1980년 리처드 스톨먼은 동료에게 자기 프린터의 프로그램 코드를 물었다. 당시 27세였던 그는 컴퓨터의 매력에 흠뻑 빠져 전공하던 물리학을 그만두고 보스턴 MIT 대학에서 이름 없는 프로그래머로 일하던 중이었다. 프린터에종이가 없거나 걸려도 알려주는 기능이 없어 화가 난 그는 프린터 소프트웨어를 개선하고자 했다. 하지만 그 프로그램의 개발자는 거절했다. 사장이 알려주지 말라고 명령했다는 것이었다.

이기주의자와 이타주의자의 힘 균형이 얼마나 변했는지

를 입증할 대사건은 이런 작은 소통으로 시작되었다. 리처드 스톨먼은 당시 그가 동료의 침묵에 분노했고 기억했다. 해커들 사이에서 그런 행동은 예의가 아니었다. 요즘은 해커라고 하면 컴퓨터 범죄를 먼저 떠올리지만 당시만 해도 해커는 컴퓨터에 열광하는 젊은이들을 일컫는 명칭이었다. 해커는 컴퓨터를 진심으로 이해하는 사람, 프로그램에 미쳐서 모니터 앞에서 밤을 꼴딱 새우는 사람, 그리고 그 즐거움을 남과 나누는 사람이었다.

하지만 최근엔 이런 불문율을 어기는 해커들이 점점 늘어가고 있다. 당시만 해도 이전까지 모두가 공유하던 것을 독차지해버린 기업들이 프로그램 암호를 비밀에 부쳤다. 나아가 소프트웨어는 사유재산이며, 그것을 무료로 사용하는 것은 절도 행위라고 주장한 공개서한은 해커들의 분노를 사기에 충분했다. 편지의 끝에는 '빌 게이츠'라는 사인이 적혀 있었다.

스톨먼은 이런 새 관습을 받아들일 마음이 없었다. 기술은 인간에게 유익해야 하며 최대한 선해야 한다는 것이 평소의 신념이었다. 그가 보기에 프로그램을 사유재산으로 선언하는 것은 인간 노동의 막대한 낭비였다. 그랬기에 암호를 몰라 프린터 소프트웨어의 결함을 제거할 수 없었다는 사실에 그는 정말 화가 났다. 1983년 9월 27일 리처드 스톨

먼은 컴퓨터망 net.unix-wizards를 통해 전 세계에 선전포
고를 했다. "올해 추수감사절부터 나는 GNU라는 이름의 유
닉스 컴패터블 소프트웨어를 개발하여 쓸 줄 아는 모든 사
람에게 선물할 것이다. 이를 위한 시간, 자금, 프로그램, 기
계의 지원이 시급히 필요하다."

다음 해 초 그는 사표를 냈다. 프리랜스 소프트웨어 자
문가로 돈벌이는 계속했다. 훗날에는 한 재단의 후원을 받
았다. 우선 그는 '워드'와 비슷하게 컴퓨터에 텍스트를 입력
할 에디터를 개발했다. 그런 다음 사람이 읽을 수 있는 프로
그램 명령을 0과 1로 된 컴퓨터 언어로 번역할 컴파일러를
만들었다.

보스턴의 고독한 전사는 곧 컴퓨터 세계에서 최고의 평
판을 얻었다. 스톨먼이 선물한 프로그램들의 품질은 비싼
상업용 프로그램에 비해 품질이 손색이 없었다. 심지어 훨
씬 성능이 뛰어난 것도 있었다. (GNU 에디터와 컴파일러는 지금도
사용되고 있다. 제품의 생명이 극히 짧은 컴퓨터 업계에서 1980년대에 나온
프로그램들이 아직도 쓰이고 있다는 것은 유례없는 일이다.) 이 소프트웨
어들의 암호를 원하는 사람은 누구든 얻을 수 있다. 스톨먼
은 자기 노동의 대가를 누군가 착복하지 못하도록 요구 조
건을 달았다. 누구나 GNU 암호를 임의로 사용하고 바꾸고
확대해도 좋다. 다만 그것을 이용해 개발한 모든 프로그램

은 그와 마찬가지로 누구에게나 무료로 개방해야 한다.

1980년대 말 스톨먼은 점차 한계에 부딪친다. 그때 멀리 핀란드 헬싱키에서 기대하지 않았던 도움의 손길이 뻗쳐왔다. 21세의 헬싱키 대학 정보학과 학생 리누스 토르발스가 스톨먼에게는 없었던, 컴퓨터의 모든 프로그램을 운영하는 중앙 프로그램을 개발한 것이다. 스톨먼은 주로 자기 능력에 의존했지만 토르발스는 새로운 수단을 통해 다른 개발자들을 영입했다. 바로 인터넷이라는 수단이었다. 1993년 이미 100명이 넘는 전 세계 개발자들이 무료로 '리눅스'라 불리게 된 운영 체계 개발에 참여했다.

오늘날 개발자들의 수는 몇십만에 이른다. 리눅스는 유례없는 승리를 거두었다. 그사이 이 운영체계를 이용하는 개인 컴퓨터는 몇백 만대에 이르렀다. 나아가 데이터를 인터넷으로 전송하는 서버의 절반 이상이 이 운영체계를 이용하고 있다. 구글 검색창에 글자를 치는 모든 사람은 리눅스 컴퓨터와 연결된다.

다른 소프트웨어 개발자들도 스톨먼의 활동에 자극을 받아 자신의 노동을 무료로 개방하기 시작했다. 그사이 대기업들까지 나서 자회사에서 개발한 응용 프로그램을 공개, 선물하고 있다. IBM은 빌 게이츠의 윈도에 의존하지 않기 위해 연간 1억 달러를 리눅스 추가 개발에 지원하고 있다.

리눅스의 구성 요인을 자회사 자기 부담으로 개발하여 무료로 개방하는 방식이다. 구글은 휴대전화를 위한 완벽한 소프트웨어 프로그램을 GNU 조건 하에서 유통 중이다. 분노한 마이크로소프트의 스티븐 발머(전)사장은 스톨먼의 라이센스에 따라 개발된 프로그램들을 암 덩어리에 비교했다. 보스턴의 성가신 해커가, 자기가 개발한 프로그램에 선사했던 자유가 그 소프트웨어 자손들과 접촉하는 모든 것을 덮쳐버렸노라고 말이다.

결국 지식을 나누는 스톨먼의 방식은 소프트웨어 업계 바깥까지도 통했다. 전 인류의 지식을 수집하는 인터넷 백과사전 위키피디아엔 전 대륙의 수십만 자원자들이 글을 남겼다. 200개가 넘는 언어로 족히 1500만 개의 아티클이 작성되었다. 그 아티클을 쓰고 수정한 사람들 모두가 자신의 노력이 영원히 무료로 공익에 이바지할 것이라 확신할 수 있기에 이 프로젝트는 전부가 GNU의 원칙을 따른 것이다.

그렇지만 거대한 위키피디아마저도 네트워크 상에서 꽃을 피우는 이타심의 아주 작은 조각에 불과하다. 온라인 카페에서 낯모르는 사람을 한 번도 도와주지 않은 사람이 있을까?

또 엄청나게 많은 사람들이 아무 보수도 없이 정기적으로 인터넷에 정보를 올리고 있다. 2008년 이미 1억 3300만

개에 달했던 블로그들은 아무런 대가도 바라지 않고 자신의 이념이나 값진 정보를 제공한다. (웹사이트에서 광고를 해서 돈을 버는 사람은 거의 없다. 설사 돈을 번다 해도 비용 대비 수익이 크지 않다.) 그들이 글을 쓰고 사진을 찍고 동영상을 올리는 것은 오로지 나눔의 기쁨 때문이다.

서로 돕는 세계

　불굴의 스톨먼이 보스턴에서 혼자 무료 소프트웨어를 개발하기 시작했을 당시 그 누구도 불과 20년 후 전 세계에서 수십만 명이 위키피디아나 리눅스 같은 공동의 자산을 개발하겠다고 무보수로 협력하리라고는 상상하지 못했다. 그사이 그런 협력의 체제는 앞을 내다볼 수 없을 정도의 엄청난 속도로 퍼져 나가고 있다.

　미래의 역사학자들은 이 순간의 변화를 과거 석기시대의 공동 사냥으로 넘어가는 과도기와 비교할지도 모를 일이다. 함께 사냥을 하면 혼자서 생존 투쟁을 하는 것보다 얼마나 더 안전하고 확실하게 먹을 것을 구할 수 있을지, 우리 조상들이 깨닫기 시작했던 바로 그 순간과 말이다. 덕분에 부족 집단이 탄생했고 규범과 나눔의 정신이 생겨났다.

지금 우리에게도 그와 비슷하게 전 지구 차원에서 공생의 길을 모색할 필요가 있다. 가족, 주거지, 지역, 나라 같은 작은 단위에서 통하던 게임규칙과 제도로는 전 지구적인 문제를 해결할 수가 없다.

아마 얼마 안 가 전 대륙의 사람들이 서로에게 의존하며 살게 될 것이다. 인터넷상에선 혹은 글로벌 대기업에선 다른 나라 출신의 수십만 명이 함께 일하고 있다. 그 변화의 정도를 가늠해보고 싶다면 우리 할아버지 시대의 이동수단과 우리의 것을 비교해보면 된다.

우리 할아버지 시대에는 말은 이웃 마을의 사육사한테서 빌리고 수레는 직접 제작하거나 이웃 마을 목수한테 부탁하여 만든 다음 마을 숲에서 나무를 해가지고 왔다.

하지만 현대의 자동차, 기차, 비행기는 수천 개의 부품으로 만들어지고 그 부품들은 세계 각지에서 제작된 것들이다. 평범한 자동차 타이어 하나 만들려고 해도 10여 개국에서 날아온 물건이 필요하다. 베트남과 말레이시아에서 천연고무를 가져와야 하고, 중국에서 폴리아마이드 섬유를, 스웨덴에서 강철을 가져와야 한다.

이런 대륙의 연계가 얼마나 급속도로 가속화되고 있는지는 소위 무역의존도에서 확인할 수 있다. 무역의존도란 한 나라 전체 경제활동에서 수입과 수출 상품 및 서비스가 차지하는 비율을 말하는데 독일의 경우 70퍼센트를 초과했다. 전 세계적으로 국경을 넘는 상품의 비율은 1990년 이후 거의 두 배가 증가했고, 1950년과 비교하면 세 배 이상 증가했다. 서비스까지 합산하면 상승률은 훨씬 더 높다.

하지만 그 역효과로 전통적인 결속은 해체되고 있다. 제 2차 세계대전이 끝난 후만 해도 한 사람은 일생 동안 몇 개 안 되는 소수의 집단과 유대관계를 유지하는 것이 보통이었다. 특정 지역, 특정 종교 단체, 특정 정당의 일원이라는 사실이 곧 자신의 정체성이었다.

회사원들 역시 자기 회사와 함께 좋은 시절도 힘든 시절도 함께 하는 것이 당연하다고 믿었다. 공동체에 무엇을 기대할지 알고 있었고, 그 대가로 무엇이든 줄 준비가 되어 있었다.

하지만 글로벌 경쟁의 시대, 기업들은 더 이상 평생직장을 보장해주지 못한다. 당연히 직원들도 회사를 위해 모든 것을 바칠 마음이 없다.

능력 있는 직원들은 오늘은 독일의 프랑크푸르트, 내일은 아시아의 홍콩으로 자리를 옮겨가며 경험을 쌓는다. 하지만 모두가 제 실속 차리기에 바쁜 곳에선 모두가 오롯이 혼자서 싸워야 한다.

이기심이 불러온 파산

국민의 순수한 자기 이익에 기반을 두고 국민의 욕구 해결과 최적의 결과를 노리는 국민 경제는 지난 세기의 망상이었다. 이것은 예리했지만 오해를 많이 받았던, 더구나 200년도 훨씬 더 지난 애덤 스미스의 분석에 근거를 두고 있다. 최초의 공장이 탄생했던 그 시절 사람들은 산업화의 새로운 가능성을 어떻게 가장 잘 활용할 것인지 (어떻게 하면 수백, 수천 명의 사람들이 공동으로 무언가를 창조할 수 있을지) 고민했다.

그 고민에 대한 대답으로 스미스는 경제학의 아버지가 되었다. 핀 제조의 예를 들어 그는 들불처럼 번지던 노동 분업이 어떻게 '막대한 생산 증가'를 낳는지 설명했다. 기술자가 기계 없이 혼자서 작업을 하면 "하루 한 개도 만들기 힘들 테니 20개는 절대 만들 수 없다." 하지만 전문화된 공장에선 열 명의 일꾼이 매일 4만 8천 개의 핀을 제작할 수 있다. 그런데 노동 분업이 효과를 발휘하려면 교환이 필수적이다. 그리고 이 교환에선 누구나 제 이익을 추구한다. "우리가 저녁식사를 기대할 수 있는 것은 정육점 주인이나 양조업자나 제빵업자의 자비심 때문이 아니라 그들이 자기 이익을 중시하기 때문이다. 우리는 그들의 인도주의가 아니라 이기심에 호소한다. 그리고 그들에게 우리의 필요를 말하는 것이 아니라 그들이 얻게 될 이득을 말한다."

그럼에도 모든 국민의 이기적 노력은 합쳐져서 공익으로 나아간다. 개인이 '오로지 자기 이익을 추구한다' 하더라도 시장은 알아서 굴러가게 되어 있다. 각 상인은 '보이지 않는 손에 이끌려 자신이 전혀 의도하지 않았던 목적을 촉진하게 된다.' 공급과 수요의 원칙에 따라 상품은 최적으로 분배된다. 수요가 최고인 곳에서 최고의 이익이 예상되고, 이성적인 판단을 내리는 상인들 각자가 그곳에 투자하여 사람들의 욕구를 최고로 충족시켜주는 것이다. 스미스는 1776년에 나온 『국부론』에서 그런 논리를 펼쳤고 지금까지도 서구의 경제와 정치는 이런 그의 논리를 인용하고 있다.

스미스의 이론은 조리가 있다. 순수 이기주의자가 운영하는 경제도 원활하게 작동한다. 하지만 모든 인간관계가 시장을 통해 규제될 수 있을 때까지만 그렇다. 구매자와 판매자는 거래 이외의 관계를 가져서는 안 된다.

한쪽은 상품을 받고 다른 쪽은 돈(혹은 다른 상품)을 받는다. 그리고 거래에 참여하지 않은 제3자는 그 거래의 영향을 전혀 받지 않는다.

이 경제 이론이 탄생한 18세기부터 이미 현실과 거리가 멀었는지는 논란의 여지가 있다. 경제사학자 조엘 모키어는 산업혁명이 유독 영국에서 발생한 건 영국의 상인들이 엄격한 도덕 규약을 따랐고 서로를 신뢰했기 때문이라고 주장했다. 이 말은 상업이 관계자 이외의 사람들에게도 돈으로 환산할 수 없는 결정적 영향을 미쳤다는 뜻이기도 하다. 공정하게 거래하는 두 사업 파트너는 규범에 대한 타인의 신뢰를 강화하며, 그로써 나도 한번 거래에 뛰어들어볼까 하는 용기를 부추기는 것이다.

어쨌든 오늘날엔 그런 효과가 보편적이다. 네트워크화된 사회에서 모든 행동은 상상할 수 없을 정도로 넓은 원을 그린다. 2008년의 경제위기가 가장 완벽한 실례다. 그해 9월 뉴욕의 리먼브라더스 은행이 지급 불능에 빠졌다. 전통적인 이론에 따르면 직접적인 채권자들만 피해를 입어야 한다. 하지만 실제 그 소식은 전 세계의 은행 간 자금 공급을 거의 완전히 마비시켰다.

모두가 연쇄반응을 두려워했다. 리먼브라더스와 전혀 거래가 없던 채무자도 자금 부족에 빠질 위험에 처했다. 그에게 혹은 지급 불능에 빠진 월스트리트 기업의 어떤 사업 파트너에게 돈을 빌려준 제3의 은행이 이제 그에게 신규 대출을 하지 않을 테니 말이다. 더구나 신용도가 좋았던 리먼브라더스가 알고 보니 위기를 은폐했다는 사실이 밝혀졌다. 그렇다면 다른 은행들도 그런 식으로 고객을 속이지 않을 것이라고 어떻게 확신할 수 있단 말인가?

이제 더 이상 아무도 서로를 믿지 못했다. 결과는 우리가 아는 대로이다. 은행은 기업에 생명 줄이나 다름없는 신규 대출을 중단했다. 그러자 얼마 못 가 먼저 미국 국민이, 그리고 다른 나라의 국민마저 지갑을 닫았다.

물론 모든 개인 시장참가자들은 자기 시각에서는 지극히 합리적으로 행동했다. 애덤 스미스가 충고했던 바로 그대로다. 하지만 경제 위기는 국가의 복지는 향상시키기는커녕 국제통화기금(IMF)의 추정으로 총 12조 달러라는 믿을 수 없을 만큼의 엄청난 부를 감소시켰다.

시장이 작동하기 위해서는 그 시장이 만들어낼 수는 없어도 붕괴시킬 수는 있는 기반이 필요하다. 그 기반은 바로 신뢰다.

대구 떼가 사라진 이유

이기주의를 규제하여 공익을 추구하려는 경제는 무임승차자를 불러들이는 초대장과 같다.

2008년의 경제 위기를 낳은 보다 심오한 원인도 기생이었다. 개인과 은행, 국가가 암묵적인 동의하에 함께 분수에 맞게 살아야 한다는 규범을 위반한 것이다. 수입보다 많은 돈을 지출하면 벌을 받는 게 아니라 오히려 칭찬을 들었다.

모두가 이런 가치 변화의 득을 봤다. 국민은 제 분수에 맞지 않는 좋은 집에서 살았다. 은행들은 결함투성이 대출로 막대한 이익을 올렸다. 정치가는 채무자에게 계속 돈을 빌려주는 선행으로 표를 얻었다. 이런 시스템은 참가자들이 서로를 신뢰할 때까지만 작동할 수 있다. 하지만 모두가 적절한 때에 문제를 해결할 수 있다는 희망을 품고 나름의 방식으로 위험한 대출과 줄다리기를 했다. 그러면서 신뢰라는 공동의 자산을 갉아먹었다.

무임승차자가 고도로 네트워크화된 세상에 얼마나 막대한 손해를 입힐 수 있는지를 보여주는 사례가 경제 위기만은 아니다. 애덤 스미스가 살았던 시대에 스코틀랜드 글래스고 항구를 떠났던 어선들은 자신들로 인해 북해의 대구 떼 숫자가 급감할 것이라는 상상을 절대 하지 못했다.

바다는 아무리 잡아도 무제한으로 대구 떼를 공급할 것이라 믿었다. 하지만 오늘날 대구는 거의 잡히지 않는다. 다른 물고기도 점점 잔인해지는 어획 기술 덕분에 '생선 칩'이 된 지 오래다.

산업혁명 초기에 증기선을 운행하던 사람들은 아무 걱정 없이 석탄 연기를 공중에 뿌려댈 수 있었다. 하지만 요즘의 에너지 기업들이 그렇게 신나게 공해물질을 방출하다가는 방글라데시 같은 나라들을 바닷물 속으로 밀어 넣는 지구 온난화의 주범으로 몰릴 것이다.

애덤 스미스는 아무도 돈을 지불하지 않기 때문에 시장이 공급할 수 없는 공동 자산의 기본 문제를 아주 잘 알았다. 그래서 그는 그런 경우 국가가 개입해야 한다고 주장했다. 각국의 지배자들이 보다 안전한 국경, 믿을 수 있는 법, 도로와 댐, 국민의 교육을 보장해주어야 한다고 말이다.

하지만 글로벌 세계의 정부들은 그런 필수 기본 조건을 마련하는데 어려움을 겪는다. 대기와 대양은 규제할 방도가 없기 때문이다.

그런데 한 나라가 (과도한 온실가스 방출을 통해) 이런 공동 자산을 침범하면 그 손실은 모두에게 돌아간다. 대구의 어획량 조절과 온실가스 방지를 위한 협약도 이런 무임승차자 문제를 해결하지는 못했다.

국제 금융시장을 규제하는 일은 더 힘들어 보인다. 보다 엄격한 규정으로 앞으로의 부패를 예방할 수 있다는 데 이의를 제기할 사람은 없다.

하지만 자본은 유동적이다. 그만큼 느슨한 규제로 전 세계 자금을 끌어들일 수 있다는 유혹은 강하다. 우리 모두는 죄수의 딜레마에 빠져 있다.

오래된 훼방꾼

그러므로 애덤 스미스의 처방전은 우리가 사는 세상에선 제한적인 효과밖에 발휘하지 못한다. 그렇다고 해서 시장과 정부에만 의존한다면 소중한 자원을 방기하는 것과 다름없다. 법과 대규모의 시장이 존재한 건 몇천 년 전부터지만 일정정도의 공동체가 형성된 건 지금으로부터 적어도 10만 년 전이었으니까 말이다. 우리 조상들은 오랜 세월 동안 협동하며 살았다. 일정 정도의 이타적 성향을 타고났고, 집단 규범을 지켰기 때문이다. 바로 이것이야 말로 (자유 시장이 규제하는 이기주의가 아니라) 모든 인간 공생의 기초다.

의존도가 클수록 이타심도 커진다. 석기시대의 공동 육아와 공동 사냥에서부터 종교에 등장한 이웃사랑의 계명에 이르기까지 인류의 역사는 보다 강력한 이타적 규범을 향한 발전이었다.

이런 경향은 앞으로도 계속될 것이다. 앞에서 설명한 대로 대규모 집단에 사는 사람일수록 공정함을 위해 더 많은 대가를 치른다는 관찰 결과 때문만은 아니다. 복잡한 경제에선 항상 문명화된 공생의 규칙이 통한다는 현대 사회의 비교 연구 결과도 이런 주장을 뒷받침한다. 세 가지 주요 요인이 이런 발전을 후원할 것이다. 첫째, 사회는 더 다양화될 것이며, 둘째, 사회는 서로 결합될 것이며 셋째, 지식의 역할이 더 커질 것이다.

영국 노팅엄 대학의 경제학자 베네딕트 헤르만은 세계 여러 도시에서 무임승차 게임을 실시했다. 산업 국가들의 도시(미국 보스턴, 덴마크 코펜하겐, 독일 본, 한국 서울, 심지어 중국 청다오에서도) 참가자들은 상대적으로 많은 돈을 돈 통에 집어넣었다. 반면 개발이 덜 된 국가들(터키 이스탄불, 사우디아라비아 리야드, 벨라루스 민스크 등)에서는 그 금액이 눈에 띄게 적었다. 가장 공공 의식이 낮은 사람들이 아테네 시민이었다. 실험이 그리스 경제 위기가 일어나기 훨씬 전에 실시되었는데도 말이다.

산업화가 덜 된 나라에선 낯선 사람과의 협력을 장려하는 규범이 미약한 것일까? 그곳의 게임 참가자들에게 공익을 위해 무임승차자를 처벌할 수 있게 해주었더니 처벌에 주저하는 사람들이 많았다. 그리고 누군가가 처벌에 앞장 설 경우 특이한 현상이 목격되었다. 처벌을 받은 무임승차자가 다음 실험에서 돈 통에 넣는 돈의 액수를 높이지 않고 않고 성실한 게임 참가자들에게 벌을 내리는 데 돈을 투자한 것이다. 이 공정한 참가자들 중 한 사람이 앞 게임에서 자신에게 처벌을 내렸다고 추측하여 복수를 하려는 것이었다. 물론 처벌은 익명으로 처리되기 때문에 무임승차자는 누가 처벌을 내렸는지는 알 수 없다. 그런데도 그는 놀랄 만큼 많은 액수를 복수에 투자했고, 그로 인해 당연히 집단의 협동심은 완전히 무너지고 말았다.

반대로 미국 보스턴이나 덴마크 코펜하겐 같은 대도시에선 거리낌 없이 벌을 내렸고 무임승차자는 벌을 받아 마땅하다고 생각하는 듯 불평 없이 벌을 인정했다. 설문조사 결과도 마찬가지였다. 복수를 생각하는 사람은 찾아보기 힘들었다. 이런 사회의 구성원들은 탈세하거나 길에서 주운 지갑을 몰래 슬쩍하거나 교통 법규를 어기는 행동을 용납하지 않는다. 이스탄불이나 아테네 같았으면 어깨를 으쓱하면서 그냥 넘어갔을 행동들이다.

물론 이들 도시의 주민들이 나쁘다는 말이 아니다. 이기주의자들이라는 말은 더더욱 아니다. 이들의 행동은 충분히 이해할 수 있다. 다들 제 실속 차리기 바쁜 곳에서 남을 위해 헌신한다는 것은 불합리한 짓일 테니 말이다.

따라서 그런 사회의 구성원들은 공익보다는 자기 주변 사람들에게 더 강한 의무감을 느낀다. 그래서 역설적이게도 공공의식이 희박한 곳에서 집단 문화가 더 강하다. 씨족을 개인보다 더 중시하지만 막상 전체로서 사회에는 별 관심을 보이지 않는다.

개인주의자가 더 잘 돕는다

거꾸로 개인주의는 기생을 장려하지 않는다. 헤르만의 실험 결과, 독일과 덴마크, 스위스, 미국 등 개성의 자유로운 발현에 가치를 두는 사회에서 오히려 돈 통에 모인 액수가 더 많았다.

얼핏 생각하면 모순 같지만 그 이유는 쉽게 설명이 가능하다. 개인화된 사회에선 모든 사람들이 동시에 여러 집단의 구성원이다. '가족, 집안, 마을'을 중심으로 도는 동심원이 아니라 교차하는 여러 개의 원이 형성된다. 우리 할아버지가 살았던 마을에선 옆집 아줌마가 같은 교회 사람이며 같은 협동조합 조합원이고 같은 스포츠클럽 회원이었다. 그러니까 따지고 보면 모두가 그냥 한 집단의 구성원이었다. 다른 집단에서 만난다 해도 결국엔 다 같은 사람들이었으니까 말이다.

하지만 지금의 대도시 사람들은 요가 강좌와 아마추어 합창단에서 만나는 사람들이 전혀 다르다. 다른 도시에, 심지어 다른 대륙에 사는 친구들도 많다. 그러다 보니 자기도 모르는 사이 협력이 유익하다는 경험을 많이 하게 된다. 나아가 할머니의 시대와 비교하면 접촉하고 싶은 집단의 선택 가능성이 훨씬 풍부하다. 요가가 마음에 안 들면 명상을 배우면 된다. 굳이 요가가 아니더라도 같은 효과를 노릴 수 있는 운동 방법은 다양하다. 그렇다 보니 각 공동체는 구성원을 모집하기 위해 경쟁을 벌인다. 그리고 이런 상황은 앞에서 설명한대로 이타적 규범을 촉진한다.

이렇게 서로 중첩되는 인간관계의 원이 얼마나 도덕적 행동과 상호 신뢰를 강화하는지는 그사이 고전이 되어 버린 이탈리아의 비교 연구가 잘 보여준다. 하버드 대학 정치학과의 로버트 퍼트넘은 1980년대 후반 이탈리아의 여러 지역의 경제와 문화적 차이가 어디서 발생하는지 알고 싶었다. 그리고 공동의 목표를 위해 매진하겠다는 각오의 차이가 이런 현실적 차이를 낳았다는 사실을 밝혀냈다. 예를 들어 북부 에밀리아로마냐 주는 소위 문명사회의 사회생활이 아주 활발한 지역이다. 스포츠 협회, 로터리 클럽 등의 사교 단체들은 대부분 비정치적 성향이지만, 이런 집단들이 공동체의 규범을 강화한다. 이런 단체들에 몸을 담고 있는 동안 자기도 모르게 규칙을 지키고 협동하며, 상대에게 관심을 가지는 습관을 익히게 되는 것이다. 따라서 이런 지역에선 어떤 정치인도 자기 지위를 이용하여 권력을 유지할 수 없다. 하지만 문명화가 덜 된 지역에선 규범이 철저하지 않기 때문에 그런 정치인들이 장난을 치기가 아주 손쉬웠다.

훗날 유럽의 여러 주와 미국 연방주에서 비교 연구한 결과도 동일했다. 도덕과 신뢰는 사회의 아래에서부터 자리 잡아 나가는 것이다.

세계가 나의 이웃

소속된 집단의 숫자가 늘어나면 이타적 행동도 늘어난 다고 하니, 지금처럼 세계가 점점 가까워지다가는 온 세상 이 이타주의자로 가득할 것이다. 실제로 많은 정황들이 이 런 추측의 정당성을 입증한다.

2005년의 쓰나미, 2010년의 아이티 지진 이후 전 세계에 서 쇄도했던 기부와 도움의 손길은 불과 20년 전만해도 상 상도 할 수 없는 일이었다. 당시 독일의 쓰나미 피해자 모금 액은 6억 7000만 유로를 넘었다. 그런 자선의 물결을 불러 온 원인을 생생한 TV 영상 하나만으로 돌릴 수는 없다. 독 일의 구호와 개발 기부액이 이미 1990년대 초반부터 증가 하고 있었기 때문이다. 이런 수치는 독일인들이 날이 갈수 록 가난한 나라 사람들의 운명에 점점 더 책임감을 느낀다 는 증거다.

현대의 소통 기술 역시 기부에 이바지하는 바가 크다. 전화 한 통, 문자 한 통이면 누구든지 기부할 수 있다.

소셜 네트워크 역시 좋은 일을 하는 수고를 크게 덜어 준다. 더구나 이 경우는 아는 사람들한테서 초대를 받기 때문에 안심하고 기꺼운 마음으로 좋은 일에 동참할 수 있다. 2008년 콜롬비아에 사는 오스카 모랄레스는 페이스북에 콜롬비아 반군의 인질 납치를 반대하는 글을 올렸고, 불과 몇 주 안에 400만 명이 넘는 미국인이 항의 행진에 동참했다. 전 세계 여러 도시에서도 동시에 인질 납치에 반대하는 시위가 열렸다.

이처럼 글로벌 네트워크는 실질적으로도 유익하지만 무엇보다 인간의 인식을 변화시킨다. 미국 캘리포니아 주의 웹사이트에 글을 남기고, 중국의 상하이나 남아프리카공화국에 사는 지인에게 이메일을 보내고 태국의 해변에서 휴가를 보내는 사람에게선 원근의 차이가 사라진다.

온 세상이 이웃이라는 이런 느낌은 함께 행동하고픈 마음을 키운다. 미국의 경제학자 낸시 버컨은 5대륙 6개 도시에서 이런 효과를 입증했다. 그녀는 실험 참가자들에게 시 금고와 세계 금고 둘 중 하나에 돈을 입금할 수 있는 선택권을 주었다. 그런 다음 돈이 모이면 무임승차 게임과 동일하게 시 금고의 금액을 두 배로 불리고, 세계 금고의 돈을 세 배로 불린 다음 각 참가자에게 똑같이 나누어주었다. 출발 조건을 동일하게 만들기 위해 출신국과 관계없이 모든 참가자에게 열 개의 게임머니를 나누어주었다. 실험이 끝나면 각 참가자는 칩을 자국의 통화로 바꿀 수 있다.

세계 금고에 투자를 하면 돌아오는 수익도 더 높지만 위험도 그만큼 더 높았다. 세계 금고는 참가자가 열두 명이었지만 시 금고는 단 네 명뿐이었다. 그래서 다른 사람들이 돈을 투자하지 않으면 잃을 위험이 전자의 경우에서 더 컸다. 그렇지만 양쪽 모두 돈을 입금하는 것은 이타적 행위다. 앞에서 설명했듯 돈을 한 푼도 안 넣고 다른 사람이 넣은 금액에 기생하는 편이 수익이 제일 높기 때문이다.

자, 이제 참가자들은 어떤 쪽에게 더 자비를 베풀었을까? 동향인일까, 아니면 다른 대륙의 주민일까? 시 금고에 입금된 금액은 참가자들의 출신지와 별 관계없었다. 어디에 살건 (밀라노건, 테헤란이건, 요하네스버그건, 부에노스아이레스건) 참가자들은 열개 중 두 개의 게임머니를 시 금고에 넣었다. 하지만 세계 금고에 입금한 액수는 차이가 심했다. 이란의 테헤란 시민은 열 개 중 두 개를 세계 금고에 투자했다. 미국 중서부 대도시인 콜럼버스 시의 참가자들은 두 배 이상의 모험을 강행했다. 타 대륙 사람의 정의감에 대한 이들의 신뢰가 더 큰 것 같아 보였다. 다른 도시의 사람들은 양 극단의 중간이었다. 테헤란에 이어 남아프리카공화국 요하네스버그, 아르헨티나 부에노스아이레스, 러시아 카잔 순으로 금액이 많았고 마지막이 이탈리아 밀라노였다.

이 순서가 말하는 바는 무엇일까? 버컨은 해당 국가들의 세계화가 얼마나 진행되었는지 조사했다. 조사 방법으로 그가 개발한 '세계화 지수'는, 예를 들어 외국 무역량이 많을수록, 관광객 숫자가 많을수록, 이민자 숫자가 많을수록, 국민이 관람한 외국 영화의 편수가 많을수록 커지는 숫자였다. 가 실험 참가자가 세계 금고에 투자한 액수는 이 세계와 지수와 정비례했다. 즉 사회의 개방도가 높을수록 공정함과 연대감의 개념도 포괄적이었던 것이다.

같은 도시 출신 참가자들 간의 차이 역시 각자의 정신적, 사회적 지평에 달려 있었다. 외국 음악을 자주 듣고 외국에 전화를 자주하며 인터넷을 사용하거나 외국어를 할 줄 아는 사람이 그렇지 않은 사람에 비해 세계 금고에 더 많은 돈을 넣었다. 외국 식당을 정기적으로 찾거나 코카콜라, 리바이스 등 다국적 기업의 상품을 구매하는 사람들도 비슷한 결과를 보였다. 그런 식의 구매 행위를 통해 문화의 울타리를 너머서는 협력이 득이 된다는 관념을 얻게 된 것으로 보인다.

시 금고와 세계 금고에 돈을 나누는 방법도 낙관적인 분위기다. 세계 금고에 돈을 많이 넣는다고 해서 절대 시 금고에 더 인색해진 것은 아니었기 때문이다. 시 금고에 넣는 액수는 거의 동일했고, 거기에 세계 금고의 금액이 추가되었다. 세계화와 글로벌 네트워크는 타인에 대한 우리의 관심을 바꿀 뿐 아니라 추가로 착한 마음씨를 일깨웠다. 그렇게 보다면 이타심은 한정된 자원이 아니다.

지식과 나눔의 시대

공동 사냥은 집단 구성원들의 상호 의존도가 높았을 뿐 아니라 새로운 경제 기반을 마련했다. 이 역시 그때의 상황이 지금과 비슷한 지점이다. 우리는 경제 혁명의 와중에 있다. 그리고 그것은 사회의 다양성과 네트워크화에 이어 이타적 행동을 부추길 세 번째 요인이다.

지난 몇 십 년 동안 돈을 버는 방법도 많이 변했다. 이제는 손으로 일을 하는 사람보다 머리로 일하는 사람이 더 많다. 독일 기업들의 매출액 절반 이상이 손으로 만질 수 없는 생산품, 다시 말해 직원들의 머리 속에 저장된 지식으로 벌어들인 돈이다. 고급 자동차처럼 구체적인 제품의 경우에도 가치의 3분의 1은 전자 조절 장치에 있다. 차에 숨어 있는 수많은 컴퓨터 프로그램은 날로 중요성을 더해간다. 자동차 기업의 선도적인 개발자들은 향후 생산 공정의 90퍼센트가 전자 및 소프트웨어 부문일 것이라는 예상을 내놓고 있다.

정보 자원의 승전 행렬은 2006년 구글이 세계에서 가장 비싼 시장으로 부상했고, 그 이후 코카콜라나 맥도날드 같은 전통 기업에 비해 전혀 입지가 밀리지 않는다는 사실에서도 여실히 드러난다. 앞으로는 더더욱 최종 구매자한테서 한 푼도 받지 않는 기업이 가장 가치가 높아질 것이다. 구글에 접속한 사람은 정보를 정보와 교환한다. 개인의 관심을 주고 인터넷이 제공하는 모든 것을 받는 것이다.

정보 거래엔 상품이나 서비스 판매와는 다른 규칙이 적용된다. 자동차나 집은 말할 것도 없고 유전도 개인이 소유할 수 있고, 따라서 아무 문제없이 돈이나 다른 소유물과 교환할 수 있다. 합리적인 미용사라면 돈을 받아야만 가위를 손에 쥘 것이다. 가위질을 할 때마다 그의 노동력이 투자될 테니 말이다. 그런 상황이라면 자원은 애덤 스미스의 시장 법칙에 따라 합리적으로 분배될 수 있다.

하지만 지식을 가진 사람은 그 지식을 나눠주어도 잃지 않는다. 그래서 자원보다는 정보에 가치를 두는 경제를 두고 '무중력 경제'라고도 부른다. 정보는 나눠주기 쉽기 때문에 지속적으로 소유권을 주장할 수 없다. 돈을 내는 고객에게만 지식의 열매를 나누어주려 한다면 네트워크에서 불법으로 복사를 하는 범인을 색출하고 처벌하기 위해 엄청난 비용을 투자해야 한다. 미국 인류학자 새뮤얼 볼스의 말대로 지식을 생산하는 사람은 석기시대 사냥꾼 무리와 같은 문제를 안고 있다. 함께 노력해야만 들소를 잡을 수 있듯 함께 노력해야 소프트웨어를 개발하고 인간의 유전자를 해독할 수 있다. 하지만 한번 개봉한 성과는 아무리 혼자 간직하려 애써봤자 소용없다. 들소는 사냥꾼 혼자 먹고도 남을 만큼 많은 고기를 제공하기 때문이다.

이런 지식의 속성은 나눔의 문화를 장려한다. 지난 200년 동안 세상을 바꾼 과학은 처음부터 이런 원칙에 기반을 두었다. 인정받고 싶고 대우받고 싶은 학자는 자신의 인식을 공개해야 하고, 비판과 추가 사용을 허락해야 한다. 구성원들에게 사냥한 들소의 고기나 지식의 열매를 마음대로 사용하게 허락하는 공동체는 큰 비용을 들여 울타리를 두르는 공동체보다 거의 모든 관점에서 뛰어나다. 미래의 무중력 경제에선 나눔 정신과 이타심의 재능이 주목을 받을 것이다.

현재 우리 인류는 세계적 차원의 협력을 이룩해야 한다는 엄청난 도전에 직면했다. 개인, 기업, 국가가 제 잇속을 차리기 위해 내놓는 해결책은 실패할 수밖에 없다. 시간이 별로 없다. 실패의 대가는 가속화되는 지구온난화와 통제 불가능한 난민의 물결, 자원 전쟁 같은 치명적인 결과를 초

래할 것이다.

그럼에도 조심스럽게 낙관할 이유는 많다. 인류 역사상 처음으로 우리는 국경을 넘어 서로 나누며 살고 있다. 여러 문화와 대륙이 함께 성장하기에, 먼 거리는 이미 의미를 잃었기에, 지식이 가장 값진 생산재가 될 것이기에 그러하다. 그런 세상에서 제 잇속 차리기에 바쁜 사람은 분명 얻는 것보다 잃는 것이 더 많을 것이다.

★★★★
맺음말

　　모르는 여자가 초인종을 누르고 어떻게 지내느냐고 묻는다. 그리고 당신이 대답을 하면 그 대답에 대한 감사의 표시로 50유로가 든 봉투를 내민다. 당신은 그 돈을 마음대로 써도 좋다. 단 해질 때까지 한 푼도 안 남기고 다 써야 한다.

　　이번에는 그 이상한 여인은 이웃집을 찾아간다. 그리고 또 같은 질문을 던지고 감사의 인사로 50유로가 든 봉투를 건넨다. 그런데 이번에는 조건이 다르다. 그 돈을 선물해야 한다는 것이다. 좋은 목적에 기부해도 좋고, 거지한테 적선을 해도 좋고, 아이한테 장난감을 사줘도 좋고, 친구에게 밥을 사줘도 좋다. 어쨌든 해가 질 때까지 돈을 다 써야 한다.

　　어둠이 찾아오자 전화벨이 울린다. 바로 그 여자다. 그녀는 당신에게 무엇을 샀는지 묻고 지금 기분이 어떠냐고도

묻는다. 이웃집 남자도 같은 질문을 받는다.

누가 더 행복해졌을까? 이웃집 남자가 당신에게 질투심을 느낄 이유가 있을까? 착한 요정이 수많은 사람들에게 설문조사를 해봤다. 50유로를 자신을 위해 쓰는 것이 더 행복할까 아니면 남을 위해 쓰는 것이 더 행복할까? 대부분이 자기 마음대로 쓰는 편이 더 행복할 것이라고 대답했다. 그래도 요정은 흔들림 없이 두 명 중 한 명에게는 남을 위해 돈을 쓰라는 조건을 붙여서 돈 봉투를 건넸다. 그랬더니 어떤 대답을 했든 상관없이 남을 위해 돈을 쓴 사람들이 밤에 더 기분이 좋았다.

이 이야기는 동화가 아니라 캐나다의 심리학자 엘리자베스 던의 실험 내용이다. 이번에는 이 요정 심리학자가 600명의 미국인을 선별하여 수입 중 얼마만큼을 선물이나 선행에 지출하는지, 얼마나 행복한지 물었다. 이번에도 선행을 많이 하는 사람이 더 행복했다. 마지막으로 뜻밖에 수천 달러의 보너스를 받은 직장인들을 상대로 같은 설문조사를 해봤는데, 이번에도 결과는 동일했다.

이 실험은 대부분의 사람들이 얼마나 자신의 욕망을 잘못 평가하고 있는지를 보여준다. 우리는 당연히 지갑에 든 돈이 많을수록 행복할 것이라고 생각한다. 여가시간이 늘어날수록 기분이 좋아질 것이라고 믿는다. 만일 그게 사실이라면 독일은 행복의 섬이어야 한다. 하지만 실제로는 전쟁이 끝난 이후 만족감의 수치가 전혀 올라가지 않았다. 수많은 연구 결과와 그보다 더 많은 인생 스토리가 입증하듯 돈이 많아지고 여가가 늘어난다고 해서 절대 인간은 더 행복해지지 않는다. 오히려 수많은 연구 결과가 행복의 요정 던의 연구 결과를 입증한다. 타인을 위해 봉사하는 사람은 그 순간만 행복한 게 아니라 장기적인 삶의 만족도도 높다.

하지만 우리 뇌의 프로그램은 배가 고프던 시절, 나눔이 곧 막대한 피해를 의미하던 과거의 산물이다. 얻을 수 있는 것은 무조건 취해야 살아남을 수 있었던 시절 말이다. 그러나 지금 그 탐욕은 맹장과 마찬가지로 진화의 의미를 상실했다. 산업국가의 거의 모든 사람들이 너무나 풍족하게 살고 있기에, 이제는 절대 더 많은 소유가 더 많은 번식이 기회로 이어지지 않는다. 오히려 반대로 자신을 포기할 정도로 이타심이 과하지만 않다면 이타주의자가 더 건강하고 더 오래 산다.

그런데도 탐욕은 기름지고 단 음식처럼 우리를 사로잡는다. 탐욕은 신경심리학자 자크 판크세프의 표현대로 '목적 없는 모터'다. 우리는 더 많은 것을 원한다. 더 많은 돈, 더 높은 지위, 더 많은 여가시간. 그것이 우리를 더 행복하게 만들지도, 더 멋진 목표를 이루어주지도 못하지만, 우리는 카리브 해안에서 보내는 2주의 휴가와 회전 의자를 위해, 더 큰 집을 위해 죽을힘을 다해 일한다.

우리 사회도 이런 프로그래밍을 부추긴다. 언제부턴가 돈만 있으면 된다는 분위기가 사회 저변까지 침투했다. 이런 돈을 이용한 동기부여책은 일시적으로는 큰 효과가 있을지 몰라도 금방 한계를 드러낸다. 경제학자들의 순수 이론은 시장의 눈에 보이지 않는 손은 연금술사가 납을 금으로 바꾸듯 개인의 이기주의를 공익으로 바꾼다고 주장한다. 그러나 과거의 여러 경제 위기는 정반대의 결과를 보여주었다. 탐욕만 키웠을 뿐 만인의 행복과 복지는 점점 더 요원해지고 있다.

이타심이 없는 인간의 공생은 작동하지 않을 것이며, 앞으로는 이타심이 지금보다 더 중요해질 것이다. 그러므로 무슨 일이 있어도 이런 소중한 자원을 강탈할 수는 없다. 하지만 어떻게 해야 착한 마음을 북돋을 수 있을까? 과학은 언제, 왜 우리가 남을 위해, 공동의 목표를 위해 매진하는지, 새로운 인식의 물결을 제공한다.

물론 실험실의 모든 연구 결과를 실제 사회의 판단 기준으로 삼을 수는 없다. 그럼에도 과학 연구는 어떤 조건에서 인간의 이타심이 꽃필 수 있는지 가르쳐 준다. 이런 인식을 바탕으로 (집단이건, 학교건, 기업건, 사회 전체건) 성공적인 공동체의 원칙을 세울 수 있을 것이다.

개인의 자율성이라는 꿈, 만인은 자신의 운명을 스스로 헤쳐 나가야 한다는 널리 퍼진 생각은 의문점이 많다. 개인에게 최대한의 자유를 보장하는 자유민주주의 이상은 시급하게 보충이 필요하다. 인간의 상호 의존성을 키워야 한다. 고독한 카우보이의 시대는 갔다. 서로가 필요할수록 (자신의 부족한 점을 인정할수록) 나누고 서로 돕는 마음도 커질 테니 말이다.

이타적 행동은 참가자들이 다시 만날 확률이 높을 때 특히 활짝 피어난다. 아쉽게도 우리가 사는 세상에선 날로 평생직장이 줄어들고 날로 인간관계가 소원해진다. 장기적인 전망을 제공할 수 없으면 그 대가도 엄청나다. 전망이 없는 곳에서 충성심이 자랄 리는 만무하다. 번영하는 공동체는 장기적인 이해와 애정을 촉진시킨다.

잘나가는 공동체는 문화적 다양성을 장려하고 구성원에게 신뢰를 주며 자발적인 협력의 기반을 조성한다. 강제와 통제(보상 역시도!) 이런 기반을 무너뜨린다. 이용당한다는 기분만큼 협력을 망가뜨리는 것도 없다. 인간은 타인의 공정함을 확신할 수만 있다면 막대한 개인의 이익도 포기할 수 있다. 무임승차자를 막는 방법은 오로지 제제조치 뿐이다. 하지만 나쁜 사람을 처벌하는 것보다는 작으나마 공익을 위한 노력을 듬뿍 칭찬하는 쪽이 더 효과적일 때가 많다.

여론이 도덕의 촉진제인 이유가 협력하는 사람에게 좋은 평판이 돌아가기 때문만은 아니다. 이타심은 전염력이 강하다. 결국 인간의 다수는 '호모 레시프로칸스(Homo Reciprocans, 상호적 인간)'이니까 말이다. 인간은 경험하는 대로 반응한다. 제3자의 입장에서 누군가 남을 위해 노력하는 광경을 보기만 해도 이타심이 자란다.

이 역시 착한 마음씨가 결코 헛되지 않은 이유일 수 있다. 우리의 관계는 공명체(Resonanzkörper, 음악 공명체)처럼 작동한다. 우리가 하는 모든 것이 관계를 통해 증폭된다. 자선은 새로운 자선 행위를 불러온다. 신뢰를 또 다른 신뢰를 키운다.

타인에 대한 관심이 익숙지 않을 수도 있다. 그러나 선행의 마음은 자전거 타기처럼 몸에 자연스럽게 붙을 때까지 연습이 필요하다. 시간이 흐르면 이용당할지 모른다는 두려움은 사라질 것이고, 나누는 용기와 더불어 자유의 느낌이 피어날 것이다. 여행의 시작은 호기심이다. 자신의 자비심을 시험해보라. 잃을 것은 없어도 얻을 것은 많다. 이타심은 우리를 행복하게 하고 세상을 변화시킨다.

현명한
이타주의자

옮긴이 장혜경

연세대학교 독어독문학과를 졸업했으며, 같은 대학 대학원에서 박사과정을 수료했다. 독일 학술교류처 장학생으로 하노버에서 공부했으며 현재 전문 번역가로 활동 중이다. 『침묵을 배우는 시간』, 『설득의 법칙』, 『나는 왜 무기력을 되풀이하는가』, 『내 안의 차별주의자』, 『불안할 때, 심리학』, 『나는 이제 참지 않고 말하기로 했다』, 『사물의 심리학』, 『나무 수업』등 많은 도서를 우리 말로 옮겼다.

현명한 이타주의자

초판 1쇄 발행 2024년 9월 16일
초판 2쇄 발행 2024년 10월 7일

지은이 슈테판 클라인 **옮긴이** 장혜경
펴낸이 김선준

편집이사 서선행
기획편집 이희산 **편집4팀** 송병규 **디자인** 엄재선
마케팅팀 권두리, 이진규, 신동빈
홍보팀 조아란, 장태수, 이은정, 권희, 유준상, 박미정, 박지훈, 이건희
경영관리팀 송현주, 권송이, 정수연

펴낸곳 페이지2북스 **출판등록** 2019년 4월 25일 제2019-000129호
주소 서울시 영등포구 여의대로 108 파크원타워1 28층
전화 070) 4203-7755 **팩스** 070) 4170-4865
이메일 page2books@naver.com
종이 (주)월드페이퍼 **출력·인쇄·후가공·제본** 한영문화사

ISBN 979-11-6985-096-4 (03190)